정보의 역할을 고려한
거시경제모형

정보의 역할을 고려한 거시경제모형

초판 1쇄 인쇄 2017년 6월 15일
초판 1쇄 발행 2017년 6월 20일

지은이 윤택
펴낸이 성낙인
펴낸곳 서울대학교출판문화원

출판등록 제15-3호

주소 08826 서울 관악구 관악로 1
대표전화 02-880-5252 | **팩스** 02-888-4148
전략기획팀(출판상담 및 홍보) 02-880-5217
출판관리팀(주문상담) 02-889-4424, 02-880-7995
이메일 snubook@snu.ac.kr
홈페이지 www.snupress.com

ISBN 978-89-521-1922-3 93320

이 연구는 2014년 정부(교육부)의 재원으로
한국연구재단의 지원을 받아 수행된 연구임(NRF-2014S1A3A2044637).

정보의 역할을 고려한 거시경제모형

윤택 지음

서울대학교출판문화원

머리말

최근 거시경제학에서 가장 많이 사용되는 방법론을 꼽으라고 하면 동태적·확률적 일반균형(DSGE) 접근법이라고 할 수 있다. 자신이 주장하고 싶은 이론을 전개하는 과정에서 논리적인 비약의 가능성을 최소화하면서 동시에 실증적인 타당성을 검증할 수 있다는 점이 동태적·확률적 일반균형 접근법의 장점으로 볼 수 있다.

대부분의 모형에서는 의사결정자들의 의사결정에 의해서 균형조건이 형성된다. 의사결정자들은 현재의 선택이 미래의 선택에 영향을 미치게 된다는 점을 고려하여 선택한다. 이러한 특성을 반영하여 동태적·확률적 일반균형 접근법에서는 의사결정자들의 미래에 대한 기대형성과 믿음이 거시경제정책의 유효성 여부에 중요한 역할을 한다. 믿음은 미래의 발생 가능한 상황의 내용 및 발생 가능성에 대한 주관적인 평가로 정의한다. 기대는 믿음에 의거하여 계산한 미래의 발생 가능한 사건 또는 결과의 크기를 측정하는 척도의 조건부 기댓값으로 정의한다.

이 책의 주된 내용은 의사결정자들의 정보수집이 불완전한 상황을 고려한 거시경제모형에 관한 것이다. 의사결정자들의 정보수집이 불완전한 상황은 두 경우로 나누어 볼 수 있다. 첫째, 모형의 불확실성을 발생시키는 변수들이 어떻게 확률적으로 변화하느냐에 대하여 정보가 확실하지 않은 경우이다. 둘째, 의사결정자들의 정보처리 능력이 유한한 경우이다.

확률모형에 대한 불완전한 정보와 정보처리 능력의 유한성을 고려한 모형을 분석해야 하는 이유를 두 가지로 요약해 볼 수 있다. 첫째, 사람들의 인지능력이 유한하다는 점을 반영할 수 있다는 점이다. 둘째, 의사결정자들의 정보수집이 불완전한 상황이 부과되면 동일한 거시경제정책이 실시되더라도 합리적 기대 가설이 성립하는 경우 예측되는 정책효과와 비교하여 매우 다른 결과가 발생할 수 있어서 합리적 기대 가설이 성립하는 모형에서 쉽게 얻기 어려운 결과를 기대해 볼 수 있다는 점이다.

특히 최근 합리적 부주의 이론에서는 정보처리 능력이 유한한 의사결정자들이 자신의 의사결정에 필요한 정보를 어떻게 업데이트하는지를 명시적으로 고려하여 자신이 보유하는 정보의 질과 양을 스스로 결정하는 상황을 거시경제모형에 도입하여 분석하고 있다. 최근의 연구결과를 반영한 거시경제모형을 소개하기 위해 이 책에서는 의사결정자들의 정보수집이 불완전한 상황을 고려한 거시경제모형 중에서도 최근의 합리적 부주의 모형을 중점적으로 소개한다.

이 책의 원고를 곰꼼하게 읽고 수정을 도와준 호미영 박사(서울대 사회과학대학 SSK 중형 연구팀), 박해랑 학생(서울대 경제학부 대학원), 신선희 학생(서울대 경제학부 대학원), 서울대학교 출판문화원의 현우진 선생님에게 감사드린다.

2017년 6월

윤택

차 례

머리말 **v**

제 1 장 기대와 거시경제모형 **1**

1 기대의 합리성에 관한 조건 1
2 일시적 균형의 개념 10
3 적응적 학습을 고려한 거시경제모형 12

제 2 장 비동질적 정보를 고려한 모형 **17**

1 비동질적인 사적 정보와 경제 위기 모형 18
2 균형분석 30
3 정부의 설득을 고려한 거시경제모형 33

제 3 장 베이지언 설득 **41**

1 최적 베이지언 설득의 개념 42
2 기업의 소비자 설득 51
3 설득의 비용과 베이지언 설득 59

제 4 장 모호성 기피와 정보의 업데이트 65

1 모호성 기피 선호 65

2 모호성을 고려한 베이지언 학습 73

3 증권 포트폴리오 선택에 대한 함의 88

제 5 장 정보의 신뢰성과 증권 포트폴리오 91

1 베이지언 학습과 증권 포트폴리오 92

2 무형의 정보와 증권 포트폴리오 95

3 모호한 정보와 증권의 가격 104

4 시장가격의 시그널 효과 109

제 6 장 상호정보의 제약과 사후적 분포 117

1 상호정보의 제약과 사후적 분포의 제약 119

2 채널용량과 정보 구조의 선택 124

3 상호정보의 제약과 증권 포트폴리오 132

제 7 장 합리적 부주의와 가격 경직성 139

1 기업의 주의할당과 가격 경직성 141

2 상호정보의 제약과 가격 변화 시점의 선택 148

3 상호정보의 제약과 이산 가격 설정 모형 154

4 상대 엔트로피의 제약과 가격 경직성 모형 163

제 8 장 확률적 선택 모형 167

1 합리적 부주의와 현시된 정보 구조 168

2 드리프트 확산 모형 184

3 합리적 부주의와 다항로짓 모형 190
4 최적 정보 제약 모형 196

참고문헌 **211**

찾아보기 **217**

제 1 장　기대와 거시경제모형

의사결정자들의 미래에 대한 믿음을 의사결정자들이 알고 있는 미래 시점에서 발생하는 사건에 대한 확률분포로 정의하고 의사결정자들이 보유한 믿음의 합리성에 대한 여러 견해를 설명하기로 한다. 거시경제모형에서 등장하는 의사결정자들이 믿음의 합리성을 가지고 있는가의 여부에 대한 판단은 내적 정합성(internal consistency)에만 의존할 수 있다. 이 경우 의사결정자들의 믿음이 어떻게 형성되는가에 대한 명시적인 설명이 없더라도 의사결정자들이 미래의 결과에 대하여 모형에 부합하는 믿음(model-consistent belief)을 가지고 있는 상황만을 분석하여 합리적 믿음을 가지고 있는 의사결정자들이 결정하는 균형을 분석할 수 있다.

1 기대의 합리성에 관한 조건

우선 믿음과 기대라는 용어에 대하여 정리하기로 한다. 믿음은 미래 시점에서 발생 가능한 상황의 내용 및 발생 가능성에 대한 주관적인 평가로 정의한다. 기대는 믿음에 의거하여 계산한 미래의 발생 가능한 사건 또는 결과의 크기를 측정하는 척도의 조건부 기댓값으로 정의한다. 믿음과 기대는 미래 시점에 대한 예상을 의미하지만 현재 시점에서의 의사결정에 크고 작은 영향을 미친다는 것이 많은 경제학 연구에 반영되어 있다. 다양한 측면에서 합리적 기대 가설의 가정이 완화된 상황을 분석한 연구들을 어렵지 않게 발견할 수 있다. 합리적 기대 가설의 가정이 현실 경제에서 성립할 수 없는 강한 가정이므로 현실적인 측면을 고려하여 합리적 기대 가설을 수정하더라도 어느 정도의 합리성을 부과하는 것이 정상적으로 이성적인 의사결정을 설명하는 데 필요할 것이다. 이러한 의미에서 합리적 기대 가설을 완화한 연구에서도 다음과 같은 두 개의 가정은 유지되고 있음을 흔히 볼 수 있다. 첫째, 미래의 상황에 대한 발생 가능성을 예측할 때 명백한 실수가 없다는 가정을 부여한다. 둘째, 의사결정자들이 완전하지는 않더라도 어느 정도 현실의 상황을 정확하게 알고 있는 것으로 가정한다.

우드퍼드(Woodford 2012a)는 의사결정자가 보유한 믿음의 합리성이 충족시켜야 하는 서로 다른 두 개의 기준을 제시하고 있다. 먼저 개별 의사결정자의 경험 또는 자료 축적 여부에 관계없이 이미 알고 있는 지식으로부터 추론할 수 있는 능력에서의 합리성이다. 이와 같은 의미의 합리성을 보장하기 위해 다음과 같은 두 개의 가정을 해야 한다. 첫째, 의사결정자들은 경제모형을 정확히 이해해야 한다. 둘째, 알고 있는 경제모형을 사용하여 미래에 발생할 결과들에 대한 확률분포를 추론할 수 있어야 한다.

다른 하나는 경험에 의한 합리성이다. 합리성의 정도는 미래 시점에서의 사건에 대한 실제의 확률분포와 개별 의사자가 보유하고 있는 주관적인 확률분포 간의 차이에 의존한다. 실제의 확률분포와 개별 의사자가 보유하고 있는 주관적인 확률분포 간의 차이가 작을수록 개별 의사자의 합리성이 높다. 이와 같은 기준에 속하는 상황이 의사결정자들이 관측된 자료에 의거한 통계학적 방식을 사용하여 경제 구조에 대한 학습을 하는 경우이다. 이 경우 일반적인 사람들도 충분히 경험을 쌓으면 앞으로 발생할 결과들에 대하여 실제의 확률분포와 가까운 믿음을 가질 수 있다. 따라서 합리성의 기준으로서 실제의 확률분포와 유사한 믿음을 가지고 있다는 조건의 부과가 가능하다.

또는 개별 의사결정자들이 어떻게 믿음을 형성하는가에 대하여 명시적으로 설명하지 않고 실제의 확률분포와 가까운 믿음을 개별 의사결정자들에게 부여할 수 있다. 우드퍼드가 제시한 유사 합리적 기대(near rational expectation) 모형을 예로 들 수 있다. 이것은 합리적 기대의 전제 조건을 모두 충족시키지는 않지만 합리적 기대 가설에 근접한 합리성을 의미한다. 개별 의사결정자들이 옳다고 믿고 있는 확률분포가 실제의 분포와는 다르더라도 실제의 확률분포와의 거리가 통계학적인 의미에서 가까워야 한다는 제약을 부과한다.

주관적인 확률분포는 객관적인 확률분포에 대하여 절대적으로 연속이어야 한다. 두 개의 서로 다른 확률분포가 절대적 연속이어야 한다는 것은 개별 사건에 대한 발생확률의 평가는 다르더라도 발생 가능성이 있다고 판단되는 사건의 집합에 대해서 일치해야 함을 의미한다. 실제로 발생할 확률이 있는 사건이면 개별 의사자들이 정확한 확률 수치는 모른다고 할지라도 어떠한 사건들이 발생하는지는 정확하게 알고 있어야 한다는 것이다. 서로 다른 확률분포의 거리를 측정하기 위해 상대 엔트로피(relative entropy)의 개념을 적용한다. 상대 엔트로피는 주관적 확률분포의 밀도함수를 객관적 확률분포의 밀도함수로 나눈 비율의 로그값을 주관적 확률분포에 의거하여 계산한 기대치로 정의한다.

확률분포의 왜곡을 측정하는 척도를 주관적 확률분포의 밀도함수를 객관적 확률분포의 밀도함수로 나눈 비율로 정의한다. 이때 왜곡의 척도와 분포 간 거리의 척도는 어떠한 관계가 있는가 하는 의문이 들게 된다. 또한 분포 간의 거리라는 척도로 왜곡의 정도를 측정하면 되는데, 이에 추가하여 또 다른 왜곡의 척도가 필요한가 하는 의문을 가질 수 있다. 우선 왜곡의 척도가 유용하다면, 적어도 왜곡의 척도로 측정한 왜곡의 정도가 크다면 상대 엔트로피도 커야 한다. 이를 설명하기 위해 왜곡의 척도를 사용하여 상대 엔트로피를 정의할 수 있음을 설명하기로 한다. 상대 엔트로피는 왜곡의 척도의 로그값에 대하여 왜곡의 척도를 곱하여 정의되는 확률변수의 객관적인 확률분포하에서의 기대치가 된다. 따라서 왜곡의 척도가 평균적으로 높다면 상대 엔트로피도 커진다.

왜곡의 척도는 매 시점 발생 가능한 각각의 개별 사건에 대하여 그 값을 알 수 있다. 그러나 상대 엔트로피는 기댓값으로 정의되므로 개별 사건에 대하여 일일이 정의되지 않는 평균적인 개념이다. 따라서 어떤 특정한 사건이 발생할 확률에 대한 주관적 믿음과 객관적 사실 간의 차이가 큰가의 여부는 왜곡의 척도에 의해서 측정하지만, 상대 엔트로피는 발생 가능성이 있는 모든 사건에서의 주관적 평가와 객관적 사실 간의 차이를 반영한다.

왜곡의 가능성을 인정하면서 효용을 극대화해야 한다면, 실제의 발생 가능한 사건들에 대한 분포를 정확하게 알고 있는 경우의 효용 극대화와 어떻게 달라지는가에 대한 질문이 가능하다. 우선 의사결정자가 최적화 문제를 풀어서 왜곡의 척도를 기준으로 할 때 적정하다고 판단되는 왜곡의 수준을 선택한다. 이는 어떻게 왜곡된 믿음이 달성되는가에 대한 설명이 명확히 제시되지 않지만 어느 정도로 왜곡이 되는지를 개별 의사결정자들이 선택할 수 있음을 의미한다. 또한 미래의 발생 가능한 사건들에 대한 왜곡된 믿음을 반영하는 확률분포를 소비 및 저축과 같은 경제 변수를 선택할 때 동시에 선택하는 최적화 문제를 분석한다. 따라서 합리적 기대 가설하에서의 최적화 문제와 비교하면 왜곡의 척도라는 새로운 선택변수가 추가되면서 왜곡의 척도가 기존의 경제변수에 미치는 과정이 제약식에 포함되고 아울러 왜곡의 척도에 대한 두 개의 제약식이 새로이 포함된다는 것이 달라지는 점이다. 왜곡의 척도에 대한 제약식은 왜곡의 척도의 크기에 대한 제약식으로 해석할 수 있다. 따라서 '유사 합리적 기대 모형'이라는 말이 의미하는 것처럼 이는 합리적 기대로부터 벗어나더라도 어느 정도 기대가 어느 정도 합리적 기대에 근접하도록 하기 위해 필요한 제약으로 간주할 수 있다.

이러한 맥락하에서 필요한 두 개의 제약조건은 다음과 같이 정리할 수 있다. 첫째, 왜곡의 척도에 대한 실제의 확률분포하에서의 조건부 기댓값이 1이어야 한다. 이 조건이 만족되면 개별 의사결정자가 선택한 왜곡의 척도와 실제의 확률밀도함수를 사용하여 의사결정자의 왜곡된 믿음을 반영하는 확률밀도함수를 계산할 수 있다. 둘째, 상대 엔트로피의 값에 대한 상한이 부여된다. 또한 의사결정자는 상대 엔트로피의 상한값을 주어진 것으로 본다. 이는 앞에서 왜곡의 척도를 사용하여 상대 엔트로피를 정의할 수 있음을 설명하였으므로 상대 엔트로피의 값에 대한 상한이 있다면 의사결정자의 최적화에 의해서 선택된 왜곡의 척도로 평가한 상대 엔트로피는 상한과 같거나 작아야 한다는 제약식이 있음을 의미한다.

왜곡의 가능성을 인정하는 의사결정자의 최적화 문제를 설명하기로 한다. 합리적 기대를 가정한 모형의 경우 예산제약하에서 효용 극대화의 결과로 소비 수요와 노동 공급을 결정하는 소비자들에게 유사 합리적 기대 모형의 조건이 부과된다면, 소비자들은 자신들이 얻는 기대효용의 하한을 극대화하는 방식으로 최적화 방식을 바꾼다. 소비 수요와 노동 공급을 선택하기 이전에 기대효용을 계산하기 위해 왜곡의 수준을 선택해야 한다. 이 경우 소비자들은 자신의 기대효용을 최소화하는 왜곡의 수준을 선택한다. 따라서 최대최소 접근법(maximin approach)에 의거하여 최적화한다. 손실함수를 최소화하는 중앙은행에 대해서 동일한 상황을 고려할 수 있다. 예를 들어, 우드퍼드가 제시한 유사 합리적 기대 모형의 제약조건이 중앙은행에 부과된다면 중앙은행은 예상손실함수의 상한을 달성하는 왜곡을 선택하고 선택된 왜곡 수준을 주어진 것으로 하여 예상손실함수를 최소화하는 인플레이션과 생산 갭의 목표치를 선택한다.

한센·사전트(Hansen and Sargent 2008)의 강건성(robustness) 이론도 앞에서 설명한 믿음의 합리성을 보장하는 하나의 접근법으로 볼 수 있다. 한센·사전트는 개별 의사결정자들은 자신이 획득한 확률분포가 실제의 확률분포와 다를 수 있다는 회의(doubt)를 가질 수 있음을 경제모형에 도입한다. 특정한 확률분포를 어떻게 자신의 믿음을 나타내는 확률모형으로 가지게 되었는가를 명시적으로 제시하지 않고 단지 의사결정자가 보유한 자신의 모형이 있다고 가정한다. 또한 의사결정자의 모형을 실제 확률분포의 근사모형(approximating model)으로 간주한다. 의사결정자는 실제의 자료를 산출하는 확률모형을 알지 못하지만 자신이 보유하고 있는 확률모형의 근방에 있을 것으로 생각한다. 이에 덧붙여서 자신이 보유한 근사적 확률모형의 근방에서 하나의 확률모형을 선택하여 이에 의거하여 자신의 믿음을 형성하는 것으로 가정한다.

자신이 보유한 근사모형과 실제의 모형 간의 거리는 어떻게 측정할 것인가? 한센·사전트는 상대 엔트로피를 사용하여 측정한다. 자신이 보유한 근사모형에 대한 회의로부터 출발하므로 의사결정자의 역할은 자신이 보유한 근사모형의 근방에 존재할 것으로 믿고 있는 실제의 확률모형에 대한 탐색이다. 따라서 상대 엔트로피는 실제 확률분포에 대한 확률밀도함수를 자신이 보유한 근사 확률모형의 밀도함수로 나누어 계산한 우도비율의 로그값에 대한 기대치를 실제의 확률분포로 계산한 값으로 정의한다. 자신이 보유한 근사모형으로부터 어느 정도 떨어진 분포를 고려할 것인가의 이슈가 있다. 이는 상대 엔트로피의 상한의 크기를 결정하는 문제라고 할 수 있다. 따라서 상대 엔트로피의 제약식에 대한 라그랑주 승수의 크기를 결정하는 문제가 된다. 한센·사전트에서는 의사결정자가 가지고 있는 자료에 의거하여 추정할지라도 자신이 보유한 근사모형과 구분하기 어려운 정도로 가까운 분포들로 구성된 확률모형의 집합 내에서 선택하는 것으로 가정한다.

확률모형을 선택하는 과정에서 강건성의 개념이 부과된다. 의사결정자들은 자신이 보유한 확률모형의 오류에 의해서 발생할 수 있는 결과들에 대해 우려할 때가 있다. 이 경우 자신의 우려를 극복하기 위하여 강건성이 부여된 선택을 한다는 것이다. 강건성이 부여된다는 것은 최악의 상황(worst case)을 고려하여 확률모형을 선택한다는 것이다. 최악의 상황을 고려한 선택은 다음과 같이 이루어진다. 의사결정자는 자신이 보유한 틀린 믿음 또는 확률모형에 의거한 선택에 의해서 발생하는 결과를 자신의 효용에 반영하고자 한다. 여러 기간을 생존하는 의사결정자의 경우 미래 시점에서의 자신이 얻게 될 효용 수준의 기댓값을 계산할 때 자신의 확률모형에 의거하여 계산한다. 따라서 현재 시점에서 자신이 선택한 확률모형이 달라지면 미래 시점에서 얻는 기대효용의 값도 달라진다. 미래 시점에서의 선택을 주어진 것으로 보고 그로부터 얻을 수 있는 기대효용을 계산할 때 자신이 선택한 확률모형을 적용한다.

이제 강건성의 개념이 다음과 같이 적용된다. 어떠한 확률모형을 선택하는가의 문제를 풀어야 할 때 의사결정자는 자신에게 가장 낮은 기대효용을 제공하는 확률모형을 선택한다. 이러한 강건성의 개념이 예산제약하에서 효용 극대화의 결과로 소비수요와 노동공급을 결정하는 소비자들에게 적용된다면 앞에서 언급한 최대최소 접근법(maximin approach)에 의거하여 최적화한다. 이 경우 제약조건은 상대 엔트로피가 특정한 값보다 작다는 제약이 부과된다. 그러므로 의사결정자가 이미 보유하고 있는 근사적 모형으로부터 일정한 거리 내에 있는 확률분포들을 대상으로 하여 강건성을 고려한 최적화 문제를 풀게 된다.

우드퍼드의 모형과 한센·사전트의 이론 간의 개념적인 차이를 정리하기로 한다. 상대 엔트로피의 해석을 먼저 살펴 보기로 하자. 우드퍼드의 경우 주관적인 분포의 밀도함수가 분자가 되고 실제 분포의 밀도함수가 분모가 되었다. 한센·사전트는 의사결정자의 근사모형이 분모이고 실제의 분포가 분자가 되는 우도비율로 상대 엔트로피를 정의하고 있다. 따라서 한센·사전트의 이론과 우드퍼드의 이론 간의 개념적 차이는 다음과 같이 요약할 수 있다. 한센·사전트의 이론에서는 자신에게 부여된 근사 확률모형이 있는데 이에 대한 회의가 있어서 실제의 확률모형을 찾는다는 것이다.

그러나 의사결정자들이 최적화를 통해 찾은 모형이 실제의 모형과 동일하다는 보장이 없다. 또한 한센·사전트는 의사결정자에게 주어진 실제의 모형에 근사된 확률모형을 명시적인 수식으로 기술하지 않고 분석을 진행한다. 우드퍼드의 모형에서는 의사결정자들이 실제의 확률모형을 찾는 것이 아니라 주관적인 확률모형을 찾기 위해 최대최소 접근법에 의거하여 최적화한다. 또한 실제의 모형에 대하여 명시적인 수식으로 규정하지 않고 분석를 진행하며 또한 의사결정자들은 실제의 확률모형을 주어진 것으로 받아들이고 극대화 문제를 푸는 것으로 가정한다.

또한 우드퍼드의 이론에서는 균형변수에 대한 확률모형이 실제의 확률모형이므로 균형해를 계산하여 찾아낼 수 있다. 이에 반하여 한센·사전트의 이론에서는 강건성을 고려한 선택에 의해서 실제의 확률모형과 동일한 확률모형을 선택할 수 있다는 보장이 없다. 따라서 의사결정자가 실제의 확률모형을 정확하게 알아낼 수 있는 경로에 대해서 명확한 언급이 없다고 할 수 있다. 그러나 두 이론 모두에서 모두 실제의 확률모형과 의사결정자가 보유한 모형이 일정한 거리 내에 있어야 한다는 제약이 있다는 점에서 두 이론은 믿음의 합리성을 부과하고 있다고 할 수 있다.

베이지언의 원칙에 따라 형성된 믿음을 베이지언 믿음(Bayesian belief)이라고 정의할 때 베이지언 믿음이 합리적인 믿음인가? 길보아·포슬웨이트·슈마이들러(Gilboa, Postlewaite and Schmeidler 2012)는 새비지의 공리를 만족하는 의사결정자들이 존재한다는 가정이 합리적 의사결정자들이 존재하기 위한 필요조건도 아니고 충분조건도 아니라고 주장한다. 그들의 주된 강조점은 베이지언주의(Bayesianism)는 합리적 믿음의 개념을 만족스럽게 반영하지 않는다는 것이다.

베이지언주의는 다음과 같은 네 개의 원칙(tenet)으로 구성되어 있다고 정의한다. 첫째, 미래 시점과 현재 시점에서 발생하는 개별 상황을 적절하게 정의하여 의사결정자들의 선택이 적절하게 기술될 수 있도록 상태공간이 정의되어야 한다. 둘째, 의사결정자들은 앞에서 정의된 상태공간에 대하여 단 하나의 선험확률분포를 보유한다. 셋째, 새로운 정보가 들어오면 베이즈 규칙에 의해서 의사결정자들은 자신의 선험분포를 업데이트한다. 넷째, 의사결정자들은 자신들이 가지고 있는 확률분포에 의거하여 형성한 기대효용을 극대화하는 행동을 선택한다. 이들은 의사결정자들의 사전적인 정보가 부족할 경우 두 번째 원칙을 지키기 어렵다는 점을 문제점으로 지적한다. 정보가 전혀 없는 경우 일양분포 또는 균등분포를 선험분포로 제시할 수 있다. 정보가 없다고 하여 균등분포를 선험분포로 가지게 한다면 합리적이지 않을 수 있다는 점을 강조한다. 그 이유로 다음과 같은 두 개의 주장을 제시한다. 첫째, 일상생활에서 선험분포를 형성할 수 있을 정도로 충분한 정보를 얻기가 쉽지 않다. 둘째, 균등분포가 적절한 대안이 되는 예는 그리 많지 않다. 따라서 정보가 없는 상황에서 일률적으로 균등분포를 부여하는 방식을 채택하는 것은 현실에서 제공하는 증거와 부합하지 않는 선험적 믿음을 부과하는 것으로 볼 수 있다는 것이다.

2 일시적 균형의 개념

개별 의사결정자들에게 합리적 기대를 부여한 동태적·확률적 일반균형(DSGE) 모형에서 유일한 균형이 존재한다고 가정하자. 현재의 모형에서 합리적 기대에 대한 가정을 없애고 의사결정자들이 합리적 기대가 아닌 다른 방식으로 자신의 믿음을 생성한다고 가정한다. 이러한 경우 어떠한 균형 개념으로 분석해야 하는가 하는 질문을 할 수 있다. 질문에 대한 가능한 답변의 하나로서 일시적 균형(temporary equilibrium)에 대하여 설명하기로 한다.

통상 DSGE 모형에서 최적화 조건과 시장청산 조건을 이용하여 매 시점 거시경제변수가 만족해야 하는 균형조건의 식을 정리하면 매 시점에서의 거시경제변수에 대한 예측치가 포함된다. 따라서 미래 시점에서의 값을 어떻게 예측하는가에 대한 설명이 있어야 균형조건을 풀어서 균형변수의 값을 계산할 수 있다.

의사결정자들의 기대가 어떻게 내생적으로 형성하는가에 대한 설명이 없이 외생적으로 결정되는 미래 시점의 값에 대한 예측치를 균형조건에 대입하여 균형조건을 만족하는 현재 시점에서의 값을 계산할 수 있다. 미래 시점에 대한 기대를 외생적으로 주어지는 것으로 가정하고 균형조건을 풀기 때문에 현재 시점에서의 균형값은 미래 시점의 기대의 함수가 된다. 이와 같은 방식으로 현재 시점에서의 균형값을 계산하는 균형을 일시적 균형으로 정의한다.

개별 의사결정자가 미래에 대한 기대를 형성할 때 거시경제변수들에 대한 통계학적 모형을 사용하는 경우 이를 합리적 기대의 균형 모형과 비교하여 어떤 균형 개념으로 불러야 할 것인가를 생각해 볼 수 있다. 거시경제변수들에 대한 통계학적 모형을 사용하여 기대를 형성한다면 미래의 발생 가능한 상황에 대한 실제의 분포에 대한 정확한 정보가 있고 이를 활용한다는 가정을 포기한 것이므로 합리적 기대가설에서 요구하는 조건과 비교하면 보다 완화된 경우를 의미한다. 기대형성을 설명하는 특정한 모형을 제시하지 않고 분석을 진행할 수 있는 균형 개념으로서 일시적 균형을 사용할 수 있다.

미래에 대한 기대에 관한 이론적인 설명이 전혀 없이 단순히 미래에 대한 예측치에 임의의 값을 균형조건에 대입하여 현재 시점에서의 균형값을 계산하여 도출된 현재 시점에서의 거시경제변수의 값에는 연구자의 자의성이 크게 반영되어 있으며, 아울러 현실 경제에서의 가계, 기업, 정부 등에서 미래를 예측할 때 사용하는 방식에 대한 연구자의

정보 또는 지식이 전혀 반영되지 않는다고 할 수 있다.[1]

3 적응적 학습을 고려한 거시경제모형

거시경제의 구조에 대하여 개별 의사결정자가 적응적 학습(adaptive learning)을 하는 상황을 고려하기로 한다. 먼저 학습 대상을 설명한다. 개별 의사결정자들은 거시경제모형 자체가 아니라 거시경제변수의 결정 과정에 대한 축약형(reduced form)을 학습하는 것으로 가정한다. 여기서 축약형은 거시경제변수와 상태변수 간의 관계를 설명하는 식과 상태변수의 기간 간 변동을 기술하는 식으로 구성되어 있다. 개별 의사결정자들은 상태변수가 무엇인가에 대한 정확한 정보를 가지고 있으며 동시에 외생변수의 기간 간 변동에 대해서 정확하게 알고 있다고 가정한다. 따라서 축약형이라는 용어의 의미는 내생변수와 상태변수 간의 관계식을 의미하고, 학습의 대상은 내생변수와 상태변수 간의 정확한 관계가 된다. 축약형의 식이 선형식인 경우 정확하게 모르는 것이 상태변수의 계수가 되어 학습의 대상은 상태변수의 계수가 된다. 학습하는 방식은 최소 자승법이다. 내생변수의 값과 상태변수의 값에 대한 자료가 축적되어 있으면 최소 자승법을 사용하여 계수를 추정한다. 또한 시간이 지나면서 새로운 정보가 들어오면 재추정하여 계수를 업데이트한다.

앞에서의 설명을 마무리하기 위해 개별 의사결정자들의 인식된 변

[1] 최근 우드퍼드(Woodford 2013)의 논문에서는 일시적 균형의 개념을 일정한 수준의 합리성이 부과된 비합리적 기대 모형에 대한 균형 분석을 하기 위한 징검다리로서 설명하고 있다.

동의 법칙(perceived law of motion, PLM)의 개념을 설명해야 한다. 앞에서 설명한 방식에 의해서 추정된 거시경제변수와 상태변수 간의 회귀식을 인식된 변동의 법칙이라고 한다. 개별 의사결정자들이 가지고 있는 정보는 인식된 변동의 법칙에 요약되어 있다. 또한 적응적 학습 모형에서는 매 시점 새로운 자료가 축적되면 재추정을 통해 인식된 변동의 법칙도 달라진다. 그러나 새로운 자료가 축적되지 않는다면 인식된 변동의 법칙은 달라지지 않고 그대로 동일한 수식으로 유지된다.

적응적 학습을 고려한 모형에서 개별 의사결정자들이 미래에 대한 기대를 형성할 때 인식된 변동의 법칙을 사용한다. 현재의 자료에 의거하여 추정한 거시경제변수의 결정식을 사용하여 거시경제변수의 예측치를 계산한다. 그 결과 거시경제변수에 대한 예측치는 현재 시점에서의 상태변수의 함수로 표현이 되므로 균형조건에 이를 대입하여 현재 시점에서의 거시경제변수와 상태변수 간의 관계를 계산할 수 있다. 인식된 변동의 법칙을 균형조건에 대입하여 계산된 거시경제변수와 상태변수 간의 관계는 거시경제변수가 실제로 결정되는 과정을 설명하는 식이므로 실제의 변동의 법칙(actual law of motion, ALM)이라고 정의된다.

인식된 변동의 법칙과 실제의 변동의 법칙은 시간이 지나면서 변화할 수 있으며 매 시점마다 서로 다를 수 있다. 실제의 변동의 법칙(ALM)과 인식된 변동의 법칙(PLM)이 서로 다르다면 시간이 지나면서 인식된 변동의 법칙이 실제의 변동 법칙으로 수렴하게 되어 개별 의사결정자는 경제 구조에 대하여 정확한 정보를 가지게 되겠는가 하는 의문을 가질 수 있다. 이와 관련하여 기대의 안정성(expectational stability)이라는 개념을 생각해 볼 수 있다. 기대의 안정성이 존재하는 경우는 시간이 흘러 충분한 자료가 축적되면 인식된 변동의 법칙이 실제의 변동의 법칙으로 수렴하는 상황이다. 기대의 안정성이라는 개념을 도입하면, 적응적 학습을 하는 개별 의사결정자가 충분한 자료를 축적할 정도로 학습을 반복한 결과 합리적 기대를 형성할 수 있는 능력을 갖추게 되는가 하는 질문에 대한 답변이 가능하다. 기대의 안정성이 성립한다면 최소 자승법을 매 시점 반복적으로 사용하여 적응적 학습을 하는 가계 및 기업들이 존재하는 경제는 장기적으로 합리적 기대에 의해서 미래를 예측하는 가계와 기업이 존재하는 경제로 수렴하게 된다.

인식된 변동의 법칙과 실제의 변동의 법칙은 동일한 변수의 결정과정을 설명하는 함수식이지만 차이가 발생할 수 있다. 두 함수식의 차이는 어떻게 측정할 것인가? 많은 경우 선형모형을 분석하고 있으므로 선형식에 의거하여 변동의 법칙을 설명하는 경우 실제의 변동의 법칙과 인식된 변동의 법칙 간의 차이는 상태변수의 계수들의 차이로 정의할 수 있다. 따라서 상태변수의 수가 유한하면 변동 법칙의 차이는 차원이 유한한 벡터로 표시할 수 있다. 따라서 매 시점 새로운 자료가 축적되면서 계수 벡터의 차이가 감소한다면 이는 실제의 변동의 법칙과 인식된 변동의 법칙이 같아지는 상황으로 수렴하게 됨을 의미한다.

합리적 기대를 가정한 거시경제모형이 현실의 실제 상황을 제대로 반영한다고 보기는 어렵다. 실제의 사람들이 앞으로 발생할 모든 상황에 대한 확률분포를 정확하게 알고 있다고 할 수 없기 때문에 모형에서 가정한 합리성을 현실의 의사결정자들이 가지고 있다는 주장을 믿기 어렵다. 그러나 합리적 기대를 가정한 모형 중에서 기대의 안정성에 의해서 설명이 되는 모형은 적응적 학습을 고려한 모형들의 수렴점으로 간주할 수 있다. 따라서 합리적 기대의 가정을 완화하여 적응적 학습이라는 가정을 모형에 부과하더라도 장기적으로 수렴하는 모형이 된다.

적응적 학습이 합리적 기대와 비교하여 현실의 실제 상황을 보다 잘 기술하는 기대모형이라고 믿는 사람들은 현실적인 기대모형이 합리적 기대가 아니더라도 앞으로 무한히 진행하여 도달하는 경제로서 이해할 수 있다. 따라서 기대의 안정성이 성립하는 경우 합리적 기대를 가정한 모형이 실제의 현실과 동떨어진 가정을 부과한 것이지만 이 모형이 현실의 경제와 전혀 관계없는 경제를 상정하고 있다는 비판을 모면할 수 있음을 의미한다.

이에 덧붙여서 합리적 기대를 가정한 동일한 모형에서 여러 개의 균형이 존재한다고 가정하자. 이 경우 적응적 학습에 의해서 어떠한 균형에 도달할 수 있는가를 생각해 볼 수 있다. 다균형을 가진 합리적 기대 모형에서 하나의 균형을 선택해야 한다면 기대의 안정성을 선택의 기준으로 사용할 수 있다. 예를 들어 두 개의 서로 다른 균형이 존재한다고 하자. 그중 하나는 적응적 학습을 고려한 모형에 의해서 수렴하는 합리적 기대 균형이고 다른 하나는 적응적 기대에 의해서 수렴되지 않는 합리적 기대의 균형이라고 하자. 이 경우 적응적 학습을 고려한 모형에 의해서 수렴하는 합리적 기대 균형을 선택할 수 있다. 그러나 기대의 안정성이 성립하는 합리적 기대의 균형도 여러 개인 경우가 없고 단 하나만 존재한다고 보장할 수 있는가 하는 질문이 대두된다.

합리적 기대 균형의 불확정성(indeterminacy)은 합리적 기대를 고려한 동일한 모형에서 다양한 균형 경로가 발생하는 상황을 의미한다. 균형의 불확정성은 바람직하지 않은 상황으로 간주되어 왔다. 균형의 불확정성이 존재하는 경우 가계 및 기업의 선택에 따라 균형 경로가 달라질 수 있으므로 균형의 확정성이 보장되는 경제에 비해 변동성이 더 높아질 수 있기 때문이다. 기존의 연구에서는 중앙은행이 이자율의 피드백 준칙을 적절하게 선택하지 못한 경우 균형의 불확정성이 발생할 수 있음이 지적되어 왔다. 널리 알려져 있는 결과는 신케인지안의 단순한 모형에서 합리적 기대가 부과된 경우 테일러 원칙(Taylor principle)을 만족시키는 이자율 준칙을 선택하면 합리적 기대 균형의 불확정성을 제거할 수 있다는 것이다.

거시경제정책을 결정하는 방식에 대한 정부의 선택에 따라서 한 나라의 거시경제의 기대의 안정성 여부가 달라질 수 있는가 하는 의문을 제기해 볼 수 있다. 예를 들어 중앙은행이 기준금리를 결정하는 과정을 어떻게 선택하는가에 따라서 기대의 안정성 여부가 달라질 수 있는가 하는 점을 생각해 볼 수 있다. 또한 합리적 기대하에서 균형의 확정성이 보장하는 이자율 준칙의 조건은 기대의 안정성을 보장하는 조건이 될 수 있는가 하는 의문을 제기할 수 있다.

제 2 장 비동질적 정보를 고려한 모형

개인들이 거시경제의 현재 상황에 대하여 공유된 공공의 정보(public information)만 보유하고 있는 경우와 공공의 정보에 더하여 공유되지 않은 비동질적인 사적 정보(private information)를 가지고 있는 경우를 고려한 모형들을 소개한다. 비동질적인 사적 정보가 모형에 추가된 경우와 그렇지 않은 경우를 비교하여 어떠한 차이점이 있는지를 다음과 같이 정리할 수 있다. 첫째, 공공의 정보만 있는 모형에서는 다수의 균형이 존재할 수 있으나 비동질적인 사적 정보가 추가되면 동일한 모형에서 단 하나의 균형만 존재하게 된다. 둘째, 비동질적인 사적 정보가 있는 경우 다른 사람들이 내가 예측하는 것을 어떻게 예측하는지를 고려하게 된다. 셋째, 다른 사람들의 평균적 행동이 나의 선택에 영향을 미치는 상황이 발생하여 서로 다른 개인들의 행위들이 서로 전략적 보완성 또는 전략적 대체성을 보이는가 하는 점을 고려해야 한다. 넷째, 정부가 공공의 정보를 조정할 수 있다면 공공의 정보를 조정하여 개인의 선택에 영향을 미칠 수 있는 상황이 발생한다.

이 장에서 다루고 있는 모형의 공통적인 특징은 다음과 같이 요약할 수 있다. 첫째, 개인들은 현재의 경제 상황을 나타내는 변수에 노이즈를 합쳐서 형성된 시그널의 값을 관측함으로써 정보를 얻게 된다. 시그널의 노이즈 부분을 개인별로 서로 독립인 확률변수로 가정하고 다른 사람들이 관측할 수 없다는 가정을 부과하여 비동질적인 사적 정보를 모형에 도입한다. 둘째, 개인들은 모두 베이즈 규칙에 의거하여 의사결정에 필요한 정보를 추출한다. 예를 들어 사적 시그널의 값을 관측한 이후에 베이즈 규칙에 의거하여 경제 상황에 대한 사후적 분포를 계산한다. 이러한 과정을 통해서 경제 상황에 대한 자신의 믿음을 업데이트한다. 셋째, 개인들이 보유한 정보의 질은 정보의 정확도에 의해서 평가할 수 있다. 공개된 정보의 정확도와 사적 정보의 정확도가 개인의 믿음에 대한 정확도와 변수들의 균형값에 영향을 미친다.

1 비동질적인 사적 정보와 경제 위기 모형

현재 상황에 대하여 정확한 정보가 없는 수많은 개별 의사결정자들이 존재하는 경제에서 현재의 레짐(regime) 또는 제도가 그대로 유지되는지 아니면 포기되는지가 현재의 제도를 공격하는 사람들의 수자에 따라 결정되는 모형을 분석하기로 한다. 이 장에서 소개하는 모형으로 분석할 수 있는 위기 상황으로는 고정환율제도에 대한 투기자들의 공격, 은행예금에 대한 대규모 인출 사태, 정치제도의 혁명 등을 들 수 있다.

이 절에서는 먼저 안젤레토스·헬위그·파반(Angeletos, Hellwig and Pavan 2007)이 분석한 모형을 소개하기로 한다. 안젤레토스·헬위그·파반의 주된 관심사는 레짐 변화의 동학적인 측면이지만 이 절에서 소개하는 모형은 기간 간 변화를 고려하지 않은 정태적인 모형이다. 개별 의사결정자들은 각각 현재의 레짐을 공격할 것인가 또는 현재의 레짐을 그대로 유지할 것인가의 두 대안 중 하나를 선택해야 한다. 또한 모든 사람들이 동시에 결정하는 것으로 가정하여 다른 사람들의 의사결정을 미리 알지 못하는 상황에서 결정하는 것으로 해야 한다. 또한 한 사람의 결정이 경제 전체에 미치는 효과는 없지만 동일한 의견을 가진 개별 의사결정자들의 규모가 커져서 일정한 임계치를 넘으면 이들의 공격에 의해서 현재의 레짐이 바뀌는 것으로 가정한다. 모든 의사결정자들은 0과 1 사이 구간에 균등하게 위치하는 것으로 가정하여 전체 인구의 규모는 1이 된다.

모형의 균형식이 도출되는 과정은 표 2.1에 요약되어 있다. 다음에서는 표 2.1에 맞추어 모형의 균형조건을 설명한다. 개인의 현재 레짐에 대한 정보는 서로 다르게 주어진다. 현재 레짐의 강도는 θ라는 확률변수에 의해서 표기된다. θ의 크기가 클수록 현재 레짐의 강도가 높다. 현재의 레짐이 바뀌는 규칙을 수식으로 표현하면 다음과 같다. A는 현재의 레짐에 대한 공격을 결정한 사람들의 규모를 의미하는 것으로 정의한다. $A \geq \theta$인 경우 현재의 레짐을 포기한다. 그러나 $A < \theta$이면 현재의 레짐은 그대로 유지된다. θ의 값은 0보다는 크고 1보다는 작은 구간에 위치하는 것으로 가정하고, 아울러 θ의 값은 $\mathcal{N}(\bar{\theta}, \alpha^{-1})$로 표시할 수 있는 정규분포로부터 선택되는 것으로 가정한다. 모든 사람들은 정규분포의 함수 형태에 대해서는 정확하게 알고 있지만 θ의 값에 대해서는 정확한 정보가 없다. 개인의 현재 레짐에 대한 정보는 다음과 같은 의미에서 서로 다르게 주어진다. 개인 i의 θ에 대한 정보는 개인별로 다른 분포로부터 실현되는 확률변수의 값을 관측하여 결정하게 된다. 개인들이 관측하는 확률변수는 $x_i = \theta + \xi_i$로 표기한다. 확률변수 ξ_i는 서로 다른 사람들에게 서로 독립이지만 분포함수는 동일한 것으로 가정하여 $\mathcal{N}(0, \beta^{-1})$의 정규분포를 따르는 것으로 가정한다. 따라서 현재 분석하고 있는 모형은 의사결정자들이 비동질적인

표 2.1: 균형조건 도출 과정의 요약

단계별 내용	균형조건
개인의 의사결정: 효용 극대화	$p_i \geq c \rightarrow$ 공격 $p_i < c \rightarrow$ 포기
↓	
사적 정보 업데이트와 체제 포기에 대한 사후적 믿음 형성	$\text{Prob}(\theta \leq \hat{\theta} \mid x_i)$의 추정
↓	
단조 베이지언 균형의 제약 부과 x_i가 증가하면 p_i는 감소한다.	$\text{Prob}(\theta \leq \hat{\theta} \mid x_i)$는 x_i의 비증가함수
↓	
개인의 정보변수와 의사결정	
↓	
개인의 정보변수와 개인의 선택	$x_i \leq \hat{x} \rightarrow$ 공격 $x_i > \hat{x} \rightarrow$ 포기
↓	
개인의 공격 규모에 대한 추정	$A = \text{Prob}(x_i \leq \hat{x} \mid \theta)$ $= \Phi(\sqrt{\beta}(\hat{x} - \theta))$
↓	
체제 유지에 대한 임계치의 추정	$\Phi(\sqrt{\beta}(\hat{x} - \hat{\theta})) = \hat{\theta}$

정보집합을 가지고 있음을 가정한 모형이며, 현재 레짐의 강도에 대한 정확한 값을 모르기 때문에 불완전 정보를 가정한 모형이다. 모든 사람들이 정확하게 알고 있는 정보는 $\bar{\theta}$, α, β의 값이다. 의사결정자 i만 알고 있는 정보는 x_i의 값이다. 각각의 사람들은 자신이 알고 있는 정보를 사용하여 θ의 값을 추론한다.

의사결정자들이 자신의 선택으로부터 발생하는 소득은 다음과 같이 결정된다. 먼저 현재의 레짐을 공격하지 않는 선택을 하면 레짐이 존속하는지의 여부에 관계없이 어떤 소득도 발생하지 않는다. 그러나 공격을 선택할 때 현재의 레짐이 무너지면 $1-c$의 소득을 얻게 되지만 현재의 레짐이 그대로 유지하게 되는 결과가 나오면 $-c$의 소득을 얻게 된다. c는 임의의 양수로 정의한다. 개인들은 모두 자신의 기대소득이 높은 행위를 선택한다. 예를 들어 p를 현재의 레짐이 무너질 확률이라고 정의하자. 이 경우 공격할 때의 기대소득은 $p(1-c)-(1-p)c$이지만 공격하지 않을 때의 기대소득은 0이다. 따라서 $p > c$이면 공격하는 것이 더 유리하고 $p < c$이면 공격하지 않는 것이 유리하다.

개인들의 공격이 성공할 확률을 어떻게 계산하는지를 설명하기로 한다. 이를 위해 먼저 개인들의 사후적 믿음이 어떻게 형성되는지를 설명해야 한다. 여기서 개인의 믿음은 θ에 대한 예측치를 의미한다. 또한 θ의 확률분포에 대한 정보가 시그널을 관측하기 이전과 이후에 달라지기 때문에 이에 따른 개인의 믿음도 달라진다. 시그널은 개인이 관측할 수 있는 확률변수를 의미한다. 분석에 필요한 두 개의 정리를 설명하기로 한다. 첫째, θ와 노이즈가 서로 독립이고 정규분포를 따르는 경우 사후적 믿음은 사전적 믿음과 시그널의 가중평균이 된다. 앞에서 설명한 결과를 부연하면 개별 의사결정자들이 자신에게 부여된 x_i를 관측한 이후 θ에 대한 조건부 기대치는 $\bar{\theta}$와 x_i의 가중평균을 의미한다. 둘째, 믿음의 정확도(precision)는 확률변수의 분산의 역수로 정의된다. 따라서 정확도가 무한히 커지면 분산이 0이 되어 확률변수의 실현된 값이 항상 기댓값과 같아지기 때문에 정확한 믿음이 있는 것으로 볼 수 있다. 사후적 믿음의 정확도는 사전적 믿음의 정확도와 노이즈의 정확도의 합이 된다.

앞에서 설명한 사후적 믿음에 대한 정리는 베이즈 규칙에 의거한 수리적 증명이 가능하다. 먼저 $g(\theta)$는 θ에 대한 사전적 분포의 밀도함수이고 모든 사람들이 정확하게 알고 있는 것으로 가정한다. 다음에서는 θ에 대한 사후적 분포의 밀도함수를 $f(\theta|x_i)$로 표기하고 사후적 믿음에 대한 정리가 성립함을 보이기 위해 $f(\theta|x_i)$의 함수 형태를 찾아낸다. 먼저 이 절의 분석에서는 θ에 대한 사전적 분포의 밀도함수는 다음과 같다.

$$g(\theta) = \frac{\sqrt{\alpha}}{\sqrt{2\pi}} \exp(-0.5\alpha(\theta - \bar{\theta})^2)$$

또한 $h(x_i)$는 개인들의 시그널에 대한 밀도함수를 의미하고 θ와 노이즈가 서로 독립인 정규분포를 따르는 변수이므로 다음과 같다.

$$h(x_i) = \frac{\sqrt{\alpha\beta}}{\sqrt{2\pi(\alpha+\beta)}} \exp(-0.5\frac{\alpha\beta}{\alpha+\beta}(x_i - \bar{\theta})^2)$$

시그널에 대한 우도함수를 $m(x_i|\theta)$로 표기하면 다음과 같다.

$$m(x_i|\theta) = \frac{\sqrt{\beta}}{\sqrt{2\pi}} \exp(-0.5\beta(x_i - \theta)^2)$$

앞에서 이미 세 개의 밀도함수의 형태를 설명하였으므로 다음에 정리한 베이즈 규칙을 적용하면 θ에 대한 사후적 분포의 밀도함수를 계산할 수 있다.

$$m(x_i|\theta)g(\theta) = f(\theta|x_i)h(x_i)$$

앞의 식을 적용하여 정리한 사후적 분포의 밀도함수는 다음과 같다.

$$f(\theta|x_i) = \frac{\sqrt{\alpha+\beta}}{\sqrt{2\pi}}\exp(-0.5(\alpha+\beta)(\theta-\theta_p(i))^2)$$

위 식에서 $\theta_p(i)$는 다음과 같이 정의된다.

$$\theta_p(i) = (\alpha+\beta)^{-1}(\alpha\bar{\theta}+\beta\hat{x}_i)$$

위에서 정리한 밀도함수에 의거하면 θ의 사후적 분포는 $\mathcal{N}(\theta_p(i), (\alpha+\beta)^{-1})$이다. 따라서 사후적 분포에 의거한 θ에 대한 기댓값은 $E[\theta|x_i]$ $= \alpha/(\alpha+\beta)\ \bar{\theta}\ +\ \beta/(\alpha+\beta)\ x_i$이 된다. 이는 사후적 기댓값이 사전적 기댓값과 시그널의 가중평균임을 의미하므로 첫 번째 정리의 증명은 완료되었다. 또한 사후적 분포에서의 분산의 역수는 $\alpha+\beta$이다. 이 식은 사후적 믿음의 정확도는 사전적 믿음의 정확도와 노이즈의 정확도의 합임을 의미하므로 두 번째 정리가 성립함을 보였다.

사후적 분포를 도출하였으므로 사후적 분포가 어떻게 사용되는가를 설명하기로 한다. 사후적 분포는 레짐이 변화할 확률을 계산하는데 사용한다. 현재 레짐의 강도에 대한 임계치가 있어서 현재 레짐의 강도가 임계치보다 작으면 현재 레짐이 무너질 것으로 생각할 수 있다. 따라서 현재 시점에서 기존의 레짐이 무너질 일이 발생하는 레짐의 강도에 대한 구간이 존재한다. 기존의 레짐에 대한 구간의 최댓값을 $\hat{\theta}$으로 표기한다면 θ가 $[0, \hat{\theta}]$의 구간에 위치할 확률을 레짐이 무너질 확률로 정의할 수 있다. 각각의 개인들은 사후적 확률분포를 사용하여 레짐이 무너질 사후적 확률을 계산한다. 따라서 x_i의 값을 관측한 사람은 위에서 도출한 사후적 분포를 사용하여 다음과 같은 레짐이 무너질 사후적 확률을 계산한다.

$$\text{Prob}(\theta \leq \hat{\theta}|x_i) = \Phi(\sqrt{\alpha+\beta}(\hat{\theta}-\theta_p(i))) = 1-\Phi(\sqrt{\alpha+\beta}(\theta_p(i)-\hat{\theta}))$$

위의 식에서 Φ는 표준정규분포의 분포함수를 의미한다. 두 번째 등호의 의미는 개인들이 관측하는 시그널의 값이 증가하면서 레짐이 무너질 사후적 확률은 낮아진다는 것이다.

개인들이 관측하는 시그널의 값이 증가하면서 레짐이 무너질 사후적 확률은 낮아지는 특성이 개인의 의사결정에 의미하는 바를 다음과 같이 정리할 수 있다. 매우 낮은 시그널의 값을 관측한 경우 공격할 때의 기대소득이 공격을 포기할 때의 기대소득에 비해 높다. 시그널의 값이 충분히 크면 공격을 포기할 때의 기대수입이 공격할 때의 기대수입보다 더 높다. 이러한 특성을 감안하여 안젤레토스·헬위그·파반이 분석한 모형에서는 개인의 균형전략이 단조증가의 성질을 만족한다는 제약을 부과하여 단조 베이지언 내시 균형(Monotone Bayesian Nash Equilibrium)을 분석한다. 단조함수의 수식어가 붙은 것은 개인이 관측하는 시그널의 값에 대하여 개인들의 전략은 비증가함수여야 한다는 것이다. 이 경우 균형에서는 공격을 선택하는 사람들이 관측하는 시그널의 값에 대한 임계치가 있어서 개인이 관측하는 시그널의 값이 임계치보다 낮으면 공격을 선택한다. 시그널의 임계치를 $\hat{x}$라고 하면 모든 사람들에게 동일한 임계치가 적용된다. 따라서 $x_i \leq \hat{x}$인 시그널을 받은 사람들은 공격을 선택한다.

개인들이 공격을 선택하는 것은 공격의 기대소득이 상대적으로 더 작지 않기 때문인데, 이는 자신의 정보하에서 추정한 레짐이 무너질 확률의 값이 공격의 비용인 c보다 크거나 같다는 조건을 의미한다. 다시 말해서 공격을 선택할 때의 기대수입이 상대적으로 더 작지 않다는 조건은 $x_i < \hat{x}$인 경우 $\text{Prob}(\theta \leq \hat{\theta}|x_i) > c$의 부등호가 만족되어야 하는 동시에 $\text{Prob}(\theta \leq \hat{\theta}|\hat{x}) = c$의 조건이 성립해야 한다. 그런데 분석하는 모형에 제약을 부과하여 $\text{Prob}(\theta \leq \hat{\theta}|x_i)$가 x_i에 대하여 감소

함수가 되도록 하였다. 따라서 $\text{Prob}(\theta \le \hat{\theta}|\hat{x}) = c$의 조건만 만족된다면 $x_i < \hat{x}$인 경우에 대한 부등호 조건은 자동적으로 만족된다. 보다 구체적으로 설명하면 다음과 같다. 단조 베이지언 균형의 제약이 부과되면 $\text{Prob}(\theta \le \hat{\theta}|x_i)$가 x_i에 대하여 비증가함수가 되어야 한다. 이제 $\text{Prob}(\theta \le \hat{\theta}|\hat{x}) = c$의 조건을 만족시키는 $\hat{x}$가 존재한다고 하자. 이는 $x_i < \hat{x}$를 만족하는 임의의 x_i를 선택하면 $\text{Prob}(\theta \le \hat{\theta}|x_i) > c$임을 의미한다. 따라서 $x_i < \hat{x}$를 만족하는 임의의 x_i를 관측한 사람의 경우 공격을 선택하면 이득이 발생한다. 지금까지의 설명을 수식으로 정리하면 다음과 같다.

$$\text{Prob}(\theta \le \hat{\theta}|\hat{x}) = 1 - \Phi(\sqrt{\alpha+\beta}(\hat{\theta}_p - \hat{\theta})) = c \qquad (2.1)$$

위 식에서 사용한 θ_p는 다음과 같이 정의된다.

$$\theta_p = (\alpha+\beta)^{-1}(\alpha\bar{\theta} + \beta\hat{x})$$

앞에서는 개인의 선택에 대한 균형조건을 설명했다. 다음에서는 공격하는 사람들의 규모가 현재 레짐의 강도보다 크거나 같다면 현재의 레짐이 무너진다는 조건을 분석한다. 앞에서 $x_i \le \hat{x}$인 시그널을 받은 사람들은 공격을 선택한다는 점을 설명하였다. 그리고 서로 다른 시그널의 값을 관측할 수 있으나 시그널의 분포는 모두 동일하게 주어지므로 $x_i \le \hat{x}$의 확률을 계산할 수 있다. 먼저 공격하는 사람들의 규모를 현재 레짐의 강도가 특정한 값을 가지고 있다는 조건을 부과하여 계산한다는 점이 주요한 포인트이다. 레짐의 강도에 대한 실제 값은 누구도 정확히 알지 못한다. 그럼에도 불구하고 현재 레짐의 강도가 특정한 값을 가지고 있다는 조건이 부과된 시그널의 조건부 확률분포를 사용한다. 그 이유를 다음과 같이 설명할 수 있다. 레짐의 강도에 대한 임계치는 정의에 의해서 임계치가 레짐의 강도로 실현된 상황에서 공격에 참가하는 개인들의 규모와 동일해야 한다. 또한 현재 도출하고자 하는 균형조건은 임계치 값에 적용되는 균형조건이다. 따라서 현재 레짐의 강도가 특정한 값을 가지고 있다는 조건이 부과된 시그널의 조건부 확률분포를 사용한다. 이제 θ의 값을 고정시킬 수 있다면 시그널의 분포는 $\mathcal{N}(\theta, \beta^{-1})$이므로 $x_i \leq \hat{x}$의 확률은 $\Phi(\sqrt{\beta}(\hat{x}-\theta))$로 주어진다. 따라서 $\theta = \hat{\theta}$인 경우 공격하는 사람의 규모는 $\Phi(\sqrt{\beta}(\hat{x}-\hat{\theta}))$이고 또한 임계치의 균형값은 공격하는 사람들의 규모와 균형 임계치가 같다는 다음의 균형조건을 만족해야 한다.

$$\Phi(\sqrt{\beta}(\hat{x}-\hat{\theta})) = \hat{\theta}. \tag{2.2}$$

위의 균형조건의 의미를 다시 설명한다. 주어진 $\hat{x}$에 대하여 위의 균형조건을 만족하는 $\hat{\theta}$의 값이 (0,1)의 개구간(open interval)에 존재한다고 가정하자. $A(\theta)$가 감수함수인 경우 $\hat{\theta}$보다 작은 θ의 값에 대응하는 $A(\theta)$의 값은 $\hat{\theta}$보다 크다. 따라서 $\hat{\theta} > \theta$인 경우 $A(\theta) > \hat{\theta}$가 만족된다. $\theta \leq \hat{\theta}$의 부등호를 만족하는 사건이 현재의 제도가 포기되는 사건과 동일하다. 따라서 $\theta < \hat{\theta} < A(\theta)$이므로 $\theta < A(\theta)$가 된다. 앞에서 증명 없이 사용한 $\text{Prob}(\theta \leq \hat{\theta}|x_i)$이 개인 i가 자신의 사적 정보하에서 계산한 현재의 제도가 무너질 확률이 됨을 확인하였다.

두 개의 균형변수 $\{\hat{x},\ \hat{\theta}\}$에 대하여 두 개의 균형식 식 (2.1)과 식 (2.2)를 도출하였다. 두 개의 균형식을 동시에 풀면 $\{\hat{x},\ \hat{\theta}\}$를 주어진 파라미터의 함수로 표시할 수 있다. 구체적으로 쓰면 $\hat{x}^* = \hat{x}(\alpha, \beta, \bar{\theta})$, $\hat{\theta}^* = \hat{\theta}(\alpha, \beta, \bar{\theta})$ 등이 된다.

다음에서는 모리스·신(Morris and Shin 1998)의 모형을 소개하기로 한다. 모리스·신의 모형이 안젤레토스·헬위그·파반의 모형에 비해 먼저 발표되었고 모형 구조의 유사성이 크지만 비동질적인 사적 정보를 고려하여 자기 실현적인 믿음으로 인해 발생하는 외환 위기를 분석할 수 있음을 보여 주는 예로서 모리스·신의 모형을 단순화하여 소개한다. 한국의 상황에 적용하여 설명하기 위해 한국 정부는 원·달러 환율을 일정한 수준에 고정시키는 고정환율제도를 유지하고 있는 것으로 가정한다. 또한 많은 외환시장의 참가자들이 투기적 목적으로 달러화를 구매하게 되면 정부의 고정환율제도가 바뀔 수 있는 상황을 고려한다. 현재 원·달러 환율이 1로 고정되어 있다고 가정한다. 투기적 공격을 선택하면 시중은행에서 원화로 L_0만큼의 자금을 빌린다. 모형의 분석을 단순화하기 위해 개인에 대출되는 금액은 모두 동일한 것으로 가정한다. 시중은행에서 조달한 원화 자금으로 외환시장에서 달러화를 구매한다. 이러한 투기적 공격이 성공하여 정부가 고정환율제도를 포기하면 원·달러 환율은 상승한다. 이때 외환시장에서 결정되는 원·달러 환율 수준을 e로 표시한다. 외환시장에 참가하여 투기적 공격을 하기 위해 고정비용이 소요되는 것으로 가정하고 고정비용은 c로 표시한다. 따라서 투기적 공격이 성공하면 $(e-1)L_0 - c$의 순소득이 발생한다. 그러나 투기적 공격이 성공하지 못하면 비용만 지불하게 되어 $-c$의 마이너스 소득이 발생한다.

정부는 고정환율제도를 그대로 유지시키느냐의 결정을 비용편익분석에 의거하여 결정한다. 현재의 고정환율제도의 강도는 앞의 모형을 설명할 때와 동일하게 θ로 표시하고 또한 투기적 공격에 가담하는 사람들의 규모는 A로 표시한다. 현재의 레짐을 그대로 유지하는 비용은 $\text{cost} = A - \theta$으로 정의되고 현재 레짐을 유지하여 얻는 이득은 v로 표기하여 고정환율제도를 유지하여 얻는 순이득은 $\pi = v+\theta - A$이 된다. $v = 0$로 가정한다면 $\theta > A$인 경우 현재의 레짐을 유지하고 $\theta \leq$

A인 경우 현재의 레짐을 포기해야 한다. 따라서 $v = 0$인 경우는 앞에서 설명한 모형과 동일한 방식으로 현재의 레짐에 대한 포기 여부가 결정된다.

앞에서 설명한 상황을 반영하여 개인들이 투기적 공격을 선택하는 조건을 도출한다. 투기적 공격이 성공할 확률을 p라고 하면 투기적 공격을 선택하는 경우의 기대소득은 $p(e-1)L_0 - c$이다. 투기적 공격을 선택하는 경우의 기대소득이 양수일 때 투기적 공격을 선택한다. 따라서 $p(e-1)L_0 - c > 0$이 투기적 공격을 선택하는 조건이다. 비동질적인 사적 정보를 도입하였으므로 시그널을 관측한 이후에 형성한 투기적 공격의 성공할 확률에 대한 개인의 믿음은 각각 다를 수 있다. 이제 투기적 공격이 성공할 확률을 계산하기로 한다. 앞에서 설명한 모형과의 차이점은 확률변수들의 사전적 분포가 균등분포를 따를 때 베이즈 규칙을 적용하여 사후적 분포를 계산한다는 점이다.

개인 i 자신만이 관측하는 시그널은 $x_i = \theta + \xi_i$로 정의된다. 개인별로 서로 독립인 확률변수로 정의되는 노이즈인 ξ_i는 $[-\epsilon,\epsilon]$의 구간에서 균등분포를 따르는 확률변수이다. 또한 θ는 $[0, 1]$의 구간에서 정의되는 균등분포를 따르는 확률변수이다. 균형조건을 도출하기 위해 조건부 분포를 계산해야 한다. 첫째, $\theta = \hat{\theta}$일 때 x_i의 분포는 $[\hat{\theta} - \epsilon, \hat{\theta} + \epsilon]$의 구간에서 정의되는 균등분포이다. 따라서 $\theta = \hat{\theta}$일 때 $x_i \leq \hat{x}$의 부등호를 만족하는 시그널의 값이 실현될 확률은 $(\hat{x}$-$\hat{\theta}$+$\epsilon)/(2\epsilon)$이다. 둘째, $x_i = \hat{x}$일 때 θ의 분포는 $[\hat{x} - \epsilon, \hat{x} + \epsilon]$의 구간에서 정의되는 균등분포이다. 따라서 $x_i = \hat{x}$일 때 $\theta \leq \hat{\theta}$의 부등호를 만족하는 시그널의 값이 실현될 확률은 $(\hat{\theta}$-$\hat{x}$+$\epsilon)/(2\epsilon)$이다.

앞에서 이미 설명한 바와 같은 이유로 정부의 균형전략은 레짐의 강도에 대한 임계치를 결정하고 실제의 강도가 임계치보다 작거나 같으면 고정환율제도를 포기한다. 또한 현재 고정환율제도의 강도에 대한 임계치에서는 투기적 공격에 참가하는 사람의 규모와 임계치가 같아야 한다. 이 조건을 수식으로 표현하면 다음과 같다.

$$(\hat{x} - \hat{\theta} + \epsilon)/(2\epsilon) = \hat{\theta} \tag{2.3}$$

외환시장 참가자들의 투기적 공격에 참여할 것인가 하는 선택은 다음과 같이 이루어진다. 앞에서 설명한 바와 같이 자신이 관측하는 시그널의 값이 특정한 임계치보다 낮으면 투기적 공격을 선택한다. 시그널에 대한 임계치를 시그널의 값으로 관측하는 사람들은 투기적 공격으로부터 얻는 기대소득이 0이 된다. 두 번째 조건부 분포를 사용하여 $x_i = \hat{x}$인 경우 기대소득이 0이 되는 조건은 다음과 같이 정리할 수 있다.

$$(e-1)L_0(\hat{\theta} - \hat{x} + \epsilon)/(2\epsilon) = c \tag{2.4}$$

식 (2.3)과 식 (2.4)를 동시에 만족시키는 $\hat{x}$과 $\hat{\theta}$을 찾으면 임계치들의 균형값이 계산된다. 예를 들면, 고정환율제도의 강도에 대한 임계치는 $\hat{\theta} = ((e-1)L_0 - c)/((e-1)L_0)$이다. 또한 식 (2.3)에 의하면 시그널에 대한 임계치와 강도에 대한 임계치 간의 관계는 $\hat{x} = (1+2\epsilon)\hat{\theta} - \epsilon$이다. 따라서 식 (2.4)를 이 식에 대입하면 시그널에 대한 임계치는 다음과 같이 결정된다.

$$\hat{x} = (\epsilon + 1) - \frac{c(2\epsilon + 1)}{(e-1)L_0}$$

고정환율제도의 강도에 대한 임계치가 0보다 크고 1보다 작은 양수일 조건은 고정환율제도를 포기했을 경우의 원·달러 환율이 현재의 환율보다 더 높다는 조건하에서 투기적 공격을 위한 고정비용이 $0 < c < (e-1)L_0$의 부등호 조건을 만족해야 한다. 또한 시그널에 대한 임계치의 균형값이 양수일 조건은 $c < ((1+\epsilon)/(1+2\epsilon))\ (e-1)L_0$이다.

2 균형분석

이 절에서는 앞에서 설명한 모형에 의거하여 다음과 같은 이슈들을 설명한다. 첫째, 사적 정보하에서의 균형의 유일성을 설명한다. 둘째, 전략적 보완성 및 전략적 대체성의 역할을 설명한다. 셋째, 믿음의 계층(hierarchy of beliefs)에 대하여 설명한다. 넷째, 사적 정보가 있는 모형에서 공공 정보의 역할에 대하여 설명한다. 다섯째, 앞에서 이미 설명한 정태모형에 동학적인 요소를 부가하기 위해 매 시점마다 사적 정보가 달라지는 상황을 고려한 동태모형에서의 균형조건을 도출한다.

모든 개인이 동일한 정보를 공유하는 경우 하나의 균형만이 존재하는 것이 아니라 개인들의 자기실현적 기대에 의해 투기적 공격이 발생하는 균형과 투기적 공격이 없는 균형이 존재한다. 따라서 동일한 정보가 완전히 공유된 모형에서는 자기실현적 다균형이 존재한다. 그러나 동일한 모형 구조에 정보의 공유를 없애고 공유되지 않은 사적 정보로 대체한다면 단 하나의 균형만 존재하는 모형으로 바뀐다. 안젤레토스·헬위그·파반의 정태모형에서 단 하나의 균형이 존재할 조건을 소개한다. 다음 식에서 볼 수 있듯이 식 (2.2)를 사용하여 $\hat{x}$을 $\hat{\theta}$의 함수로 표시한다.

$$\hat{x} = \hat{\theta} + \beta^{-1/2}\Phi^{-1}(\hat{\theta}). \tag{2.5}$$

식 (2.5)를 식 (2.1)에 대입하여 $\hat{x}$를 소거하면 다음과 같이 $\hat{\theta}$의 균형값에 대한 균형조건을 도출할 수 있다.

$$F(\hat{\theta}) = 1 - \Phi(\sqrt{\alpha+\beta}(\hat{\theta}_p(\hat{\theta}) - \hat{\theta})) - c \tag{2.6}$$

위 식에서 $\hat{\theta}_p(\hat{\theta})$는 다음과 같이 정의된다.

$$\hat{\theta}_p(\hat{\theta}) = (\alpha+\beta)^{-1}(\alpha\bar{\theta} + \beta(\hat{\theta} + \beta^{-1/2}\Phi^{-1}(\hat{\theta})\hat{x}_i))$$

앞에서 설명한 수식들의 함의는 앞 절에서 도출한 두 개의 균형식이 하나의 균형식으로 축약되었다는 것이다. 따라서 앞에서 정의한 함수에 대하여 $F(\hat{\theta}) = 0$을 만족하는 $\hat{\theta}$의 값이 단 하나 존재하는 것을 증명할 수 있다면 이는 단 하나의 균형이 존재함을 의미한다. 식 (2.2)를 사용하여 다음 조건이 만족됨을 보일 수 있다.

$$\begin{aligned}
&\lim_{\hat{\theta}\to 0} \hat{x} = -\infty; \lim_{\hat{x}\to -\infty} \hat{\theta}_p = -\infty \quad \to \quad \lim_{\hat{\theta}\to 0} F(\hat{\theta}) = 1 - c \\
&\lim_{\hat{\theta}\to 1} \hat{x} = +\infty; \lim_{\hat{x}\to +\infty} \hat{\theta}_p = +\infty \quad \to \quad \lim_{\hat{\theta}\to 1} F(\hat{\theta}) = -c
\end{aligned}$$

위의 결과는 $\hat{\theta}$=0에서 $F(\hat{\theta})$의 값이 양수이고 $\hat{\theta}$=1에서 $F(\hat{\theta})$의 값이 음수임을 의미한다. 따라서 함수 $F(\hat{\theta})$가 미분가능하면서 단조 감소함수이라면 $F(\hat{\theta}) = 0$을 만족하는 $\hat{\theta}$의 값이 단 하나 존재한다. $\Phi^{-1}(\hat{\theta})$이 미분가능하므로 식 (2.5)에서 정의한 함수에 대하여 역함수 정리를 적용할 수 있다.

$$F'(\hat{\theta}) = -\frac{\sqrt{\beta}}{\sqrt{\alpha+\beta}}\phi(\sqrt{\alpha+\beta}(\hat{\theta}_p(\hat{\theta}) - \hat{\theta}))(\frac{1}{\phi(\Phi^{-1}(\hat{\theta}))} - \frac{\alpha}{\sqrt{\beta}}) \quad (2.7)$$

따라서 $F(\hat{\theta})$가 단조 감소함수일 조건은 다음과 같다.

$$F'(\hat{\theta}) < 0 \quad \Longleftrightarrow \quad \frac{1}{\phi(\Phi^{-1}(\hat{\theta}))} > \frac{\alpha}{\sqrt{\beta}}$$

$\Phi^{-1}(\hat{\theta})$의 값이 유한값이면 $\frac{1}{\phi(\Phi^{-1}(\hat{\theta}))} > \sqrt{2\pi}$의 부등호가 성립한다. 따라서 $\sqrt{2\pi\beta} \geq \alpha$의 조건이 만족된다면 $F(\hat{\theta})$가 단조 감소함수가 된다. 이 조건은 안젤레토스·헬위그·파반(2007)이 제시한 부등호 조건인 $2\pi\beta \geq \alpha^2$과 일치한다.

전략적 보완성(strategic complementarity)을 분석하기로 한다. 벨드캠프(Veldkamp 2011)가 제시한 전략적 보완성과 전략적 대체성(strategic substitutability)의 정의는 다음과 같다.

1. 개인 i가 선택한 행동을 a_i라고 할 때 개인의 최적 행동이 다른 사람들의 평균적인 행동 $\int_{k=0}^{k=1} a_k dk$의 증가함수이면 개인 i의 행동은 전략적 보완재(strategic complement)이다.
2. 개인 i가 선택한 행동을 a_i라고 할 때 개인의 최적 행동이 다른 사람들의 평균적인 행동 $\int_{k=0}^{k=1} a_k dk$의 감소함수이면 개인 i의 행동은 전략적 대체재(strategic substitute)이다.

현재 설명하고 있는 모형은 개인들의 선택이 연속적으로 변화하는 변수의 크기에 대한 선택이 아니라 특정한 행동을 실시하느냐 아니면 포기하느냐 하는 양자택일의 선택이다. 바로 위에서 정의한 전략적 행동을 보다 명시적으로 분석할 수 있는 프레임워크는 개인들의 선택이 연속적으로 변화하는 변수의 크기에 대한 선택으로 주어진 모리스·신의 모형이라고 할 수 있다. 양자택일의 모형에서도 전략적 보완성의 여부를 분석할 수 있으며, 이를 위해 a_i를 다음과 같이 정의한다.

$$a_i = \begin{cases} 1 & \text{if} \quad x_i \leq \hat{x} \\ 0 & \text{if} \quad x_i > \hat{x} \end{cases}$$

위의 정의에 의하면 $\int_{k=0}^{k=1} a_k dk = A(\theta)$가 되므로 다른 사람의 평균적인 행동을 측정하는 척도는 공격을 선택한 사람의 규모가 된다. 또한 앞에서 이미 설명한 것과 같이 θ의 값이 고정된 상황에서 시그널의 분포는 $\mathcal{N}(\theta, \beta^{-1})$이므로 $x_i \leq \hat{x}$의 확률은 $\Phi(\sqrt{\beta}(\hat{x} - \theta))$이다. 따라서 a_i가 $\int_{k=0}^{k=1} a_k dk$와 같은 방향으로 움직이느냐의 여부를 조사하는 것은 $\Phi(\sqrt{\beta}(\hat{x} - \theta))$가 $A(\theta)$와 같은 방향으로 움직이느냐의 여부를 조사하는 것과 같다. 균형에서 전략적 보완성이 성립하는지를 분석하기 위해 균형조건을 사용한다. 구체적으로 설명하면 다음과 같다. $A(\hat{\theta}) = \hat{\theta}$이므로 전략적 보완성이 있다면 균형에서 평가된 $\frac{\partial \text{Prob}(x_i \leq \hat{\theta})}{\partial \hat{\theta}}$의 값은 양수여야 한다. 식 (2.2)에 음함수 정리가 성립한다고 가정하자. 이 경우 음함수 정리를 적용하여 $\hat{x} = x(\hat{\theta})$의 양함수가 존재함을 보일 수 있고 도함수는 다음과 같이 주어진다.

$$\frac{\partial \hat{x}}{\partial \hat{\theta}} = 1 + \frac{1}{\sqrt{\beta}\phi(\Phi^{-1}(\hat{\theta}))}$$

위 식은 앞에서 설명한 식 (2.5)에서 정리한 양함수에 대한 도함수이다. 유일한 균형해가 존재하기 위한 조건이 만족된다면 균형에서 평가된 도함수의 값은 양수이다. 이러한 결과는 개인의 선택은 다른 사람들의 평균적인 행동에 대한 증가함수임을 의미하므로 균형에서 전략적 보완성이 존재한다.

3 정부의 설득을 고려한 거시경제모형

개인이 선택한 행동이 경제 전체에 미치는 효과는 없으나 의견 조정(coordination)을 통해 동일한 행동을 선택하는 사람들의 수가 많아지면 거시경제에 가시적인 효과를 발생시킬 수 있는 상황에서 민간의 개인 소비자와 기업이 정확하게 모르는 정보가 있다면 정부는 이들에게 정부의 정책 수행에 도움이 되는 방향으로 정보를 전달하려는 유인을 가질 수 있다. 앞에서 설명한 모형에서와 같이 시장 참가자들이 합리적으로 판단하여 선택하는 의사결정자라고 가정하더라도 정부가 개인을 설득할 수 있는 것은 이들이 정부의 발표를 반영하여 자신의 행동을 선택하기 때문이다. 정부가 개인에게 정보를 제공하는 상황을 분석할 때 중요하게 부각되는 이슈는 개인들이 정부의 발표를 신뢰하여 정부의 발표를 반영하게 하는 제도적 장치가 존재하는가의 여부이다. 다음에서는 골드스타인·후앙(Goldstein and Huang 2016)이 분석한 정부가 자신의 미래 행동에 대하여 미리 약속할 수 있는 상황에서 정부의 외환시장 참가자가 공격 여부를 결정할 때 필요한 정보에 영향을 미치는 과정을 간단하게 소개한다.

골드스타인·후앙은 안젤레토스·헬위그·파반의 정태모형에 0기 시점, 1기 시점, 2기 시점 등과 같이 세 개의 시점이 순차적으로 진행되는 상황을 추가한다. 이와 같은 구조를 부과하는 것은 시장 참가자가 자신의 행동을 선택하기 위해 필요한 정보를 시장 참가자는 알지 못하지만 정부는 이미 알고 있는 상황을 만들어 낼 수 있기 때문이다. 최초의 0기 시점은 정부가 민간에게 정책적 약속을 하는 시점이다. 1기 시점에서는 현재 실시되고 있는 제도의 강도를 나타내는 θ라는 확률변수의 값이 결정된다. θ의 크기가 클수록 현재 레짐의 강도가 높다. 정부는 θ의 값을 알지만 시장 참가자들이 알 수 없다고 가정한다. θ의 값은 $\mathcal{N}(\bar{\theta}, \alpha^{-1})$로 표시할 수 있는 정규분포로부터 선택되는 것으로 가정한다. 정규분포를 따르는 확률변수의 값이 0과 1 사이의 양수가 되어야 할 이유가 없지만 모형에서는 θ의 값이 0과 1 사이의 단위 폐구간에 포함되야 하는 제약이 부과된다. 이 경우 앞에서 언급한 정규분포의 가정과 서로 맞지 않기 때문에 이를 염려하여 정규분포로부터 선택되는 θ의 값이 단위 폐구간에 포함될 수 있도록 정규분포의 평균과 분산이 조정되는 것으로 가정한다. 또한 모든 사람들은 정규분포의 함수 형태에 대해서는 정확하게 알고 있지만 θ의 값에 대한 정확한 정보가 없다.

2기 시점에서 시장 참가자들은 각각 현재의 레짐을 공격할 것인가 아니면 현재의 레짐을 그대로 유지할 것인가 하는 두 개의 대안 중 하나를 선택해야 한다. 개인이 의사결정할 때 시장의 강도를 직접 관측하지 못하지만 정부가 0기 시점에서 약속한 정책의 실행을 관측한 이후에 공격 여부를 결정할 수 있다. 따라서 정부의 민간 시장 참여자들에 대한 약속에 관한 내용과 정부의 약속에 대한 시장 참가자들의 신뢰성에 따라서 정부가 알고 있는 정보를 시장 참가자에게 전달하는 통로가 발생한다. 2기 시점의 상황은 앞에서 설명한 모형과 동일하다. 동일한 의견을 가진 개별 의사결정자들의 규모가 커져서 일정한 임계치를 넘으면 이들의 공격에 의해서 현재의 레짐이 바뀌는 것으로 가정한다. 모든 의사결정자들은 0과 1 사이 구간에 균등하게 위치하는 것으로 가정하여 전체 인구의 규모는 1이 된다. 차이점은 정부의 약속이 시장 참가자들의 정보 업데이트에 반영된다는 점이다.

골드스타인·후앙이 강조한 정부의 베이지언 설득은 현재 체제에 대한 포기 또는 유지에 대한 결정을 약정(commitment)하는 것이다. 정부가 1기 시점에서 현재 체제의 강도를 관측한 이후 특정한 임계치보다 높으면 현재의 체제를 유지하지만 임계치와 같거나 낮으면 현재의 체제를 포기한다. 0기 시점에서 이와 같은 정책을 미리 공표하여 지킬 것으로 약속한다. 정부의 약속을 수식으로 표현하면 다음과 같다.

$$\theta > b \quad \rightarrow \quad \text{현재의 제도 유지}$$
$$\theta \leq b \quad \rightarrow \quad \text{현재의 제도 포기}$$

시장 참가자들은 2기 시점에서 공격 여부를 결정해야 할 때 θ를 관측하지 못하기 때문에 정부의 약속을 믿는다면 1기 시점에서 정부의 현재의 제도 포기 여부를 보고 θ에 대한 정보를 얻게 된다.

정부는 0기 시점에서 약속할 때 b의 크기도 같이 발표하여 시장 참가자들이 b에 대하여 알고 있으므로 1기 시점에서 관측된 정부의 행동은 θ에 대한 정보가 담긴 시그널을 관측한 것과 같은 효과를 제공한다. 앞에서 설명한 정부의 정책은 자동제도전환정책(automatic regime change policy)의 구체적인 예로 간주할 수 있다. 신뢰성 있는 자동제도전환정책이 시장 참여자의 정보에 미치는 효과를 설명한다. 자동제도전환정책은 현재 실시되고 있는 제도의 강도가 포함된 영역에 대한 정보를 제공한다. 따라서 시장 참가자는 1기 시점에서의 정부의 선택들을 관측한 이후 계산한 실제의 강도에 대한 절단된 분포를 사용하여 현재 제도의 강도에 대한 정보를 업데이트하게 된다.

2기 시점에서 정부 정책과는 독립적으로 시장 참가자들이 자신의 정보를 업데이트할 수 있는 기회가 주어진다. 개인의 현재 레짐에 대한 정보는 서로 독립적으로 주어지므로 다른 사람의 정보를 관측할 수 없다. 일부는 앞에서 이미 설명하였으나 독자의 편의를 위해 다시 반복하기로 한다. 앞에서 설명한 모형과의 차이점은 정부의 역할이 포함된다는 것이다. 정부의 자동 포기 정책에 의해서 1기 시점에서 정부가 현재 제도를 포기하면 정부의 결정대로 현재의 제도는 포기된다. 그러나 정부가 포기하지 않는 상황에서도 시장 참가자의 공격에 의해서 현재의 제도가 포기될 수 있다. 시장 참여자에 의해서 현재의 제도가 포기되어야 하는 경우, 다음과 같이 결정된다. A는 현재의 레짐에 대한 공격을 결정한 사람들의 규모를 의미하는 것으로 정의한다. $A \geq \theta$인 경우 현재의 레짐을 포기한다. 그러나 $A < \theta$이면 현재의 레짐은 그대로 유지된다. 개인의 현재 레짐에 대한 정보는 다음과 같은 의미에서 서로 다르게 주어진다. 개인 i의 θ에 대한 정보는 개인별로 다른 분포로부터 실현되는 확률변수의 값을 관측하여 결정하게 된다. 개인들이 관측하는 확률변수는 $x_i = \theta + \xi_i$로 표기한다. 확률변수 ξ_i는 서로 다른 사람들에게 서로 독립이지만 분포함수는 동일한 것으로 가정하여 $\mathcal{N}(0, \beta^{-1})$의 정규분포를 따르는 것으로 가정한다. 따라서 현재 분석하고 있는 모형은 의사결정자들이 비동질적인 정보집합을 가지고 있음을 가정한 모형이며 정확한 현재 레짐의 강도의 값을 모르기 때문에 불완전 정보를 가정한 모형이다. 모든 사람들이 정확하게 알고 있는

정보는 $\bar{\theta}$, α, β, b의 값이다. 의사결정자 i만 알고 있는 정보는 x_i의 값이다. 각각의 사람들은 자신이 알고 있는 정보를 사용하여 θ의 값을 추론한다.

의사결정자들 자신의 선택으로부터 발생하는 소득은 다음과 같이 결정된다. 먼저 현재의 레짐을 공격하지 않는 선택을 하면 레짐이 존속하는지의 여부에 관계없이 어떤 소득도 발생하지 않는다. 그러나 공격을 선택할 때 현재의 레짐이 무너지면 $1-c$의 소득을 얻게 되지만 현재의 레짐이 그대로 유지하게 되는 결과가 나오면 $-c$의 소득을 얻게 된다. c는 임의의 양수로 정의한다. 개인들은 모두 자신의 기대소득이 높은 행위를 선택한다. 예를 들어서 p를 현재의 레짐이 무너질 확률이라고 정의하자. 이 경우 공격할 때의 기대소득은 $p(1-c)-(1-p)c$이지만 공격하지 않을 때의 기대소득은 0이다. 따라서 $p>c$이면 공격하는 것이 더 유리하고, $p<c$이면 공격하지 않는 것이 유리하다. 그 결과 p에 대한 균형조건은 $p=c$가 된다. 이 조건은 정부의 베이지언 설득이 존재하는 경우에도 성립한다.

정부의 베이지언 설득이 포함되면 달라지면 p와 관련된 균형조건의 어느 부분에서 차이가 나는가? 정부의 베이지언 설득이 포함되면 p를 규정하는 식이 달라진다. 앞 장에서 베이즈 규칙에 의거하여 시그널을 관측한 이후 사후적 믿음이 형성되는 과정을 설명하였다. 베이즈 규칙을 적용하여 계산한 θ에 대한 사후적 분포의 밀도함수는 다음과 같다.

$$f(\theta|x_i)=\frac{\sqrt{\alpha+\beta}}{\sqrt{2\pi}}\exp(-0.5(\alpha+\beta)(\theta-\theta_p(i))^2)$$

위 식에서 $\theta_p(i)$는 다음과 같이 정의된다.

$$\theta_p(i)=\frac{\alpha}{\alpha+\beta}\bar{\theta}+\frac{\beta}{\alpha+\beta}x_i$$

또한 θ의 사후적 분포는 $\mathcal{N}(\theta_p(i), (\alpha+\beta)^{-1})$이다. 따라서 사후적 분포에 의거한 θ에 대한 기댓값은 $E[\theta|x_i] = \alpha/(\alpha+\beta)\ \bar{\theta} + \beta/(\alpha+\beta)$ x_i이 된다. 이는 사후적 기댓값이 사전적 기댓값과 시그널의 가중평균임을 의미하므로 첫 번째 정리의 증명은 완료되었다. 또한 사후적 분포에서의 분산의 역수는 $\alpha + \beta$이다. 이 식은 사후적 믿음의 정확도는 사전적 믿음의 정확도와 노이즈의 정확도의 합임을 의미하므로 두 번째 정리가 성립함을 보였다.

p는 1기 시점에서 정부가 현재 제도를 포기한다는 선언이 없었다는 조건하에서 시장 참가자들이 공격하여 현재의 레짐이 무너질 확률을 의미한다. 정규분포의 가정에 의거하여 표준화된 변수를 사용하여 p를 계산하기 위해 $z_\theta = \sqrt{\alpha+\beta}(\theta - \theta_p(i))$로 정의한다. 첫째, 1기 시점에서 정부가 현재 제도를 포기한다는 선언이 없었다면 $z_b < z_\theta$을 의미한다. 둘째, 시장 참가자들이 공격하여 현재의 레짐이 무너질 것은 $z_\theta \le z_{\hat{\theta}}$을 의미한다. 따라서 1기 시점에서 정부가 현재 제도를 포기한다는 선언이 없었다는 조건하에서 시장 참가자들이 공격하여 현재의 레짐이 무너질 확률은 다음과 같이 쓸 수 있다.

$$p = \frac{\text{Prob}(z_b < z_\theta \le z_{\hat{\theta}})}{\text{Prob}(z_b < z_\theta)} = 1 - \frac{\text{Prob}(z_\theta > z_{\hat{\theta}})}{\text{Prob}(z_\theta > z_b)}$$

앞에서 도출한 사후적 분포의 밀도함수를 사용하여 다음과 같이 계산할 수 있다.

$$p = \text{Prob}(b < \theta \le \hat{\theta}|x_i) = 1 - \frac{\Phi(\sqrt{\alpha+\beta}(\theta_p(i) - \hat{\theta}))}{\Phi(\sqrt{\alpha+\beta}(\theta_p(i) - b))}$$

앞에서 설명한 경우와 마찬가지로 개인의 균형전략이 단조증가의 성질을 만족한다는 제약을 부과하여 단조 베이지언 내시 균형을 분석한다. 개인이 관측하는 시그널의 값에 대하여 개인들의 전략은 비증가함수여야 한다는 것이다. 이 경우 균형에서는 공격을 선택하는 사람들이 관측하는 시그널 값에 대한 임계치가 있어서 개인이 관측하는 시그널 값이 임계치보다 낮으면 공격을 선택한다. 시그널의 임계치를 $\hat{x}$라고 하면 모든 사람들에게 동일한 임계치가 적용된다. 따라서 $x_i \leq \hat{x}$인 시그널을 받은 사람들은 공격을 선택한다.

개인들이 공격을 선택하는 것은 공격의 기대소득이 상대적으로 더 작지 않기 때문인데 이는 자신의 정보하에서 추정한 레짐이 무너질 확률의 값이 공격의 비용인 c보다 크거나 같다는 조건을 의미한다. 다시 말해서 공격을 선택할 때의 기대수입이 상대적으로 더 작지 않다는 조건은 $x_i < \hat{x}$인 경우 $\text{Prob}(b < \theta \leq \hat{\theta}|x_i) > c$의 부등호가 만족되어야 하는 동시에 $\text{Prob}(b < \theta \leq \hat{\theta}|\hat{x}) = c$의 조건이 성립해야 한다. 그런데 앞의 모형에서 이미 설명한 바와 같이 $\text{Prob}(b < \theta \leq \hat{\theta}|x_i)$는 x_i에 대하여 감소함수이다. 따라서 $\text{Prob}(b < \theta \leq \hat{\theta}|\hat{x}) = c$의 조건만 만족된다면 자동적으로 $x_i < \hat{x}$인 경우에 대한 부등호 조건이 만족된다. 지금까지의 설명을 수식으로 정리하면 다음과 같다.

$$1 - \frac{\Phi(\sqrt{\alpha+\beta}(\hat{\theta}_p - \hat{\theta}))}{\Phi(\sqrt{\alpha+\beta}(\hat{\theta}_p - b))} = c; \quad \hat{\theta}_p = \frac{\alpha}{\alpha+\beta}\bar{\theta} + \frac{\beta}{\alpha+\beta}\hat{x} \tag{2.8}$$

정부가 스스로 포기하지 않더라도 시장 참가자들의 공격에 의해서 현재의 제도가 무너질 수 있다. 이 경우 공격하는 사람들의 규모가 현재 레짐의 강도보다 크거나 같다면 현재의 레짐이 무너진다.

공격하는 사람들의 규모에 대한 계산은 어떻게 하는가? $x_i \leq \hat{x}$인 시그널을 받은 사람들이 공격을 선택하므로 $x_i \leq \hat{x}$의 확률을 계산해야 한다. 현재 레짐의 강도가 특정한 값을 가지고 있다는 조건이 부과된 시그널의 조건부 확률분포를 사용한다. 이제 θ의 값을 고정시킬 수 있다면 시그널의 분포는 $\mathcal{N}(\theta, \beta^{-1})$이므로 $x_i \leq \hat{x}$의 확률은 $\Phi(\sqrt{\beta}(\hat{x} - \theta))$로 주어진다. 따라서 $\theta = \hat{\theta}$인 경우 공격하는 사람의 규모는 $\Phi(\sqrt{\beta}(\hat{x}-\hat{\theta}))$이고 또한 임계치의 균형값은 공격하는 사람들의 규모와 균형 임계치가 같다는 다음의 균형조건을 만족해야 한다.

$$\Phi(\sqrt{\beta}(\hat{x}-\hat{\theta}))=\hat{\theta} \tag{2.9}$$

두 개의 균형변수 $\{\hat{x},\,\hat{\theta}\}$에 대하여 두 개의 균형식 식 (2.8)과 식 (2.9)를 도출하였다. 두 개의 균형식을 동시에 풀면 $\{\hat{x},\,\hat{\theta}\}$를 주어진 파라미터의 함수로 표시할 수 있다. 구체적으로 쓰면 $\hat{x}^* = \hat{x}(\alpha,\beta,\bar{\theta},b)$, $\hat{\theta}^* = \hat{\theta}(\alpha,\beta,\bar{\theta},b)$ 등이 된다.

제 3 장　베이지언 설득

경제활동에서 설득이 차지하는 중요성은 이미 다양한 분야에서 강조되어 왔다. 설득의 경제적 규모도 작지 않은 것으로 추정된다. 예를 들어, 매클로스키·클라머(McCloskey and Klamer 1995)는 1990년대 중반 미국의 자료를 사용하여 국민 총생산의 1/4이 설득(persuasion)이라고 발표하였다. 이들은 국민 총생산에서 설득의 규모를 거래비용 중에서 설득하는 부분(persuasive part)과 판단하는 부분(judgemental part)의 합으로 정의하고 추정하였다.

이 장에서는 카멘티카·겐츠코프(Kamentica and Gentzkow 2011)가 제시한 베이지언 설득의 모형을 소개한다. 베이지언 설득에서 상정하고 있는 상황은 다음과 같다. 메시지 발송자는 수신자를 설득하기 위해 정보를 전송한다. 메시지 발송자와 수신자 모두 실제의 상황을 직접적으로 관측하지 못하므로 실제 상황에 대한 선험분포가 주어진다. 메시지 발송자와 수신자는 모두 동일한 선험정보를 가지고 있다. 발송자가 메시지를 전달하는 방식은 현재 상황에 대한 시그널을 공개적으로 만들어서 이를 수신자에게 전달하는 것이다. 수신자는 시그널을 관측한 이후 자신의 행동을 선택한다.

국립국어원의 표준국어대사전에 의하면 설득은 “상대편이 이쪽 편의 이야기를 따르도록 여러 가지로 깨우쳐 말함”으로 정의된다. 중

국 고대 사상가 한비자도 설득의 어려움을 지적하였다. 한비자가 지적한 설득의 어려움은 설득을 받는 상대편에 맞추어 설득의 표현과 내용을 조절하는 것이 쉽지 않음을 의미하는 것으로 해석할 수 있다. 이는 실효성이 있는 설득을 준비하기 위해 정보를 처리해야 한다면 설득을 위해 정보비용을 지불해야 함을 의미한다. 정보비용을 고려한 설득을 설명하는 모형으로서 상호정보에 대한 비용이 부과된 베이지언 설득 모형을 분석한다. 이와 같은 설득 모형은 겐츠코프·카멘티카 (Gentzkow and Kamentica 2016)가 최근 제시한 비용을 수반하는 설득(costly persuasion)을 반영한 모형이다.

1 최적 베이지언 설득의 개념

카멘티카·겐츠코프(Kamentica and Gentzkow 2011)는 베이지언 설득 모형을 검사와 판사 간의 의사소통 문제에 응용한 예를 분석하였다. 판사는 합리적으로 판결을 선택하는 의사결정자이고 검사는 판사에게 피고의 유죄 여부에 대한 시그널를 보내는 사람으로 규정하여 검사의 기대효용을 극대화는 시그널을 최적 설득(optimal persuasion)으로 정의한다. 정보 발송자가 정보 수신자에게 시그널을 보내서 이득을 얻기 위해서는 다음 두 조건이 만족되어야 한다.

1. 설득이 없는 상황에서 정보 수신자는 정보 발송자에게 유리한 선택을 하지 않는다. 법정 판결의 예에서는 검사의 시그널 없이 선험적 믿음에 의해서 판결하는 경우 판사는 모두 무죄를 선고하여 검사의 기대효용은 0이 된다.
2. 선험적 믿음의 근방(neighborhood)을 정보 수신자의 선험적 믿

음이 포함된 분포들의 집합으로 정의한다. 정부 수신자의 선험적 믿음의 근방에 속하는 믿음에 대해서는 믿음의 변화에 관계없이 정보 수신자의 선택은 일정하다.

검사가 합리적으로 판단하는 판사를 설득할 수 있는 것은 합리적으로 판단하는 판사가 판결을 내릴 때 검사의 시그널을 반영하여 판결을 내리기 때문이다. 판사가 합리적인 판단을 내린다는 것은 판사는 판결을 위해 참고할 수 있는 검사의 시그널을 보고 시그널이 담고 있는 진실성에 대하여 베이즈 규칙에 의거하여 추정한다는 것이다. 검사는 증거의 선택과 증인심문 등의 과정을 자신에게 유리하도록 디자인하여 판사에게 보내는 시그널을 조정할 수 있다. 예를 들어서 피고인이 실제로 무죄임에도 불구하고 유죄의 수사결과가 나오도록 시그널을 디자인할 수 있는 것으로 가정한다. 그러나 시그널 값이 일단 실현되면 시그널 값을 숨기지 않고 그대로 전달한다. 따라서 도덕적 해이와 역선택의 문제 등과는 독립된 이슈를 다룬다. 특히 카멘티카·겐츠코프는 정보 발송자에게 시그널의 값을 있는 그대로 발송해야 한다는 일종의 커미트먼트를 부과하여 현재 분석하고 있는 모형과 기존의 전략적인 정보전달을 고려한 모형 간에 차별성이 있음을 강조한다.

검사는 검사가 기소한 사건의 재판에서 피고가 유죄판결을 받는 경우에만 양수의 효용을 얻는 것으로 가정한다. 판사는 공정한 판결을 내리면 1의 효용을 얻고 불공정한 판결을 내리면 0의 효용을 얻는다. 검사는 실제의 상황에 관계없이 판사가 유죄판결을 내리면 1의 효용을 얻고, 무죄판결을 내리면 0의 효용을 얻는다. 판사와 검사가 보유한 피고가 유죄일 가능성에 대한 선험적 확률은 0.3으로 가정한다. 실제의 확률도 0.3인 것으로 가정하자.

앞에서 제시한 예에서는 판사의 사전적 믿음을 바꾸지 않는 한 판사는 항상 무죄를 선고한다. 그 이유는 다음과 같이 정리할 수 있다. 먼저 개별 사건에 대하여 판사의 선험적 확률이 유죄 판결을 내렸을 때의 기대효용이다. 또한 무죄판결을 내리면 1에서 선험적 확률을 뺀 차이가 기대효용이다. 따라서 무죄판결의 선택이 주는 효용이 더 높기 때문에 판사는 검사와의 소통이 없는 상황에서는 항상 무죄판결을 내리게 된다. 이 경우 판사는 0.3의 기대효용을 얻고 검사는 0의 기대효용을 얻게 된다. 또한 검사가 철저히 사건을 조사하면 피고인이 유죄인 경우 유죄를 입증하는 증거를 제시하고 피고인이 무죄인 경우 무죄를 밝힐 수 있는 능력이 있는 것으로 가정한다. 판사도 검사의 수사가 완벽하다는 사실을 알기 때문에 개별 피고인에게 수사결과를 반영하여 판결하는 것으로 가정하자. 이 경우 판사는 재판의 30%에 대하여 유죄판결을 한다. 따라서 판사와 검사는 각각 0.3의 기대효용을 얻게 된다.

그러면 검사는 자신의 업무를 완전하게 처리하여 항상 유죄인 피고인에게만 유죄의 시그널이 가고 무죄인 피고인에게 무죄의 시그널이 가도록 자신의 일을 디자인하지 않는 이유가 궁금해진다. 검사의 효용함수의 형태가 질문에 대한 답변이 된다. 검사는 공정한 판결보다는 유죄의 판결을 받는 상황에서만 효용이 발생하기 때문이다. 따라서 판사가 내리는 판결 중에서 유죄판결의 빈도를 높이려는 유인이 발생한다. 따라서 검사는 유죄의 확률이 높아지도록 자신의 업무를 조정할 유인이 있다. 그러나 앞에서 이미 설명한 바와 같이 검사는 업무조정 결과로서 발생하는 유죄 및 무죄에 대한 시그널 값이 일단 실현되면 시그널의 값을 숨기지 않고 그대로 전달하므로 도덕적 해이와 역선택의 문제 등과는 독립된 이슈를 다룬다.

표 3.1: 정보 발송자의 설득 과정

		정보시스템의 선택	시그널 값	수신자의 믿음
		$\pi(s = g \mid \omega = g)$	$s = g$	$\mu(\omega = g \mid s = g)$
실제 상황	$\nearrow$			$\mu(\omega = i \mid s = g)$
$\omega = g$				
	$\searrow$			
		$\pi(s = i \mid \omega = g)$	$s = i$	$\mu(\omega = g \mid s = i)$
				$\mu(\omega = i \mid s = i)$

표 3.1은 베이지언 설득이 이루어지는 과정을 간단히 요약하고 있다. 먼저 실제의 상황을 ω로 표시하고 정보 발송자의 시그널은 s로 표시한다. 현재 설명하고 있는 예에서는 실제로 피고인이 무죄이거나 유죄인 두 개의 사건으로 분류된다. 피고인이 실제로 무죄인 경우는 $\omega = i$이고 실제로 유죄인 경우는 $\omega = g$이다. 검사의 시그널이 무죄인 경우는 $s = i$이고 검사의 시그널이 유죄인 경우는 $s = g$이다. 표 3.1은 실제의 상황이 유죄인 경우를 보여 주고 있다. 판사와 검사는 모두 실제의 상황을 모르는 것으로 가정한다. 따라서 실제의 상황에 대한 선험적인 정보에서의 비대칭성은 없다.

표 3.1의 정보 생성 시스템 선택은 시그널 값이 실현되기 이전에 실제의 상황과 동일한 시그널 값이 전송될 확률과 실제의 상황과 다른 시그널 값이 전송될 확률을 선택하는 것을 의미한다. 검사가 판사에게 보낼 시그널을 생성하는 과정을 자신에게 유리하게 디자인하는 행위는 시그널의 조건부 확률을 선택하는 것으로 간주할 수 있다. 검사가

판사에게 보내는 시그널은 무죄 또는 유죄로 실현된다. 시그널의 실현된 값은 실제의 상황과 다를 수 있으므로 검사가 선택할 수 있는 선택변수인 조건부 확률을 다음과 같이 네 가지 경우로 나타낸다. 첫째, $\pi(s = i|\omega = i)$는 피고인이 실제로 무죄일 때 검사의 시그널이 무죄로 나타날 확률이다. 둘째, $\pi(s = i|\omega = g)$는 피고인이 실제로 유죄일 때 검사의 시그널이 무죄로 나타날 확률이다. 셋째, $\pi(s = g|\omega = i)$는 피고인이 실제로 무죄일 때 검사의 시그널이 유죄로 나타날 확률이다. 넷째, $\pi(s = g|\omega = g)$는 피고인이 실제로 유죄일 때 검사의 시그널이 유죄로 나타날 확률이다.

판사는 피고인의 무죄 여부에 대해 자신이 보유하고 있는 사전적 믿음이 있다. 그러나 검사의 시그널을 보고받은 후 무죄 여부에 대한 사후적 믿음을 계산한다. 판사가 자신의 사후적 믿음을 계산하는 과정은 베이즈 규칙을 적용하는 것이며, 이를 위해 판사는 검사의 시그널에 대한 조건부 확률을 알고 있는 것으로 가정한다. 판사의 사후적 믿음은 다음과 같이 네 개의 조건부 확률로 표시된다. 첫째, $\mu(\omega = i|s = i)$는 검사의 시그널이 무죄일 때 피고인이 실제로 무죄일 확률이다. 둘째, $\mu(\omega = i|s = g)$는 검사의 시그널이 유죄일 때 피고인이 실제로 무죄일 확률이다. 셋째, $\mu(\omega = g|s = i)$는 검사의 시그널이 무죄일 때 피고인이 실제로 유죄일 확률이다. 넷째, $\mu(\omega = g|s = g)$는 검사의 시그널이 유죄일 때 피고인이 실제로 유죄일 확률이다. 앞에서 설명한 판사의 정보처리 과정을 수식으로 설명한다. 판사의 선험적 믿음은 피고인이 실제로 무죄일 선험확률인 $\mu_0(\omega = i)$으로 주어진다고 가정한다. 또한 판사는 검사가 제공하는 시그널에 대한 조건부 확률을 알고 있다면 자신이 가지고 있는 선험확률을 사용하여 수사결과가 실제의 상황과 관계없이 무죄로 나올 확률과 유죄로 나올 확률을 다음과 같이 계산할

표 3.2: 정보 송신자의 시그널과 정보 수신자의 결정

검사의 시그널	판사의 판결
	$\mu(\omega = g \vert s = g) > \mu(\omega = i \vert s = g) \rightarrow$ 유죄
$s = g$	$\mu(\omega = g \vert s = g) = \mu(\omega = i \vert s = g) \rightarrow$ 유죄
	$\mu(\omega = g \vert s = g) < \mu(\omega = i \vert s = g) \rightarrow$ 무죄
	$\mu(\omega = g \vert s = i) > \mu(\omega = i \vert s = i) \rightarrow$ 유죄
$s = i$	$\mu(\omega = g \vert s = i) = \mu(\omega = i \vert s = i) \rightarrow$ 유죄
	$\mu(\omega = g \vert s = i) < \mu(\omega = i \vert s = i) \rightarrow$ 무죄

수 있다.

$$\text{prob}(s = i) = \pi(s = i|\omega = i)\mu_0(i) + \pi(s = i|\omega = g)(1 - \mu_0(i))$$
$$\text{prob}(s = g) = \pi(s = g|\omega = i)\mu_0(i) + \pi(s = g|\omega = g)(1 - \mu_0(i))$$

위 식에서 $\text{prob}(s = i)$는 검사의 시그널이 무죄일 확률이고 $\text{prob}(s = g)$는 검사의 시그널이 유죄일 확률이다. 검사가 제시한 시그널을 관측한 이후 형성된 판사의 사후적 믿음은 아래와 같이 베이즈 규칙을 만족해야 한다.

$$\begin{aligned}
\pi(s = i|\omega = i)\mu_0(i) &= \mu(\omega = i|s = i)\text{prob}(s = i) \\
\pi(s = i|\omega = g)\mu_0(g) &= \mu(\omega = g|s = i)\text{prob}(s = i) \\
\pi(s = g|\omega = i)\mu_0(i) &= \mu(\omega = i|s = g)\text{prob}(s = g) \\
\pi(s = g|\omega = g)\mu_0(g) &= \mu(\omega = g|s = g)\text{prob}(s = g)
\end{aligned}$$

표 3.2는 판사가 자신의 판결을 결정할 때 검사의 시그널을 어떻게 반영하는지를 요약하고 있다. 먼저 정보 수신자가 두 개의 서로 다른 대

안에 대하여 무차별한 상황이 발생하면 정보 수신자는 정보 발송자에게 유리한 대안을 선택한다는 가정을 부여한다. 따라서 판사는 피고인이 무죄일 가능성과 피고인이 무죄일 가능성이 동일하다면 검사에게 유리한 대안인 유죄판결을 내리는 것으로 가정한다. 이러한 가정을 반영하면 검사가 보내는 시그널이 무죄로 실현되는 경우 판사의 사후적 믿음이 $\mu(\omega = i|s = i) > \mu(\omega = g|s = i)$의 조건을 만족하면 검사의 시그널을 그대로 받아들여 무죄판결을 내린다. 또한 검사의 시그널이 유죄일 때 판사의 사후적 믿음이 $\mu(\omega = g|s = g) \geq \mu(\omega = i|s = g)$의 조건을 만족하면 검사의 시그널을 그대로 받아들여 유죄판결을 내린다. 따라서 검사는 판사의 사후적 믿음이 $\mu(\omega = i|s = i) > 1/2$과 $\mu(\omega = g|s = g) \geq 1/2$의 부등호 조건을 만족하도록 시그널을 디자인해야 판사가 검사의 수사결과와 일치하는 판결을 내리게 된다. 여기서 앞에서 도입한 가정으로 인하여 검사의 시그널이 무죄일 때는 강부등호이고 검사의 시그널이 유죄일 때는 약부등호가 된다.

검사의 시그널 디자인 문제를 설명하기 위해 검사의 기대효용을 정의한다. 검사의 기대효용은 검사가 디자인하는 시그널의 함수로 표시할 수 있으나 판사의 사후적 믿음의 함수로 나타내기로 한다. 아래의 식에서 v_p는 검사의 기대효용을 의미한다. 첫째 줄에서는 판사가 검사의 수사결과와 일치하는 판결을 내린다는 가정하에서 검사의 기대효용을 검사의 시그널의 함수로 정리하였다. 둘째 줄에서는 앞에서 설명한 베이즈 규칙의 수식을 사용하여 검사의 기대효용을 판사의 사후적 믿음으로 표시하였다.

$$
\begin{aligned}
\mathrm{v}_p &= \pi(s = g|\omega = i)\mu_0(i) + \pi(s = g|\omega = g)\mu_0(g) \\
&= \mu(\omega = i|s = g)p(g) + \mu(\omega = g|s = g)p(g) \\
&= p(g)
\end{aligned}
\tag{3.1}
$$

이 식에서 $p(g)$는 검사가 보낸 시그널 값이 유죄가 될 판사의 사후적 믿음을 의미하고, 이를 수식으로 쓰면 $p(g) = \text{prob}(s = g)$가 된다. 따라서 $p(i)$는 검사가 보낸 시그널 값이 무죄가 될 판사의 사후적 믿음을 의미하고, 이를 수식으로 쓰면 $p(i) = 1 - p(g)$가 된다.

식 (3.1)이 의미하는 것은 검사의 기대효용은 검사의 시그널이 유죄가 될 판사의 사후적 믿음과 같아진다는 것이다. 검사가 자신의 효용을 극대화하도록 시그널이 생성되는 과정을 조정한다는 것은 시그널이 유죄로 나올 판사의 사후적 믿음을 극대화하는 것과 동일하다. 검사의 극대화 문제에 제약조건이 있다. 검사의 선택은 판사가 베이지언 합리성의 제약을 만족한다는 점을 반영한 선택이어야 한다. 베이지언 합리성의 조건은 검사의 시그널을 보고 도출한 판사의 조건부 사후적 믿음과 검사의 시그널에 대한 판사의 비조건부 사후적 분포를 사용하여 계산한 피고인의 유죄 또는 무죄에 대한 사후적 믿음이 판사와 검사가 원래 보유하고 있는 피고인의 유죄 또는 무죄에 대한 사전적 믿음과 같아져야 한다는 것이다. 베이지언 합리성의 조건은 다음과 같이 수식으로 나타낼 수 있다.

$$\begin{aligned} \mu(\omega = i|s = g)p(g) + \mu(\omega = i|s = i)p(i) &= \mu_0(i) \\ \mu(\omega = g|s = g)p(g) + \mu(\omega = g|s = i)p(i) &= \mu_0(g) \end{aligned} \tag{3.2}$$

검사는 식 (3.2)의 제약하에서 식 (3.1)의 기대효용을 극대화하는 문제를 풀어서 자신의 기대효용을 극대화하는 판사의 사후적 믿음을 선택한다. 또한 검사는 최적화의 해로서 선택된 판사의 사후적 믿음을 발생시키는 자신의 시그널을 베이즈 규칙을 사용하여 계산하면 자신의 최적 시그널을 찾게 된다. 목적함수에는 비조건부 확률이 포함되어 있으므로 제약식을 사용하여 이를 소거하게 되면 목적함수는 사후적 믿음의 함수로만 표시된다. 목적함수를 간단히 표기하기 위해 $x =$

$\mu(\omega = g|s = g)$과 $y = \mu(\omega = i|s = i)$로 정의하고 이를 식 (3.1)에 대입하여 수사결과가 유죄로 나오는 비조건부 확률을 x와 y의 함수로 표현하면 검사의 기대효용은 다음과 같이 정리된다.

$$\text{prob}(s = g) = (y - \mu_0(\omega = i))/(x + y - 1)$$

이제 x와 y의 구체적인 수치를 계산하기 위해 $\mu_0(\omega = i)$=0.7의 값을 부과한다. $1/2 \leq x \leq 1$과 $1/2 < y \leq 1$의 부등호 제약하에서 검사의 기대효용을 극대화하는 값은 다음과 같이 계산할 수 있다. 검사의 기대효용의 x에 대한 편미분과 y에 대한 편미분은 각각 다음과 같이 주어진다.

$$\begin{aligned} (\partial \text{v}_p)/(\partial x) &= -(y - \mu_0(i))/(x + y - 1)^2 \\ (\partial \text{v}_p)/(\partial y) &= (x - 1 + \mu_0(i))/(x + y - 1)^2 \end{aligned} \tag{3.3}$$

식 (3.3)에 의하면 검사의 기대효용의 x에 대한 편미분은 $0.7 < y \leq 1$의 영역에서 음수이다. 따라서 $0.7 < y \leq 1$의 영역에서는 x의 값이 1/2이 된다. 또한 $x = 1/2$로 고정시키면 검사의 기대효용은 y에 대하여 증가함수가 되므로 $1/2 < y \leq 1$의 부등호 제약하에서 $y = 1$이 효용 극대화의 조건을 만족하는 답이 된다. 두 경우를 합하여 정리하면 검사의 기대효용을 극대화하는 값은 $x = 1/2$과 $y = 1$로 주어진다.

앞에서 도출한 극대화의 해가 함의하는 판사의 사후적 믿음을 계산한다. x와 y에 대한 정의로부터 판사가 유죄의 시그널을 보고 실제로 유죄라고 믿을 확률이 $\mu(\omega = g|s = g) = 1/2$이 된다. 판사가 무죄의 시그널을 보고 실제로 무죄라고 믿을 확률은 $\mu(\omega = i|s = i) = 1$이다. 판사의 사후적 믿음을 계산하였으므로 베이즈 규칙을 사용하여 검사의 시그널에 대한 조건부 확률을 계산한다. 자신의 기대효용을 극대화하기 위해 선택한 정보 구조는 다음과 같다. 첫째, 실제로 무죄일

때 무죄의 시그널이 발생할 확률은 $\pi(s = i|\omega = i) = 4/7$이다. 둘째, 실제로 유죄일 때 유죄의 시그널이 발생할 확률은 $\pi(s = g|\omega = g) = 1$이다. 또한 최적 시그널하에서 달성되는 검사의 기대효용은 $v_p^* = 3/5$이다.

앞에서 도출한 결과를 보면 정보 발송자의 최적 시그널은 다음과 같은 두 개의 특성을 만족한다. 첫째, 정보 수신자는 정보 발송자가 가장 낮게 희망하는 대안을 선택할 때는 확신이 있어야 한다. 앞의 예에서는 판사가 무죄판결을 선택하는 것이 정보 발송자인 검사가 상대적으로 덜 선호하는 결정이다. 검사의 시그널이 제공하는 권고를 따라서 판결를 내리는 상황에서 판사가 무죄의 시그널을 보고 실제로 무죄라고 믿을 확률은 $\mu(\omega = i|s = i) = 1$이다. 따라서 무죄판결을 선택할 때는 무죄를 확신하는 것으로 해석할 수 있다. 둘째, 정보 발송자가 선호하는 대안을 선택하는 경우 정보 수신자는 두 개의 대안에 대하여 무차별해야 한다. 검사의 시그널이 제공하는 권고를 따라서 판결을 내리는 상황에서 판사가 유죄의 시그널을 보고 실제로 유죄라고 믿을 확률은 $\mu(\omega = g|s = g) = 1/2$이다. 따라서 판사는 유죄의 시그널을 보고 유죄판결을 선택하면 1/2의 기대효용을 얻는다. 또한 유죄의 시그널을 보고 무죄판결을 선택하면 1/2의 기대효용을 얻는다.

2 기업의 소비자 설득

앞 절에서 설명한 분석을 기업이 자신이 생산한 제품에 대한 정보를 소비자에게 제공하는 상황에 적용한다. 소비자는 구매를 결정해야 하는 시점에서 제품을 구매하여 얻는 효용을 정확하게 알지 못하는 경우를 가정한다. 예를 들어 기업의 상품과 소비자 간의 매칭 퀄리티(matching quality)를 $\tilde{\omega}$로 표시하고 소비자는 자신이 누리게 되는 $\tilde{\omega}$의 값을 정확하게 알지 못하는 것으로 가정한다. 기업은 소비자가 자신의 제품을 구매하면 1의 효용을 얻고 구매하지 않으면 0의 효용을 얻는다. 소비자는 현재 시점에서 구매하면 $\tilde{\omega}$의 효용을 얻는다. 그러나 현재 시점에서 구매하지 않으면 $\underline{u}$의 효용을 얻는다. 수식으로 정의하기 위해 소비자가 선험적으로 알고 있는 $\tilde{\omega}$에 대한 분포를 μ_0이라고 할 때 선험적 믿음하에서 소비자의 행동을 $a(\mu_0)$로 표시한다. 이제 선험적 믿음하에서 소비자의 선택은 다음 식과 같다.

$$a(\mu_0) = \begin{cases} 1 & \text{if} \quad E_{\mu_0}[\tilde{\omega}] \geq \underline{u} \\ 0 & \text{if} \quad E_{\mu_0}[\tilde{\omega}] < \underline{u} \end{cases}$$

위 식에서 $E_{\mu_0}[\tilde{\omega}]$는 선험적 믿음하에서 소비자의 기대효용이다.

앞 절에서 설명한 방식을 그대로 적용하기 위해 위의 모형에 다음과 같은 가정을 부과하여 단순화한다. 매칭 퀄리티가 현재의 기회를 포기하여 얻는 효용보다 높으면 좋은 선택(good choice)이고 그렇지 않다면 나쁜 선택(bad choice)으로 분리하여 $\tilde{\omega}$가 속한 전체 공간을 분할한다. 좋은 선택과 나쁜 선택의 사건을 다음과 같이 정의한다.

$$\text{Good Choice} = \{\tilde{\omega} | \tilde{\omega} \geq \underline{u}\}; \quad \text{Bad Choice} = \{\tilde{\omega} | \tilde{\omega} < \underline{u}\}$$

위에서 정의한 두 사건에 대한 사전적 믿음이 주어진다. 현재 시점에서의 제품 구매가 좋은 선택이라는 사전적 믿음을 $\mu_0(\omega = g)$로 표시하고, 제품 구매가 나쁜 선택이라는 사전적 믿음을 $\mu_0(\omega = b)$로 표기한다. $\mu_0(\omega = g) + \mu_0(\omega = b) = 1$이 만족된다. 또한 제품 구매가 좋은 선택이면 소비자는 k_g의 효용을 얻고 제품 구매가 나쁜 선택이면 k_b의 비효용을 얻는 것으로 가정한다. k_g와 k_b는 모두 양수이다. 소비자의 사전적 믿음하에서 소비자의 기대 순효용은 다음과 같이 주어진다.

$$E_{\mu_0}[\tilde{\omega}] - \underline{u} = k_g\mu_0(\omega = g) - k_b\mu_0(\omega = b) = (k_g + k_b)\mu_0(\omega = g) - k_b$$

앞에서 정의한 소비자의 의사결정 규칙(decision rule)을 단순화된 모형에도 적용할 수 있다. 구체적인 수식으로 표현하면 선험적 믿음하에서 소비자의 구매선택은 다음 식과 같이 다시 쓸 수 있다.

$$a(\mu_0) = \begin{cases} 1 & \text{if} \quad \mu_0(\omega = g) \geq \frac{k_b}{k_b + k_g} \\ 0 & \text{if} \quad \mu_0(\omega = g) < \frac{k_b}{k_b + k_g} \end{cases}$$

앞에서 설득이 없는 상황에서 정보 수신자는 정보 발송자에게 유리한 선택을 하지 않는다는 가정이 부과되어야 함을 설명하였다. 이는 기업의 시그널 없이 선험적 믿음에 의해서 구매 여부를 선택해야 하는 경우 소비자는 구매하지 않는다고 가정하는 것과 동일하므로 선험적 믿음이 만족해야 하는 조건은 다음과 같다.

$$E_{\mu_0}[\tilde{\omega}] < \underline{u} \quad \rightarrow \quad \mu_0(\omega = g) < \frac{k_b}{k_b + k_g}$$

기업은 좋은 선택과 나쁜 선택에 대한 시그널을 소비자에게 보낸다. 모든 소비자에게 항상 자신의 제품를 구매하는 것이 좋은 선택이라고 광고 캠페인을 디자인하지 않는다. 기업이 디자인한 시그널은 조건부 확률로 표시할 수 있다. 기업이 소비자에게 보내는 시그널은 두 개의 경우에 대한 조합이다. 첫째, 좋은 선택이므로 구매하는 것이 바람직하다는 시그널이다. 둘째, 나쁜 선택이므로 구매하지 않는 것이 바람직하다는 시그널이다. 시그널의 실현된 값이 실제의 상황과 다를 수 있다. 기업의 시그널이 나쁜 선택인 경우는 $s = b$이고, 기업의 시그널이 좋은 선택인 경우는 $s = g$이다. 기업이 선택할 수 있는 선택변수는

네 개의 조건부 확률이다. 첫째, $\pi(s=b|\omega=b)$는 제품의 구매가 나쁜 선택일 때 기업의 시그널은 나쁜 선택으로 나타날 확률이다. 둘째, $\pi(s=b|\omega=g)$는 제품의 구매가 좋은 선택일 때 기업의 시그널은 나쁜 선택으로 나타날 확률이다. 셋째, $\pi(s=g|\omega=b)$는 제품의 구매가 실제로 나쁜 선택일 때 기업의 시그널이 좋은 선택일 확률이다. 넷째, $\pi(s=g|\omega=g)$는 제품의 구매가 실제로 좋은 선택일 때 기업의 시그널이 좋은 선택일 확률이다.

소비자는 기업의 시그널을 보고받은 후 구매를 선택하는 것이 좋은 선택이 될지 아니면 나쁜 선택이 될지에 대한 사후적 믿음을 계산한다. 소비자가 자신의 사후적 믿음을 계산하기 위해 베이즈 규칙을 적용한다. 소비자의 사후적 믿음은 네 개의 조건부 확률로 표시된다. 첫째, $\mu(\omega=b|s=b)$는 기업의 시그널이 나쁜 선택일 때 구매가 실제로도 나쁜 선택일 확률이다. 둘째, $\mu(\omega=b|s=g)$는 기업의 시그널이 좋은 선택일 때 구매가 실제로는 나쁜 선택일 확률이다. 셋째, $\mu(\omega=g|s=b)$는 기업의 시그널이 나쁜 선택일 때 실제로는 구매가 좋은 선택일 확률이다. 넷째, $\mu(\omega=g|s=g)$는 기업의 시그널이 좋은 선택일 때 실제로도 구매가 좋은 선택일 확률이다. 소비자는 기업이 제공하는 시그널에 대한 조건부 확률을 알고 있다면 자신이 가지고 있는 선험확률을 사용하여 기업의 시그널이 실제의 상황에 관계없이 구매가 좋은 선택으로 나올 확률과 구매가 나쁜 선택으로 나올 확률을 다음 식과 같이 계산할 수 있다.

$$
\begin{aligned}
\text{prob}(s=b) &= \pi(s=b|\omega=b)\mu_0(b) + \pi(s=b|\omega=g)\mu_0(g) \\
\text{prob}(s=g) &= \pi(s=g|\omega=b)\mu_0(b) + \pi(s=g|\omega=g)\mu_0(g)
\end{aligned}
$$

위 식에서 $\text{prob}(s=b)$는 기업이 구매가 나쁜 선택이라는 시그널을 보낼 확률이고 $\text{prob}(s=g)$는 기업이 구매가 좋은 선택이라는 시그널을 보낼 확률이다. 기업이 제시한 시그널을 관측한 이후 형성된 소비자의 사후적 믿음은 다음과 같이 베이즈 규칙을 만족해야 한다.

$$\begin{aligned}
\pi(s=b|\omega=b)\mu_0(b) &= \mu(\omega=b|s=b)\text{prob}(s=b) \\
\pi(s=b|\omega=g)\mu_0(g) &= \mu(\omega=g|s=b)\text{prob}(s=b) \\
\pi(s=g|\omega=b)\mu_0(b) &= \mu(\omega=b|s=g)\text{prob}(s=g) \\
\pi(s=g|\omega=g)\mu_0(g) &= \mu(\omega=g|s=g)\text{prob}(s=g)
\end{aligned}$$

기업이 보내는 시그널에 소비자 의사결정에 대한 추천이 담겨 있으므로 소비자가 시그널의 추천을 그대로 자신의 선택에 반영하는 상황을 고려한다. 소비자는 두 개의 대안에 대하여 무차별한 경우 기업에게 유리한 대안을 선택한다는 가정을 부과한다. 기업의 시그널이 좋은 선택인 상황을 먼저 설명한다. 이 경우 소비자의 사후적 순이득은 다음과 같다.

$$v_c(s=g) = \mu(\omega=g|s=g)k_g - \mu(\omega=b|s=g)k_b$$

기업의 권고를 소비자가 그대로 따르도록 하기 위해서는 다음 조건이 만족되어야 한다.

$$v_c(s=g) \geq 0 \quad \rightarrow \quad \mu(\omega=g|s=g) \geq \frac{k_b}{k_g+k_b}$$

둘째, 기업의 시그널이 제품 구매가 바람직하지 않은 선택일 때 기업의 시그널에 순응하여 소비자가 구매하지 않는 경우 소비자가 얻는 사후적 순이득은 다음과 같다.

$$v_c(s=b) = \mu(\omega=g|s=b)k_g - \mu(\omega=b|s=b)k_b$$

기업의 권고를 소비자가 그대로 따르도록 하기 위해서는 다음 조건이 만족되어야 한다.

$$v_c(s=b) < 0 \quad \rightarrow \quad \mu(\omega=b|s=b) > \frac{k_g}{k_g+k_b}$$

위의 식에서 강부등호 조건이 도출되는 것은 소비자는 두 개의 대안에 대하여 무차별한 경우 기업에게 유리한 대안을 선택한다는 가정이 부과되었기 때문이다.

기업의 기대이득은 기업이 제공하는 시그널의 함수로 표시할 수 있으나 소비자의 사후적 믿음의 함수로 나타내기로 한다. 아래의 식에서 v_f는 기업의 기대이득을 의미한다. 첫째 줄에서는 소비자가 기업의 시그널이 권고하는 내용과 동일한 구매선택을 내린다는 가정하에서 기업의 기대효용을 기업의 시그널의 함수로 정리하였다. 둘째 줄에서는 앞에서 설명한 베이즈 규칙의 수식을 사용하여 기업의 기대이득을 소비자의 사후적 믿음으로 표시하였다.

$$\begin{aligned} \mathrm{v}_f &= \pi(s=g|\omega=b)\mu_0(b)+\pi(s=g|\omega=g)\mu_0(g) \\ &= \mu(\omega=b|s=g)p(g)+\mu(\omega=g|s=g)p(g) \\ &= p(g) \end{aligned} \tag{3.4}$$

기업의 기대이득은 구매가 좋은 선택이라는 기업의 시그널이 나올 소비자의 사후적 믿음과 같아진다. 기업이 자신의 기대이득을 극대화하도록 시그널이 생성되는 과정을 조정한다는 것은 구매가 좋은 선택이라는 시그널이 나올 소비자의 사후적 믿음을 극대화하는 것과 동일하다. 기업의 기대이득을 극대화하는 문제에 제약조건으로서 베이지언 합리성의 조건이 부과된다. 베이지언 합리성의 조건은 다음 수식과 같이 나타낼 수 있다.

$$\begin{aligned} \mu(\omega=b|s=g)p(g)+\mu(\omega=b|s=b)p(b) &= \mu_0(b) \\ \mu(\omega=g|s=g)p(g)+\mu(\omega=g|s=b)p(b) &= \mu_0(g) \end{aligned} \tag{3.5}$$

기업은 식 (3.5)의 제약하에서 식 (3.4)의 기대효용을 극대화하는 문제를 풀어서 자신의 기대이득을 극대화하는 소비자의 사후적 믿음

을 선택한다. 앞에서 이미 설명한 바와 같이 목적함수에는 비조건부 확률이 포함되어 있으므로 제약식을 사용하여 이를 소거하게 되면 목적함수는 사후적 믿음의 함수로만 표시된다. 목적함수를 간단히 표기하기 위해 $x = \mu(\omega = g|s = g)$과 $y = \mu(\omega = b|s = b)$로 정의하면 기업의 기대효용은 $\mathrm{v}_f = (y - \mu_0(\omega = b))/(x + y - 1)$로 정리된다.

이제 x와 y의 구체적인 수치를 계산하기 위해 $\mu_0(\omega = b)$=0.7의 값을 부과한다. 또한 $k_g = k_b = 1$을 가정한다. 이 경우 $1/2 \leq x \leq 1$과 $1/2 < y \leq 1$의 부등호 제약하에서 기업의 기대이득을 극대화하는 값은 다음과 같이 계산할 수 있다. 기업의 기대이득의 x에 대한 편미분은 식 (3.3)에 정리되어 있다. $0.7 < y \leq 1$의 영역에서는 기대효용의 편미분의 부호는 음수이다. 따라서 $0.7 < y \leq 1$의 영역에서는 x의 값이 1/2이 된다. 기업의 기대이득의 y에 대한 편미분도 식 (3.3)에 정리되어 있다. $x = 1/2$로 고정시키면 검사의 기대효용은 y에 대하여 증가함수가 된다. $1/2 < y \leq 1$의 부등호 제약하에서 $y = 1$이 극대화 조건이다. 따라서 기업의 기대효용을 극대화하는 값은 $x = 1/2$, $y = 1$이 된다. 소비자가 좋은 선택이라는 시그널을 보고 실제로 좋은 선택이라고 믿을 확률이 $\mu(\omega = g|s = g) = 1/2$이다. 소비자가 제품 구매가 바람직하지 않다는 시그널을 보고 실제로도 바람직하지 않은 선택이라고 믿을 확률이 $\mu(\omega = b|s = b) = 1$이다. 기업의 기대이득은 제품 구매가 바람직한 선택이라는 시그널이 나올 비조건부 확률과 같으므로 $v_f = \mathrm{prob}(s = g) = 3/5$이다. 소비자의 사후적 믿음을 계산하였으므로 베이즈 규칙을 사용하여 기업의 시그널에 대한 조건부 확률을 계산할 수 있다. 실제로 제품 구매가 바람직하지 않은 선택일 때 바람직하지 않다는 시그널이 발생할 확률은 $\pi(s = b|\omega = b) = 4/7$

이다. 제품 구매가 실제로 바람직한 선택일 때 시그널도 바람직한 구매로 나올 확률은 $\pi(s = g|\omega = g) = 1$이다.

기업과 소비자 간의 거래를 설명하는 모형에서 도출한 최적 시그널이 판사의 판결을 설명하는 모형에서 도출한 최적 시그널이 보인 두 개의 특성을 만족하는가를 살펴보기로 한다. 첫 번째 특성은 정보 발송자가 선호하지 않는 대안을 선택할 때는 정보 수신자는 자신의 선택에 대하여 확신이 있어야 한다는 것이다. 앞의 예에서는 소비자가 구매하지 않음을 선택하는 것이 기업이 선호하지 않는 결정이므로 이 경우 소비자는 자신의 선택에 대하여 확신이 있어야 한다. 기업의 시그널에 따라서 구매 여부를 결정하는 상황에서 소비자가 확신을 가진다는 것은 $\mu(\omega = b|s = b) = 1$을 의미한다. 두 번째 특성은 정보 발송자가 선호하는 대안을 선택하는 경우 정보 수신자는 두 개의 대안에 대하여 무차별해야 한다는 것이다. 기업의 시그널에 따라서 구매를 결정하기 때문에 소비자가 좋은 구매의 시그널을 보고 실제로도 좋은 구매라고 믿을 확률은 $\mu(\omega = g|s = g) = 1/2$이다. 이 경우 기업의 시그널이 좋은 구매임을 본 소비자들은 구매를 하거나 현재 시점에서 구매하지 않고 다른 시점으로 미루는 대안에 대하여 무차별하다.

위에서 설명한 특성이 (k_g, k_b)의 여러 개의 서로 다른 값들에 대해서도 성립하는 특성이라면 $k_g = k_b = 1$의 가정이 없는 경우의 최적 시그널을 쉽게 계산할 수 있다. 달라지는 부분은 정보 발송자가 선호하는 대안을 선택하는 경우이다. 이 경우 위에서 설명하였듯이 정보 수신자는 두 개의 대안에 대하여 무차별해야 한다는 특성이 성립한다. 무차별의 특성을 만족하는 사후적 믿음은 $\mu(\omega = g|s = g) = k_b/(k_g + k_b)$이다. 그러나 정보 발송자가 원하지 않는 대안을 선택할 때 정보 수신자는 자신의 선택에 대하여 확신이 있어야 한다는 특성에 대해서는

앞의 예에서와 동일하게 $\mu(\omega = b|s = b) = 1$이 된다.

3 설득의 비용과 베이지언 설득

앞 절에서 설명한 베이지언 설득을 외환시장의 투기공격을 설명하는 모형에 적용하기로 한다. 헤지펀드가 존재하여 투자자를 모으는 것으로 가정한다. 외환시장에서의 투기적 금융투자에 필요한 자금을 조달하기 위해 헤지펀드는 투자자들을 모집하고 있다. 소규모 투자자들은 외환시장에서 투기적 금융투자를 위해 헤지펀드에 투자해야 하는 것으로 가정한다. 헤지펀드는 자금을 운영하여 투자수익을 투자자들에게 돌려주고 수수료를 투자자들에게 요구한다. 헤지펀드는 투자자들에게 투자수익에 관계없이 c의 고정 수수료를 요구한다. c는 1보다 작은 임의의 양수로 정의한다. 투자자의 경우 소득은 다음과 같이 결정된다. 먼저 현재의 레짐을 공격하지 않는 선택을 하면 레짐이 존속하는지의 여부에 관계없이 어떤 소득도 발생하지 않는다. 그러나 공격을 선택할 때 현재의 레짐이 무너지면 $1-c$의 소득을 얻게 되지만 현재의 레짐이 그대로 유지되는 결과가 나오면 $-c$의 소득을 얻게 된다. 개인들은 모두 자신의 기대소득이 높은 행위를 선택한다. 예를 들어서 p를 현재의 레짐이 무너질 확률이라고 정의하자. 이 경우 공격할 때의 기대소득은 $p(1-c)-(1-p)c$이지만 공격하지 않을 때의 기대소득은 0이다. 따라서 $p > c$이면 공격하는 것이 유리하고 $p < c$이면 공격하지 않는 것이 유리하다.

현재 환율제도의 강도를 θ로 표기한다. 모든 사람들은 현재 환율제도의 강도를 관측하지 못한다. 그러나 $\theta \le \hat{\theta}$의 조건이 성립되면 현재의 환율제도가 무너진다는 것으로 알고 있다. 헤지펀드가 외환시장에서 투기적 공격을 실행하여 성공할 수 있다는 사전적 믿음은 $p_0(\theta \leq \hat{\theta})$으로 표기한다. 헤지펀드는 외환시장 동향에 대한 정보를 투자자에게 제공하여 현재 시점에서의 외환제도의 강도에 대한 시그널을 보낼 수 있는 능력이 있는 것으로 가정한다. 헤지펀드가 자신에게 유리한 시그널을 생성하기 위해 소요되는 정보비용이 존재한다는 가정을 추가한다. 어떠한 형태의 정보비용이 보다 현실의 설득과 관련된 비용을 제대로 반영하는가 하는 이슈가 있을 수 있다. 겐츠코프·카멘티카(Gentzow and Kamentica 2016)가 제시한 방식을 따라서 메시지 발송자가 부담하는 정보비용은 자신이 원래 보유하고 있던 실제 상황에 대한 선험분포와 자신이 선택한 정보 구조하에서 생성된 시그널이 담고 있는 정보간의 상호정보(mutual information)에 비례하는 것으로 가정한다. 실제의 상황을 나타내는 확률변수를 W로 표기하고 시그널을 나타내는 확률변수를 S로 표기하면 두 개의 서로 다른 실제 상황이 존재하는 경우 상호정보(=$I(W,S)$)는 다음과 같이 정의된다.

$$I(W,S) = \sum_{i=1}^{2}\sum_{k=1}^{2} \text{Prob}(\omega_i, s_k)\log(\frac{\text{Prob}(\omega_i, s_k)}{\text{Prob}(\omega_i)\text{Prob}(s_k)})$$

헤지펀드가 투자자에게 보내는 시그널은 다음과 같다. 현재 시점에서 헤지펀드에 가입하여 투자하는 것이 좋은 선택이라는 시그널과 현재 시점에서 헤지펀드에 가입하는 것은 좋은 선택이 아니라는 시그널 두 개의 서로 다른 권고를 담은 시그널을 생성한다. 이렇게 현재 시점에서 환율제도의 강도는 임계치보다 높기 때문에 투기적 공격을 견뎌 낸다는 시그널과 강도가 임계치보다 낮기 때문에 헤지펀드에 가입하는 것이 좋은 선택이라는 시그널로 분리할 수 있다.

$$\text{Good Choice} = \{\theta | \theta \leq \hat{\theta}\}; \quad \text{Bad Choice} = \{\theta | \theta > \hat{\theta}\}$$

위에서 정의한 두 사건에 대한 사전적 믿음이 주어진다. 현재 시점에서 헤지펀드에 가입하는 것이 좋은 선택이라는 사건에 대한 사전적 믿음을 $\mu_0(\omega = g)$로 표시한다. 헤지펀드에 가입하는 것이 바람직하지 않은 선택이라는 사건에 대한 사전적 믿음을 $\mu_0(\omega = b)$로 표기한다. $\mu_0(\omega = g) + \mu_0(\omega = b) = 1$이 만족된다. 헤지펀드에 가입하는 것이 좋은 선택이면 투자자는 $1-c$의 수입을 얻게 되고, 바람직하지 않은 선택이면 $-c$의 비효용을 지불해야 한다. 투자자의 헤지펀드 가입이 좋은 선택이라는 사전적 믿음하에서 투자자의 기대 순효용은 $\mu_0(\omega = g) - c$이다. 따라서 투자자의 선험적 믿음하에서 투자자가 헤지펀드에 가입하는가의 여부는 다음과 같이 결정된다.

$$a(\mu_0) = \begin{cases} 1 & \text{if} \quad \mu_0(g) \geq c \\ 0 & \text{if} \quad \mu_0(g) < c \end{cases}$$

이 식에서 선험분포하에서 투자자의 행동선택은 $a(\mu_0)$로 표기된다. 또한 양자택일의 선택이므로 $a(\mu_0)$는 1 또는 0의 값을 가진다.

투자자는 선험정보하에서 헤지펀드에게 유리한 선택을 하지 않는다는 가정을 부과한다. 헤지펀드의 시그널이 없다면 투자자는 외환시장의 공격을 위해 헤지펀드에 가입하지 않는 상황을 가정해야 하므로 $\mu_0(\omega = g) < c$의 조건이 부과된다. 헤지펀드는 현재 시점이 투기적 공격을 하기 좋은 시기라는 시그널과 투기적 공격을 하기에는 바람직하지 않다는 내용을 담은 시그널을 보내기 위해 비용을 수반하는 자신의 정보 구조를 선택해야 한다. 정보 구조를 선택하고 운영하여 시그널을 보내는 과정에서 헤지펀드의 매니저와 투자자 간의 정보 비대칭성이 없고 모두 공개되어 있는 것으로 가정한다. 헤지펀드의 시그널은 조건부 확률로 표시된다. 헤지펀드의 시그널이 투자자의 헤지펀드 가입이 나쁜 선택이라는 메세지를 담고 있는 상황을 $s = b$로 표기한다. 투자

자의 헤지펀드 가입이 좋은 선택이라는 메세지를 담고 있는 시그널이 발생하게 되는 상황을 $s = g$로 표기한다. 헤지펀드의 시그널은 실제의 상황과 다를 수 있다. 또한 헤지펀드가 선택하는 변수는 앞에서와 동일하게 네 개의 조건부 확률이다. 첫째, $\pi(s = b|\omega = b)$는 환율제도가 실제로 강할 때 헤지펀드의 시그널도 투기적 공격은 바람직하지 않다는 권고가 산출될 확률이다. 둘째, $\pi(s = b|\omega = g)$는 환율제도의 강도가 낮지만 헤지펀드의 권고는 투기적 공격이 바람직하지 않다고 나타날 확률이다. 셋째, $\pi(s = g|\omega = b)$는 환율제도가 실제로 강할 때 헤지펀드는 환율제도의 강도가 낮다는 시그널을 발송할 확률이다. 넷째, $\pi(s = g|\omega = g)$는 환율제도의 강도가 실제로 낮을 때 헤지펀드도 환율제도의 강도가 낮다는 시그널을 발송할 확률이다.

헤지펀드의 기대수입은 헤지펀드가 제공하는 시그널의 함수로 표시할 수 있으나 앞에서와 마찬가지로 투자자의 사후적 믿음의 함수로 나타내기로 한다. 앞에서 이미 설명한 방식을 사용하면 헤지펀드의 기대수입은 헤지펀드 가입이 좋은 선택이라는 시그널이 나올 투자자의 사후적 믿음에 수수료를 곱한 수치로 주어진다. 따라서 헤지펀드의 기대수입은 $c\text{prob}(s = g)$이다. 정보비용이 추가되므로 기대수입에서 정보비용을 뺀 차이로 정의되는 헤지펀드의 기대수입은 다음과 같다.

$$\text{v}_h = c\text{prob}(s = g) - \gamma I(W, S) \tag{3.6}$$

위 식에서 v_h는 기업의 기대이윤을 의미한다. 또한 γ는 상호정보 단위당 비용을 의미하고 헤지펀드는 이윤 극대화의 문제를 풀 때 주어진 것으로 간주한다. 앞에서 이미 설명한 바와 같이 다음 식에 정리되어 있는 베이지언 합리성의 조건이 제약조건으로서 부과된다.

$$\begin{aligned} \mu(\omega = b|s = g)p(g) + \mu(\omega = b|s = b)p(b) &= \mu_0(b) \\ \mu(\omega = g|s = g)p(g) + \mu(\omega = g|s = b)p(b) &= \mu_0(g) \end{aligned} \tag{3.7}$$

헤지펀드는 식 (3.7)의 제약하에서 식 (3.6)의 기대효용을 극대화하는 문제를 풀어서 자신의 기대이득을 극대화하는 투자자의 사후적 믿음을 선택한다. 앞에서 설명한 모형들과 다른 점은 헤지펀드의 기대이윤에 정보비용이 추가된다는 것이다. 따라서 정보비용을 헤지펀드가 선택하는 선택변수의 함수로 표현하기 위해 상호정보는 투자자의 사후적 믿음의 함수가 되야 한다. 따라서 베이즈 규칙을 사용하면 다음 식이 성립한다.

$$\frac{\text{Prob}(\omega_i, s_k)}{\text{Prob}(\omega_i)\text{Prob}(s_k)} = \frac{\text{Prob}(\omega_i|s_k)\text{Prob}(s_k)}{\text{Prob}(\omega_i)\text{Prob}(s_k)} = \frac{\text{Prob}(\omega_i|s_k)}{\text{Prob}(\omega_i)}$$

현재의 모형에서 네 개의 경우가 있으므로 각각의 경우를 포함하여 다음과 같이 바꾸어 쓸 수 있다.

$$\begin{aligned} \text{Prob}(\omega_1|s_2)/\text{Prob}(\omega_1) &= \mu_0(g)^{-1}\mu(\omega = g|s = b) \\ \text{Prob}(\omega_2|s_2)/\text{Prob}(\omega_2) &= \mu_0(b)^{-1}\mu(\omega = b|s = b) \\ \text{Prob}(\omega_1|s_1)/\text{Prob}(\omega_1) &= \mu_0(g)^{-1}\mu(\omega = g|s = g) \\ \text{Prob}(\omega_2|s_1)/\text{Prob}(\omega_2) &= \mu_0(b)^{-1}\mu(\omega = b|s = g) \end{aligned}$$

위 식을 상호정보의 정의식에 대입하면 상호정보는 다음과 같이 쓸 수 있다.

$$I(W,S) = \sum_{i=1}^{2}\sum_{k=1}^{2} \text{Prob}(\omega_i, s_k)\log(\frac{\text{Prob}(\omega_i|s_k)}{\text{Prob}(\omega_i)}) + H(p)$$

위 식에서 $H(p) = -(p\log p + (1-p)\log(1-p))$이다.

앞에서 이미 설명한 바와 같이 목적함수에는 비조건부 확률이 포함되어 있으므로 제약식을 사용하여 이를 소거하게 되면 목적함수는

사후적 믿음의 함수로만 표시된다. 상호정보의 식과 목적함수의 식을 간단히 표기하기 위해 $x = \mu(\omega = g|s = g)$과 $y = \mu(\omega = b|s = b)$로 정의한다. 또한 선험확률은 $p = \mu_0(\omega = g)$로 표기한다. 위에 정의한 기호를 사용하여 상호정보를 다시 쓰면 다음과 같다.

$$I(W,S) = -M(p) + \frac{(y+p-1)M(x) + (x-p)M(y)}{x+y-1}$$

위 식에서 $M(p) = (p\log p + (1-p)\log(1-p))$, $M(x) = (x\log x + (1-x)\log(1-x))$, $M(y) = (y\log y + (1-y)\log(1-y))$로 정의된다. 따라서 헤지펀드의 기대이윤은 다음과 같이 주어진다.

$$\mathrm{v}_h = (x+y-1)^{-1}(c(y-p) - \gamma((y+p-1)M(x) + (x-p)M(y))) - \gamma M(p)$$

앞에서 설명한 모형과의 차이는 정보비용을 추가한 것이라는 점이다. 정보비용이 발생하는 경우 달라지는 점은 $\mu(\omega = b|s = b) < 1$의 해가 도출된다는 점이다. 정보비용이 없는 기업의 설득에서는 $\mu(\omega = b|s = b) = 1$이 최적 설득의 해로 도출되었다. 그러나 정보비용이 추가되면 γ의 크기와 c의 상대적 크기에 따라서 $\mu(\omega = b|s = b) < 1$의 상황이 발생한다.

제 4 장 모호성 기피와 정보의 업데이트

정태모형에서 성립하는 엘스버그(D. Ellsberg)의 역설은 기대효용 이론에 의해서 설명되지 않는 현상으로서 널리 알려져 왔다. 시간이 지나면서 의사결정자들은 자신이 처한 환경에 익숙해지면서 신뢰성이 높은 정보를 축적하게 되면 엘스버그 역설이 함의하는 불확실성의 상황으로부터 벗어날 수 있다는 주장도 고려해 볼 수 있다. 이 장에서는 의사결정자가 베이지언 학습을 통해 자신의 정보를 업데이트하는 상황을 고려한다면 엘스버그의 역설이 성립하는가 하는 문제 제기와 관련하여 고려해 볼 수 있는 상황들을 분석한다.

1 모호성 기피 선호

엘스버그는 새비지의 공리가 적용되지 않는 상황을 제시한다. 잘 알려진 것이 두 개의 항아리를 선택하는 문제를 제시하고 이에 대한 반응을 조사하는 실험이다. 실험을 간단히 요약하면 다음과 같다. 빨간색 공이 나오면 100달러를 제공하고 검은색 공이 나오면 아무것도 제공하지 않는 내기가 있다. 반대로 검은색 공이 나오면 100달러를 주고 빨간색 공이 나오면 아무것도 주지 않는 내기가 있다. 또한 두 개의 항아리가 있어서 첫 번째 항아리에는 검은색 공과 빨간색 공이 어떤 비율로 있는지 알 수 없다. 반면에 두 번째 항아리에는 공 100개가 들어 있다. 또한 검은색 공이 50개, 빨간색 공이 50개 들어 있음을 참가자들에게 알려 주고 다음과 같은 네 가지 질문을 하여 답을 요청할 수 있다.

1. 첫 번째 항아리를 사용하는 경우 검은색 공이 나오면 100달러를 제공하는 내기와 빨간색 공이 나오면 100달러를 제공하는 내기 중 어느 것을 선택하겠습니까?
2. 두 번째 항아리를 사용하는 경우 검은색 공이 나오면 100달러를 제공하는 내기와 빨간색 공이 나오면 100달러를 제공하는 내기 중 어느 것을 선택하겠습니까?
3. 첫 번째 항아리를 사용하는 경우 빨간색 공이 나오면 100달러를 제공하는 내기와 두 번째 항아리를 사용하는 경우 빨간색 공이 나오면 100달러를 제공하는 내기 중 어느 것을 선택하겠습니까?
4. 첫 번째 항아리를 사용하는 경우 검은색 공이 나오면 100달러를 제공하는 내기와 두 번째 항아리를 사용하는 경우 검은색 공이 나오면 100달러를 제공하는 내기 중 어느 것을 선택하겠습니까?

대다수의 사람들이 첫 번째 질문과 두 번째 질문에 대해서 서로 무차별하다고 답변한다. 세 번째 질문과 네 번째 질문의 경우 두 번째 항아리를 사용하여 결과를 내는 내기를 선택한다. 따라서 항아리가 같은 경우 검은색 공이 나올 사건에 100달러를 제공하는 것과 빨간색 공이 나올 사건에 100달러를 제공하는 서로 다른 두 내기에 대하여 무차별하다. 그러나 100달러를 제공하는 공의 색깔은 동일하지만 공을 뽑는 항아리가 달라지면 두 번째 항아리를 선호한다.

앞에서 설명한 답변을 제출한 사람들이 기대효용을 극대화하는 사람이라는 가정하에서 첫 번째 항아리에 들어 있는 빨간색 공과 검은색 공에 대하여 어떠한 확률을 부여했는지를 추론할 수 없다는 점이 지적된다. 예를 들어 빨간색 공이 나오면 100달러를 제공하는 내기의 경우 첫 번째 항아리에 포함된 빨간색 공의 수가 검은색 공의 수에 비해 작아서 두 번째 항아리를 선택했다는 이유를 들 수 있다. 이러한 설명이 설득력을 얻으려면 검은색 공이 나오면 100달러를 주는 내기의 경우 첫 번째 항아리를 선택하는 사람들이 많아야 한다. 그런데 검은색 공이 나오면 100달러를 주는 내기의 경우도 대부분의 사람들이 두 번째 항아리를 선택한다. 이와 같은 결과가 함의하는 바는 참가자들이 주관적으로 부여한 첫 번째 항아리로부터 검은색 공과 빨간색 공이 나올 확률을 유추할 수 없다는 점이다. 엘스버그(Ellsberg 1961)는 이러한 현상에서 주요 이슈는 사건이 발생하는 상대적 가능성과 연관된 정보의 모호성에 있다고 주장한다. 또한 정보의 모호성이 존재한다면 그렇지 않은 경우와 비교하여 사람들이 자신의 행동을 선택하는 방식이 다를 수 있음을 지적한다.

길보아·슈마이들러(Gilboa·Schmeidler 1989)는 최대최소의 방식으로 행동을 선택하는 사람들을 가정한다면 위에서 제시된 예를 설명할 수 있음을 보인다. 첫 번째 항아리에 들어가 있는 검은색 공과 빨간색 공의 비율에 대한 정보가 없는 상황에서 최대최소의 방식에 의거하여 결정한다면, 비율을 결정할 때 최솟값을 선택하는 원칙을 적용하고, 내기로 하나를 선택할 때에는 최댓값을 선택하는 원칙을 적용한다. 먼저 최솟값 선택의 원칙은 다음과 같다. 가능한 비율의 집합을 설정하고 각각의 내기가 제공하는 기대효용을 계산할 때 가장 작은 기대효용을 제공하는 비율을 선택한다. 자신의 기대효용을 최소화하는 검은색 공이 나올 확률분포 또는 빨간색 공이 나올 확률분포를 선택하여 이에 의거하여 내기가 제공하는 이득을 평가한다. 구체적인 예를 들기 위해 실험에 참가하고 있는 사람들이 선형의 효용함수를 가지고 있다고 가정한다. 두 번째 항아리를 선택하여 내기를 하는 경우 빨간색 공과 검은색 공의 비율이 같다는 사실을 알고 있으므로 각각의 내기가 제공하는 기대효용은 50불이다. 그러나 최대최소의 방식에 의거하여 결정한다면 첫 번째 항아리를 사용한 내기를 평가할 때 기대효용이 각각 0이 되어야 한다.

앞에서 설명한 예는 정태적인 상황을 분석한 것으로, 두 개의 항아리에 들어 있는 서로 다른 색의 공의 비율에 대한 사람들의 사전적 믿음이 다른 경우이다. 그러나 사전적 믿음은 같지만 두 개의 항아리에서 샘플로 꺼낸 공을 관측한 이후에 형성한 서로 다른 색의 공의 비율에 대한 사후적 믿음이 달라지는 상황도 가능하다. 다음에서 소개할 엡슈타인·슈나이더(Epstein and Schneider 2007)가 제시한 모형에서는 두 개의 항아리 중에서 공의 사후적 분포가 하나로 결정되는 위험한 항아리(risky urn)와 사후적 분포가 하나로 결정되지 않고 다수의 사후적 분포가 발생하는 모호한 항아리(ambiguous urn)가 있다.

두 개의 항아리에 공이 채워지는 방식은 앞의 예에 비해 다소 복잡하다. 각각의 항아리에 검은색 공과 빨간색 공이 채워지는 것은 앞의 예와 동일하지만 두 단계를 거친다. 첫 번째 공은 동전 던지기에 의해서 채워진다. 동전의 앞면이 나오면 검은색 공이 선택된다. 반대로 뒷면이 나오면 빨간색 공이 채워진다. 동전 던지기의 결과는 참가자들이 관측할 수 없고, 동전 던지기에 의해서 결정된다는 사실은 안다. 또한 동전의 앞면이 나올 확률은 동전의 뒷면이 나올 확률과 동일하게 1/2이다. 첫 번째 항아리에는 네 개의 공이 채워지는데 검은색 공과 빨간색 공의 비율이 같다. 두 번째 항아리의 경우 검은색 공과 빨간색 공의 비율은 같지만 전체 개수를 정확하게 모른다. 공의 개수가 두 개이거나 여섯 개라는 사실만 알려져 있다. 이러한 상황에서 동전 던지기로 결정된 공의 색을 맞추는 내기를 제안한다.

참가자들의 사전적 믿음에서는 첫 번째 항아리와 두 번째 항아리에 대하여 동일하게 검은색 공과 빨간색 공이 있을 확률을 각각 1/2로 부여한다. 사전적인 정보하에서는 서로 다른 색의 공이 포함될 확률에 대하여 두 개의 항아리를 동일하게 평가한다. 그러나 각각의 항아리에서 하나의 공을 꺼내 색을 확인한 후에 형성한 사후적 믿음에서는 두 개의 항아리에 포함된 공의 분포가 달라진다.

두 개의 항아리에서 추출된 공이 모두 검은색이라고 하자. 검은색 공을 관측하게 되면 동전을 던져서 결정된 공의 색에 대한 정보를 얻게 되므로 각각의 항아리에 포함된 검은색 공의 수를 추정하는 데 도움이 된다. 동전 던지기와 관계없이 항아리에 들어간 공의 수를 n일 때 검은색 공이 관측되었다는 조건하에서 동전으로 결정된 공이 검은색 공일 확률을 계산하면 $((n/2)+1)/(n+1)$이 된다. 이 공식은 다음과 같이 도출되었다. 검은색 공이 관측되었다는 조건하에서 동전으로 결정된 공이 검은색 공일 확률은 베이즈 규칙을 사용하여 계산할 수 있다. 항아리에서 검은색 공을 뽑을 비조건부 확률과 동전을 던져서 항아리에 추가한 공이 검은색 공일 확률은 각각 1/2로 서로 같다. 따라서 베이즈 규칙은 다음 식을 의미한다.

$$\text{Prob}[\text{동전 던지기} = B \mid \text{항아리 추출} = B]$$
$$=$$
$$\text{Prob}[\text{항아리 추출} = B \mid \text{동전 던지기} = B]$$

이 식에서 B는 검은색 공을 의미한다. 첫 번째 항아리의 경우 동전 던지기와 관계없이 항아리에 들어간 공의 수는 $n = 4$이다. 따라서 첫 번째 항아리의 경우 검은색 공이 관측되었다는 조건하에서 동전으로 결정된 공이 검은색 공일 확률을 계산하면 3/5이다. 두 번째 항아리의 경우 동전 던지기와 관계없이 항아리에 들어간 공의 수를 정확하게 알지 못한다. 예를 들어 $n = 2$인 경우는 검은색 공이 관측되었다는 조건하에서 동전으로 결정된 공이 검은색 공일 확률이 2/3이고 $n = 6$인 경우는 4/7이다.

검은색 공을 관측한 이후 형성한 사후적 믿음하에서 자신의 행동을 선택하는 사람이라고 가정하고 다음과 같은 질문을 다시 반복한다.

1. 첫 번째 항아리를 사용하는 경우, 동전 던지기에 의해서 검은색 공이 추출되었다면 100달러를 제공하는 내기와 동전 던지기에 의해서 빨간색 공이 추출되었다면 100달러를 제공하는 내기 중 어느 것을 선택하겠습니까?
2. 두 번째 항아리를 사용하는 경우, 동전 던지기에 의해서 검은색 공이 추출되었다면 100달러를 제공하는 내기와 동전 던지기에 의해서 빨간색 공이 추출되었다면 100달러를 제공하는 내기 중 어느 것을 선택하겠습니까?
3. 첫 번째 항아리를 사용하는 경우, 동전 던지기에 의해서 빨간색 공이 추출되었다면 100달러를 제공하는 내기와 두 번째 항아리를 사용하는 경우 동전 던지기에 의해서 빨간색 공이 추출되었다면 100달러를 제공하는 내기 중 어느 것을 선택하겠습니까?
4. 첫 번째 항아리를 사용하는 경우, 동전 던지기에 의해서 검은색 공이 추출되었다면 100달러를 제공하는 내기와 두 번째 항아리

를 사용하는 경우 동전 던지기에 의해서 검은색 공이 추출되었다면 100달러를 제공하는 내기 중 어느 것을 선택하겠습니까?

첫 번째 문항의 경우를 보자. 검은색 공이었으면 100달러를 제공하는 내기의 기대소득은 60달러이다. 빨간색 공이었으면 100달러를 제공하는 내기의 기대소득은 40달러이다. 따라서 검은색 공을 대상으로 한 내기를 선택한다. 두 번째 문항의 경우를 보자. 검은색 공이었으면 100달러를 주는 내기의 기대소득은 약 57달러 또는 약 67달러이다. 빨간색 공이었으면 100달러를 제공하는 내기의 기대소득은 43달러 또는 33달러이다. 따라서 두 번째 항아리에 대해서도 검은색 공이 나오는 내기를 선택한다. 사전적 믿음하에서는 검은색 공과 빨간색 공의 확률이 같으므로 두 내기에 대하여 무차별하지만 사후적 믿음에 의거하여 선택하는 경우는 사람들의 선택이 달라진다. 세 번째 문항의 경우를 보자. 첫 번째 항아리의 경우 빨간색 공이었으면 100달러를 제공하는 내기의 기대소득은 40달러이다. 두 번째 항아리의 경우 빨간색 공이었으면 100달러를 제공하는 내기의 기대소득은 43달러 또는 33달러이다. n에 대한 모호한 정보로 인해서 두 개의 서로 다른 확률분포가 발생한다. 이처럼 불확실성이 존재하는 경우 최대최소의 원칙을 적용하는 것으로 가정한다. 기대효용을 최소화하는 확률적 믿음을 선택한 후에 계산한 기대효용에 의거하여 다른 대안과 비교한다. 그러므로 첫 번째 항아리에 대해서는 40달러와 두 번째 항아리에 대해서는 33달러가 제공되는 내기로 간주하고 기대소득을 비교하여 선택한다. 그 결과 첫 번째 항아리를 선택한다. 네 번째 문항의 경우를 보자. 첫 번째 항아리의 경우 검은색 공이었으면 100달러를 제공하는 내기의 기대소득은 60달러이다. 두 번째 항아리의 경우 검은색 공이었으면 100달러를 주는 내기의 기대소득은 약 57달러 또는 약 67달러이다. 앞에서 설명한 바와 같이 최대최소의 원칙을 적용하는 것으로 가정하면 기대효용을 최소화하는 확률적 믿음을 선택한 후에 계산한 기대효용에 의거하여 다른 대안과 비교한다. 그러므로 첫 번째 항아리에 대해서는 60달러와 두 번째 항아리에 대해서는 57달러가 제공되는 내기로 간주하고 기대소득을 비교하여 선택한다. 그 결과 첫 번째 항아리를 선택한다. 만약에 최대최소의 원칙을 따르지 않고 낙관적인 믿음을 선택한다면 세 번째 문항과 네 번째 문항에서 사람들은 두 번째 항아리를 선택하였을 것이다. 그러나 대부분의 사람들은 모호한 항아리를 사용하여 내기를 진행하기를 원치 않는다는 것이 엘스버그의 역설의 함의이다.

앞서 설명한 예는 사후적 믿음하에서 발생할 수 있는 엘스버그의 역설로 간주할 수 있다. 기대효용의 크기에 의거하여 자신의 행동을 선택한다는 가정을 고수하는 경우 사후적 믿음하에서 모호한 항아리를 회피하는 상황을 설명할 수 없음을 보일 수 있다. 모호한 항아리의 경우 두 개의 서로 다른 분포가 있으므로 이에 대한 가중치를 적절히 선택하여 자신의 행동을 선택하는 사람을 가정한다면 사후적 믿음에 의거하여 모호한 항아리를 회피하는 상황을 설명할 수 있느냐 하는 질문으로 해석할 수 있다. 구체적으로 표현하기 위해 $n = 2$일 확률을 p로 가정하고 $n = 6$일 확률은 $(1 - p)$로 표기한다. 또한 p는 0과 1 사이의 양수이다. 두 개의 확률분포에 대한 가중치를 사후적 믿음으로 사용하는 베이지언의 의사결정자로 가정한다면 사람들이 애매모호한 항아리를 회피하는 상황을 합리화할 수 있는 p의 값이 존재하느냐 하는 질문이 된다.

먼저 검은색 공이었으면 100달러를 제공하는 내기를 설명한다. 모호한 항아리에서 동전 던지기로 결정된 공이 검은색 공이었을 확률은

$(2p/3)+4(1-p)/7$이 된다. 또한 첫 번째 항아리에서 검은색 공이 나올 사후적 확률은 3/5이다. 따라서 첫 번째 항아리를 선택하는 것이 더 이득이 되려면 $(2p/3)+4(1-p)/7 < 3/5$의 부등호가 성립되어야 한다. $p < 3/10$이면 부등호가 만족됨을 보일 수 있다. 반대로 빨간색 공이었으면 100달러를 제공하는 내기를 설명한다. 모호한 항아리에서 동전 던지기로 결정된 공이 빨간색 공이었을 확률은 $(p/3)+3(1-p)/7$이 된다. 또한 첫 번째 항아리에서 빨간색 공이 나올 사후적 확률은 2/5이다. 따라서 첫 번째 항아리를 선택하는 것이 더 이득이 되려면 $(p/3)+3(1-p)/7 < 2/5$의 부등호가 성립되어야 한다. $p > 3/10$이면 부등호가 만족됨을 보일 수 있다. 두 개의 상황이 동시에 성립하도록 하는 p의 값을 찾을 수 없다. 따라서 현재 분석하고 있는 예에서는 베이지언의 의사결정자로 가정할 때 사람들이 모호한 항아리를 회피하는 상황을 합리화할 수 있는 p의 값이 존재하지 않는다는 결론이 나온다.

2 모호성을 고려한 베이지언 학습

엡슈타인·슈나이더(Epstein and Schneider 2007)는 모호성을 고려한 학습의 특성을 설명하기 위해서 세 개의 학습 시나리오를 제시하고 있는데, 여기서는 각각의 시나리오에 대응하는 학습 모형을 소개한다. 기본이 되는 학습 모형은 베이지언 학습이므로 베이지언 학습의 주요 특성을 먼저 설명한다. 세 개의 시나리오 중 첫 번째 시나리오는 표준적인 베이지언 학습 모형이다. 두 번째와 세 번째 시나리오는 베이지언 학습에서와 동일하게 학습자는 자신의 사후적 믿음을 업데이트하지만 매 시점마다 우도함수에 주관적인 선택이 부여되는 학습 모형이다.

분석도구는 과거 시점에서 선택된 결정이 현재 시점의 상황에 영향을 미치지 않는 상황을 부여하고 있는 무기억 메커니즘(memoryless mechanism)을 학습하는 베이지언 모형이다. 베이지언 학습 모형에서의 학습자는 관측하는 자료를 생성하는 자료 생성 메커니즘을 이해하고자 학습을 진행하는데, 학습의 대상은 자료를 생성하는 메커니즘의 파라미터이다. 베이지언 학습을 구성하기 위해 필요한 세 개의 요소는 다음과 같다.

1. 파라미터 공간(parameter space): 시그널 값을 생성하는 실제 모형의 주요 특성을 나타내는 모형의 파라미터가 취할 수 있는 값들의 집합이다. 관찰자의 자료 생성 메커니즘에 대한 학습은 실제로 자료를 생성하는 메커니즘의 주요 특징을 나타내는 파라미터의 값을 정확하게 알아내려는 작업으로 정의한다. 따라서 관찰자가 진행하는 학습의 대상인 파라미터는 자료를 생성하는 메커니즘의 주요 특성을 반영할 수 있어야 한다.
2. 선험 확률: 파라미터 공간에 정의되는 파라미터의 값에 대한 확률이다.
3. 우도(likelihood): 시그널의 실현 값에 대한 확률이고 파라미터의 함수이다.

학습자에게 관측되는 자료는 서로 다른 시점에서 실현된 시그널 값들의 집합으로 정의된다. 매 시점 축적되는 자료를 기호로 표현하기 위해 임의의 t시점에서 발생하는 자료를 상태변수로 표시한다. 임의의 t 시점에서 관측된 자료의 값을 s_t로 표기한다. 자료의 값에 의해서 현재의 상황이 결정되는 것으로 가정한다. 자료의 값은 시그널 값에 의해서 결정된다. 최초 시점을 $t = 0$으로 가정하고 최초 시점부터 현재 시점까

지 실현된 시그널 값들의 모음을 $s^t = \{s_0, \cdots, s_t\}$로 표기한다. n개의 파라미터가 존재한다고 가정하자. 학습자는 각각의 파라미터에 대하여 특정한 시그널 값이 실현될 확률을 자료의 우도함수로 정의한다. 최초 시점에서 i번째 파라미터에 대한 우도함수는 $\mathrm{l}(s_0|\theta_i)$이다. 또한 학습자의 파라미터 값에 대한 선험정보가 있다. 선험정보는 $\mu_0(\theta_i)$로 주어진다. 두 개의 확률이 결정된다면 현재 시점에서의 시그널 값에 대한 확률과 시그널 값에 대한 한 기간 선행 조건부 확률을 계산할 수 있다. 현재 시점에서 실현된 시그널 값을 관측한 이후 형성한 특정한 시그널 값이 다음 시점의 미래에 발생할 조건부 확률은 다음과 같이 주어진다.

$$p(s_1|s_0) = \sum_{i=1}^{i=n} \mathrm{l}(s_1|\theta_i)\mu_0(\theta_i|s_0) \tag{4.1}$$

식 (4.1)은 각각의 파라미터의 값에 대하여 성립하는 다음의 베이즈 규칙을 적용하여 계산한 결과이다.

$$\mu_0(\theta_i|s_0)p(s_0) = \mathrm{l}(s_0|\theta_i)\mu_0(\theta_i) \quad i = 1, 2, \cdot, n \tag{4.2}$$

또한 현재 시점에서 시그널의 값에 대한 확률을 의미하는 $p(s_0)$는 다음과 같이 주어진다.

$$p(s_0) = \sum_{i=1}^{n} \mathrm{l}(s_0|\theta_i)\mu_0(\theta_i) \tag{4.3}$$

식 (4.1)과 식 (4.3)에서 정의되어 있는 두 개의 확률을 곱하면 최초 시점부터 현재 시점까지 도달하는 각각의 히스토리에 대한 확률을 계산할 수 있다. 식 (4.1)에서 정리한 공식은 파라미터에 대한 사후적 확률을 알아야 사용할 수 있다. 자료를 관측하면 학습자는 베이즈 규칙에 의거하여 자신의 믿음을 업데이트하므로 i번째 파라미터의 값에 대한 학습자의 사후적 믿음은 다음과 같이 주어진다.

$$\mu_0(\theta_i|s_0) = \frac{\mathrm{l}(s_0|\theta_i)\mu_0(\theta_i)}{\sum_{i=1}^{n} \mathrm{l}(s_0|\theta_i)\mu_0(\theta_i)} \tag{4.4}$$

첫 번째 시나리오에서는 네 개의 공이 동전 던지기 이전에 이미 들어가 있다. 동전 던지기 이전에 두 개의 검은색 공과 두 개의 빨간색 공이 항아리에 들어가 있는 것을 정확하게 알고 있다. 동전 던지기로 공의 색깔을 결정한 후에 하나의 공을 추가로 채워 넣는다. 앞면이 나오면 검은색 공을 선택하고 뒷면이 나오면 빨간색 공을 선택한다. 앞면이 나올 확률과 뒷면이 나올 확률은 각각 1/2로 동일하다. 동전 던지기의 결과에 의거하여 공을 채워 넣는 사람과 항아리에서 하나의 공을 추출하여 관측하는 사람은 다른 사람이며 서로 의사소통이 전혀 없다. 항아리에서 추출된 공의 색깔을 관찰하는 사람은 동전 던지기 결과에 의거하여 선택된 공의 색깔을 모르고 다만 동전 던지기의 확률만 정확히 알고 있다. 항아리에서 추출한 공의 색깔을 관찰하는 사람의 경우, 항아리에 들어 있는 검은색 공의 비율은 2/5이거나 아니면 3/5이라는 것만 알고 있다. 항아리에서 공을 추출하기 이전에 형성한 선험확률분포는 2/5에 대하여 1/2의 확률을 부과하고 3/5에 대하여 1/2의 확률을 부과한다. 단 하나의 선험확률분포가 있으므로 순수하게 위험만이 존재하는 상황이다. 최초 시점부터 시작하여 매 시점마다 하나의 공을 추출하고 공의 색을 확인한다. 관찰자의 자료 관측을 위해 하나의 공을 추출하면 실험을 관리하는 사람은 동전 던지기를 사용하여 하나의 공을 선택하여 다시 항아리에 다섯 개의 공이 들어가도록 채워 넣는다. 이러한 작업이 계속해서 반복되면서 매 시점마다 관찰자는 항아리에 들어가 있는 검은색 공의 비율에 대한 정보를 업데이트하게 된다.

다음에서는 첫 번째 시나리오를 베이지언 학습 모형으로 기술할 수

있음을 보인다. 첫 번째 시나리오에서는 항아리로부터 매 시점마다 추출되는 공의 색깔이 시그널의 실현 값이다. 자료는 시그널의 집합이고 시그널이 취할 수 있는 값의 집합은 $S = \{\mathrm{b}, \mathrm{r}\}$로 정의한다. 또한 시그널을 발생시키는 항아리의 주요 특징은 항아리에 들어가 있는 검은색 공의 비율에 의해서 결정된다. 따라서 첫 번째 시나리오를 베이지언 학습 모형으로 전환할 때 파라미터는 항아리에 들어가 있는 검은색 공의 비율로 정의되고 θ로 표기한다. 파라미터 공간은 $\Theta = \{\frac{2}{5}, \frac{3}{5}\}$으로 정의된다. 파라미터에 대한 선험확률은 $\mu_0[\theta = \frac{2}{5}] = \mu_0[\theta = \frac{3}{5}] = \frac{1}{2}$이다. 또한 우도는 파라미터의 값이 정해진 상태에서 특정한 색이 나올 확률로 정의할 수 있다. 예를 들어 $\theta = 2/5$일 때 검은색 공이 추출될 확률은 2/5이다. 따라서 파라미터의 값이 θ일 때 시그널의 값이 검은색 공으로 실현될 우도는 $\mathrm{l}(b|\theta) = \theta$이다. 시그널의 값이 빨간색 공으로 실현될 우도는 $\mathrm{l}(r|\theta) = 1 - \theta$이다.

관찰자는 시그널을 관측한 이후 베이즈 규칙에 의거하여 파라미터에 대한 확률을 업데이트한다. 학습에 의해서 파라미터에 대한 새로운 믿음이 생성되면 관찰자의 시그널 값이 생성되는 과정에 대한 믿음도 달라진다. 식 (4.3)을 적용하면 $p(s_0) = \frac{1}{2}$이다. $p(s_0) = \mu_0(\theta)$의 등호가 성립하는 상황이므로 이를 베이즈 규칙에 대입하면 파라미터에 대한 사후적 믿음은 다음과 같이 주어진다.

$$\mu_0(\theta|s_0) = \begin{cases} \theta & \text{if} \quad s_0 = \mathrm{b} \\ 1 - \theta & \text{if} \quad s_0 = \mathrm{r} \end{cases}$$

관찰자의 파라미터에 대한 사후적 믿음을 계산하면 다음 시점에서 발생하는 시그널에 대한 우도함수와 결합하여 다음 시점에서 실현되는 시그널 값에 대한 조건부 확률을 계산할 수 있다. 식 (4.1)의 공식을 사용하여 한 기간 선행 조건부 확률을 계산하면 다음과 같다.

$$p(b|b) = \frac{13}{25}; \quad p(r|b) = \frac{12}{25}; \quad p(b|r) = \frac{12}{25}; \quad p(r|r) = \frac{13}{25}$$

식 (4.1)과 식 (4.3)에서 정의되어 있는 두 개의 확률을 곱하면 최초 시점부터 현재 시점까지 도달하는 각각의 히스토리에 대한 확률을 계산할 수 있다. 시그널의 히스토리에 대한 확률은 다음과 같이 계산할 수 있다.

$$p(b, b) = \frac{13}{50}; \quad p(b, r) = \frac{12}{50}; \quad p(r, b) = \frac{12}{50}; \quad p(r, r) = \frac{13}{50}$$

두 번째 시나리오를 설명한다. 앞에서와 동일하게 네 개의 공이 동전 던지기 이전에 이미 항아리에 들어가 있다. 동전 던지기 이전에 하나의 검은색 공과 하나의 빨간색 공이 항아리에 들어가 있는 것이 사실이고 관찰자는 이를 알고 있다. 그러나 나머지 두 개가 어느 색의 공인지는 모른다. 동전 던지기로 공의 색깔을 결정한 후에 하나의 공을 추가로 채워 넣는다. 따라서 최초 시점에서 다섯 개의 공이 들어간 항아리에서 하나의 공을 무작위로 추출한다. 다음 시점으로 넘어가면 하나의 공을 복원추출(sampling with replacement)한다.

두 번째 시나리오에서도 θ는 항아리에 들어 있는 검은색 공의 비율을 의미한다. 관찰자는 고정된 파라미터인 θ를 학습한다. 앞에서 이미 요약한 바와 같이 학습 과정을 수식으로 기술하기 위해 중요한 세 개의 포인트를 설명한다. 첫째, 파라미터 공간에 대한 정의이다. 두 번째 시나리오에서 파라미터의 공간은 $\Theta = \{\frac{1}{5}, \frac{2}{5}, \frac{3}{5}, \frac{4}{5}\}$이다. 첫 번째 시나리오의 파라미터 공간은 두 개의 원소로 구성되어 있지만 두 번째 시나리오에서는 네 개의 원소로 구성되어 있다. 둘째, 우도함수의 도출이다. 우도함수는 첫 번째 시나리오에서와 동일하다. 따라서 파라미터의

값이 θ일 때 시그널의 값이 검은색 공으로 실현될 우도는 $\mathrm{l}(b|\theta) = \theta$이다. 시그널의 값이 빨간색 공으로 실현될 우도는 $\mathrm{l}(r|\theta) = 1-\theta$이다. 셋째, 파라미터의 값에 대한 선험확률의 결정이다. 두 번째 시나리오에서는 비동전 던지기(non-coin ball)에 의해서 결정되는 검은색 공의 비율에 대한 정보가 없다. 따라서 θ에 대한 선험확률이 여러 개 존재할 수 있다. 검은색 공의 비율에 대한 선험확률이 다수 존재할 수 있는 것은 비동전 던지기에서 결정된 검은색 공의 개수에 대하여 여러 개의 분포가 가능하기 때문이다. 이와 같은 상황을 구체적으로 설명하기 위해 동전 던지기 이전에 항아리에 들어가 있는 검은색 공의 개수를 λ로 표시한다. 두 번째 시나리오의 경우 λ의 값은 3 이하의 자연수이다. 관찰자는 동전 던지기 이전에 항아리에 들어가 있는 검은색 공의 비율을 모르기 때문에 이에 대한 확률분포를 주관적으로 부여할 수 있다. 관찰자가 선택하는 주관적 확률분포가 속한 집합은 다음과 같다.

$$\mathcal{P} = \{\{p_\lambda\}_{\lambda=1}^{\lambda=3} | \sum_{\lambda=1}^{3} p_\lambda = 1,\ p_\lambda > 0\} \tag{4.5}$$

위에서 정의한 집합 중에서 하나의 원소를 선택하면 그 결과로 파라미터에 대한 선험확률이 결정된다. 두 번째 시나리오를 학습 모형으로 기술하기 위한 중요한 작업은 파라미터에 대한 선험확률을 수식으로 표현하는 것이다. p_λ는 λ의 확률로 정의된다. 두 번째 시나리오에서 가정하고 있는 파라미터에 대한 불확실성을 반영하기 위해서 식 (4.5)에서 정의한 p_λ들의 집합을 사용하여 파라미터에 대한 선험확률을 표시한다.

파라미터에 대한 선험확률을 도출하기 위해서 θ와 λ의 관계를 분석해야 한다. 먼저 $\theta = \frac{1}{5}$인 경우를 생각해 보자. $\theta = \frac{1}{5}$이 되기 위해 비동전 던지기에서 하나의 검은색 공이 나오고 동전 던지기에서 빨간 공이 선택되어야 한다. 비동전 던지기와 동전 던지기는 서로 독립이므로 $\theta = \frac{1}{5}$의 사건에 $p_1/2$의 확률이 주어진다. $\theta = \frac{2}{5}$인 경우를 보면 두 개의 경우로 이루어져 있다. 첫째, 비동전 던지기에서 하나의 검은색 공이 나오고 동전 던지기에서 검은색 공이 선택되어야 한다. 둘째, 비동전 던지기에서 두 개의 검은색 공이 나오고 동전 던지기에서 빨간색 공이 선택되어야 한다. 따라서 $\theta = \frac{2}{5}$의 사건에 대한 확률은 $p_1/2$ + $p_2/2$이다. $\theta = \frac{3}{5}$인 경우를 보면 두 개의 경우로 이루어져 있다. 첫째, 비동전 던지기에서 두 개의 검은색 공이 나오고 동전 던지기에서 검은색 공이 선택되어야 한다. 둘째, 비동전 던지기에서 세 개의 검은색 공이 나오고 동전 던지기에서 빨간색 공이 선택되어야 한다. 따라서 $\theta = 3/5$의 사건에 대한 확률은 $p_2/2 + p_3/2$이다. $\theta = \frac{4}{5}$이 되기 위해 비동전 던지기에서 세 개의 검은색 공이 나오고 동전 던지기에서 검은색 공이 선택되어야 한다. 비동전 던지기와 동전 던지기는 서로 독립이므로 $\theta = \frac{4}{5}$의 사건에 $p_3/2$의 확률이 주어진다. 선험확률을 $\mu_0(\theta)$로 표기하면 위의 설명을 정리하여 다음과 같다. $\mu_0(\frac{1}{5}) = 0.5p_1$, $\mu_0(\frac{2}{5}) = 0.5(p_1 + p_2)$, $\mu_0(\frac{3}{5}) = 0.5(p_2 + p_3)$, $\mu_0(\frac{4}{5}) = 0.5p_3$.

다섯 개의 공이 들어가 있는 항아리에서 하나의 공을 복원추출할 때 검은색 공이 나오는 비조건부 확률을 $\text{Prob}[s_0 = b]$로 표기한다. $\text{Prob}[s_0 = b]$를 계산하기 위해 식 (4.3)의 공식을 적용하면 $\text{Prob}[s_0 = b] = p_1/10 + 2(p_1 + p_2)/10 + 3(p_2 + p_3)/10 + 4p_3/10$이다. 이 식을 정리하면 다음과 같이 쓸 수 있다.

$$\text{Prob}[s_0 = b] = 10^{-1}(2p_e + 1); \qquad p_e = \sum_{\lambda=1}^{\lambda=3} \lambda p_\lambda \tag{4.6}$$

위 식에서 p_e는 비동전 던지기에 의해서 결정된 검은색 공의 개수에 대한 기댓값을 의미한다. 식 (4.6)을 식 (4.2)에 대입하여 정리하면 파라미터에 대한 사후적 확률은 다음과 같이 주어진다.

$$\mu_0(\tfrac{1}{5}|b) = (2p_e+1)^{-1}p_1 \qquad \mu_0(\tfrac{2}{5}|b) = 2(2p_e+1)^{-1}(p_1+p_2)$$
$$\mu_0(\tfrac{3}{5}|b) = 3(2p_e+1)^{-1}(p_2+p_3) \quad \mu_0(\tfrac{4}{5}|b) = 4(2p_e+1)^{-1}p_3$$

다음에서는 식 (4.1)에 정리되어 있는 한 기간 선행 조건부 확률을 계산하는 공식을 적용하여 현재 시점에서 검은색 공이 추출된 상황에서 다음 시점에도 검은색 공이 추출될 확률을 계산한다.

$$p(s_1 = b|s_0 = b) = \frac{2}{5}\frac{\sum_{\lambda=1}^{\lambda=3}\lambda^2 p_\lambda + 2p_e + 1}{2p_e+1}.$$

세 번째 시나리오를 설명한다. 최초 시점에서는 두 번째 시나리오와 동일하다. 동전 던지기 이전에 네 개의 공이 항아리에 들어가 있으며 이를 비동전 던지기 공으로 부른다. 최소한 검은색 공 하나와 빨간색 공 하나가 포함되었다는 사실은 정확히 알려져 있으나 나머지 공들의 색깔을 모른다. 추가되는 공의 색깔이 동전 던지기에 의해서 결정된다. 앞에서 설명한 시나리오와 차이가 나는 점은 네 개의 비동전 던지기 공이 계속 새로운 세트로 교체된다는 점이다. 최소한 검은색 공 하나와 빨간색 공 하나가 포함되어야 한다는 제약은 항상 만족시키지만 나머지 두 개의 공 색깔이 어떻게 변화하는지에 대한 정보는 없다. 동전 던지기는 최초 시점에 단 한 번만 실시되고 공의 색깔을 결정하면 계속해서 그대로 유지된다. 이와 같은 방식으로 매 시점마다 다섯 개의 공이 항아리에 채워지면 하나의 공을 추출하여 공의 색깔을 관측한다. 세 번째 시나리오에서는 검은색 공의 비율은 항아리에서 계속 변화할 수 있다. 최초 시점에 결정된 동전 던지기에 의해서 결정된 공의 색깔은 변화하지 않고 고정되어 있으므로 세 번째 시나리오의 관찰자는 최초 시점에 결정된 동전 던지기에 의해서 결정된 공의 색깔을 학습한다.

파라미터 공간은 $\Theta = \{b, r\}$의 집합이 된다. 또한 시그널의 집합은 $S = \{b, r\}$이다. 상태공간과 파라미터 공간이 동일하게 보이지만 의미는 다르다. 상태공간은 시그널의 매 시점 실현되는 값을 의미한다. 파라미터의 값은 최초 시점에서 동전 던지기로 결정된 공의 색깔로 최초 시점에 고정된 이후 달라지지 않는다. 파라미터에 대한 최초 선험확률은 동전 던지기에서 앞면과 뒷면이 나올 확률과 같다. 구체적으로 쓰면 $\mu_0(\theta = b) = \mu_0(\theta = r) = 1/2$이다. 세 번째 시나리오에서는 파라미터의 선험분포가 하나로 주어진다는 점이 두 번째 시나리오와 다른 점이다.

그러나 우도는 관찰자의 비동전 던지기 공의 세트에 포함된 검은색 공의 개수에 대한 주관적인 믿음에 의해서 영향을 받는다. 비동전 던지기에 의해서 결정된 공의 개수에 대한 정보가 없기 때문이다. 이를 보이기 위해 세 번째 시나리오에서도 두 번째 시나리오의 모형에서와 동일하게 비동전 던지기에 의해서 결정되는 검은색 공의 개수를 λ로 표기한다. 현재의 모형에서 λ의 값은 3 이하의 자연수이다. 관찰자가 선택하는 주관적 확률분포가 속한 집합을 다음과 같이 정의한다.

$$\mathcal{P} = \{\{p_\lambda\}_{\lambda=1}^{\lambda=3} | \sum_{\lambda=1}^{\lambda=3} p_\lambda = 1,\ p_\lambda > 0\}$$

비동전 던지기 세트에 대한 선험분포가 정해지면 비동전 던지기에 의해서 포함된 검은색 공의 개수에 대한 기댓값은 $p_e = \sum_{\lambda=1}^{3} \lambda p_\lambda$이다. 동전 던지기에 의해서 결정된 공이 검은색 공이라면 여기에 검은색 공이 하나 더 추가되는 것이고 동전 던지기에 의해서 결정된 공이 빨간색 공이면 항아리에 들어 있는 검은색 공의 개수에 대한 기댓값은 비동전 던지기에 의해서 결정된 검은색 공의 개수와 같다. 이는 다섯 개의 공이 들어 있는 항아리에서 검은색 공이 추출될 우도는 최초 시점에서 동전 던지기에 의해 결정된 공의 색깔에 따라 달라짐을 의미한다. 위에서 설명한 우도함수를 수식을 사용하여 구체적으로 도출하면 아래와 같다. 첫째, 검은색 공이 관측될 우도함수는 파라미터의 값에 따라 두 개의 경우로 나뉜다.

$$\mathrm{l}(s_0 = b|\theta = b) = \frac{p_e + 1}{5}; \quad \mathrm{l}(s_0 = b|\theta = r) = \frac{p_e}{5}$$

둘째, 빨간색 공이 관측될 우도함수도 앞의 경우와 마찬가기로 파라미터의 값에 따라 두 개의 경우로 나뉜다.

$$\mathrm{l}(s_0 = r|\theta = b) = \frac{4 - p_e}{5}; \quad \mathrm{l}(s_0 = r|\theta = r) = \frac{5 - p_e}{5}$$

앞에서 사용한 방식과 동일하게 베이즈 규칙을 적용하여 파라미터에 대한 사후적 확률분포를 계산한다. 앞에서 설명한 우도함수와 파라미터에 대한 선험분포를 사용하여 최초 시점에서 검은색 공이 관측될 확률은 다음과 같다.

$$\mathrm{Prob}[s_0 = b] = 10^{-1}(2p_e + 1)$$

빨간색 공이 관측될 비조건부 확률도 동일한 방식으로 계산하면 다음과 같다.

$$\mathrm{Prob}[s_0 = r] = 10^{-1}(9 - 2p_e)$$

식 (4.4)의 공식을 이용하면 세 번째 시나리오에서 파라미터에 대한 사후적 분포를 계산할 수 있다.

$$\mu_0(\theta = b|s_0 = b) = \frac{p_e + 1}{2p_e + 1}; \quad \mu_0(\theta = r|s_0 = b) = \frac{p_e}{2p_e + 1}$$

위에서 계산한 결과를 식 (4.1)에 정리되어 있는 한 기간 선행 조건부 확률을 계산하는 공식에 대입하면 현재 시점에서 검은색 공이 추출된 상황에서 다음 시점에서도 검은색 공이 추출될 확률은 다음과 같이 주어진다.

$$p(s_1 = b|s_0 = b) = \frac{2p_e^2 + 2p_e + 1}{5(2p_e + 1)}; \qquad p_e = \sum_{\lambda=1}^{\lambda=3} \lambda p_\lambda$$

다음에서는 장기적으로 투자자의 믿음이 어디로 수렴하는지를 분석한다. 0기 시점을 최초 시점으로 하여 무한 기간 진행되는 상황을 상정하면 무한 기간에 발생 가능한 상황의 히스토리를 포함하는 무한 차원의 공간이 필요하다. 이 공간을 S^∞으로 표시하고, 각 시점에서 발생하는 상황에 대한 공간의 무한 곱(infinite product)으로 정의한다. 무한 차원의 공간상에 정의되는 확률 측도(probability measure)가 존재하는 것으로 가정한다. 특히 투자자가 관측하는 자료가 생성되는 과정을 기술하는 확률 측도를 P^*로 표기한다. 검은색 공이 관측되는 빈도수는 실제의 자료 생성 메커니즘하에서 수렴하는 것으로 가정한다.

실제로 자료가 생성되는 과정에 관한 가정이 부과된 상황에서 투자자의 믿음이 장기적으로 어떻게 변화하는지에 대한 몇 가지 질문이 가능하다. 특히 다음과 같은 질문을 던져 볼 수 있다.

1. 투자자들의 파라미터에 대한 사후적 믿음은 장기적으로 수렴하는가? 수렴한다면 수렴값은 어떻게 정해지는가?
2. 투자자들의 한 기간 선행 조건부 분포는 장기적으로 하나의 분포로 수렴하는가?

실제로 자료가 생성되는 과정에 관한 가정은 다음과 같다. 먼저 현재의 모형에서 고려하고 있는 투자자들은 매 시점마다 관측하여 업데이트하는 특정한 색깔이 추출되는 빈도수가 시간이 지나면서 특정한

값으로 수렴하는지의 여부에 대한 지식이 없다. 그러나 실제로 자료를 추출하는 메커니즘이 있고, 그 메커니즘하에서 검은색 공이 추출되는 빈도수 또는 빨간색 공이 추출되는 빈도수는 장기적으로 특정한 값에 수렴하는 것으로 가정한다. 실제로 공의 색깔을 추출하는 메커니즘이 존재하므로 관측되는 자료를 생성하는 실제의 메커니즘이 존재한다면 실제의 자료 생성 메커니즘을 어떻게 정의하는지를 설명해야 한다.

엡슈타인·슈나이더가 발표한 논문에 수록된 정리 1의 결과를 요약한다. 먼저 각 상황별로 수렴되는 빈도함수를 $\phi(s)$로 정의한다. 예를 들어 검은색 공이 관측되는 빈도가 수렴하는 함수를 $\phi(s=b)$로 표기한다. 빨간색 공이 관측된 빈도가 수렴하는 함수는 $\phi(s=r)$로 표기한다. 수렴되는 빈도함수를 사용하여 로그 우도함수에 대한 기댓값을 정의할 수 있다. 이를 위해 다음과 같은 두 개의 함수를 정의한다. 첫째, 주어진 하나의 파라미터 값하에서 하나의 상황이 발생하는 우도를 의미하는 우도함수를 $\mathrm{l}_s(s|\theta)$로 표기한다. 이는 상황의 히스토리에 대한 우도함수가 아니고 한 시점에서 발생하는 상황에 대한 우도함수이다. 예를 들어 첫 번째 시나리오와 두 번째 시나리오의 경우 각각 $\mathrm{l}_s(s=b|\theta)=\theta$와 $\mathrm{l}_s(s=r|\theta)=1-\theta$로 주어진다. 둘째, 로그 우도함수의 기댓값을 수렴되는 빈도함수를 사용하여 계산할 수 있다. 빈도함수를 사용하여 정의한 로그 우도함수의 기댓값을 극대화하는 우도함수의 집합을 계산할 수 있다. 이러한 우도함수의 집합으로 평가된 로그 우도함수의 기댓값은 아래와 같이 수식으로 표시할 수 있다.

$$H(\theta)=\max_{\{\mathrm{l}_s(s|\theta)\}_{s=1}^m}\sum_{s=1}^m \phi(s)\ln \mathrm{l}_s(s|\theta)$$

첫 번째 시나리오는 다음과 같이 주어진다.

$$H(\theta)=\phi\ln\theta+(1-\phi)\ln(1-\theta)$$

첫 번째 시나리오의 경우 우도함수가 상황에 의존하지 않고 단순히 모형의 파라미터에만 의존한다. 따라서 $H(\theta)$ 함수를 정의하기 위해 포함되어 있는 극대화 단계가 자동적으로 생략된다. $H(\theta)$를 극대화하는 파라미터의 값은 $\theta^* = \phi$로 도출된다. 엡슈타인·슈나이더가 제시한 정리에 따르면 특정한 조건들이 만족되는 경우 투자자의 사후적 믿음은 $\theta^* = \phi$의 상황을 확신하게 되는 것으로 수렴한다. 투자자의 사전적 믿음으로부터 출발하여 베이즈 규칙을 반복적용하여 사후적 믿음을 계산한다. 투자자의 사후적 믿음하에서 확신을 가지는 것으로 수렴하는 파라미터의 값에 대한 투자자의 사전적 평가에 대한 제약이 필요하다. 사전적 믿음이 하나가 아닌 경우 여러 개의 사전적 믿음을 포함하는 사전적 믿음의 집합을 M_0으로 표기하자. M_0에 속하는 여러 개의 사전적 믿음 중에서 사후적 믿음에 의해서 수렴하는 파라미터의 값이 발생 가능성을 양수로 평가하는 사전적 믿음이 있다고 가정한다.

세 번째 시나리오의 경우 앞의 경우와 다르다. 세 번째 시나리오에 적용되는 $H(\theta)$는 다음과 같이 정의된다.

$$H(\theta) = \phi \max_{\mathrm{l}_s(s=b|\theta)} \ln \mathrm{l}_s(s=b|\theta) + (1-\phi) \max_{\mathrm{l}_s(s=r|\theta)} \ln \mathrm{l}_s(s=r|\theta)$$

비동전 던지기에서 선택된 검은색 공의 개수를 λ_b로 표시한다. 또한 비동전 던지기에서 선택된 빨간색 공의 개수를 λ_r로 표시한다. 위의 식을 보면 두 개의 우도는 모두 동일한 파라미터에 대하여 시그널이 서로 다른 값을 가질 확률을 의미하고 있다. 또한 시그널의 값이 다른 우도에 대하여 각각의 극대화 문제는 비동전 던지기에서 선택된 공의 개수를 선택하는 문제이다. 이 문제를 수식으로 설명할 때 $s = b$가 나올 우도에 대해서는 λ_b를 사용하여 표기하고 $s = r$이 나올 우도에 대해서는 λ_r을 사용한다. 이렇게 설정하는 것은 각각의 우도함수에 대하여 서로 다른 변수의 값을 선택하도록 하는 것이 보다 더 높은 값을 선택하기 때문이다. 그러나 파라미터는 모두 하나의 표기로 통일되어야 한다. 따라서 각각의 상황에 대한 우도함수는 아래와 같이 정의된다.

$$l_s(s = b|\theta = b) = (\lambda_b + 1_{\theta=b})/5; \quad l_s(s = r|\theta = b) = (\lambda_r + 1 - 1_{\theta=b})/5$$

세 번째 시나리오에서 파라미터의 값은 동전 던지기로부터 결정되는 공의 색이다. 파라미터의 값이 검은색 공인 경우만 1의 값이 되는 지수함수(indicator function)를 $1_{\theta=b}$로 정의한다. 비동전 던지기에 의해서 결정되는 검은색 공의 수를 λ_b로 표시하고 빨간색 공의 수를 λ_r로 표시한다. 비동전 던지기에 의해서 결정되는 검은색 공의 수와 빨간색 공의 수는 동일한 파라미터의 값하에서도 상황의 실현 값에 다르게 영향을 미칠 수 있다. 상황이 달라지면 우도에 영향을 미치는 λ_b와 λ_r의 값을 각각 구분하여 $H(\theta)$를 다음과 같이 정의한다.

$$H(\theta = b) = \phi \max_{\lambda_b} \ln(\frac{\lambda_b + 1_{\theta=b}}{5}) + (1-\phi) \max_{\lambda_r} \ln(\frac{\lambda_r + 1 - 1_{\theta=b}}{5})$$

위 식에서 각 상황에 대하여 정의되어 있는 극대화 문제를 먼저 풀어야 한다. 각각의 문제에 대한 답은 $\max_{\lambda_b} \ln(\frac{\lambda_b+1_{\theta=b}}{5})$은 $\lambda_b = 3$이고 $\max_{\lambda_r} \ln(\frac{\lambda_r+1-1_{\theta=b}}{5})$은 $\lambda_r = 3$이다. 위의 값을 대입하여 로그 자료 밀도함수를 극대화하는 파라미터의 값을 결정해야 한다. 이를 위해 동전 던지기로 나온 공이 검은색 공인 사건이 파라미터의 값을 결정하는 경우와 동전 던지기로 나온 공이 빨간색 공인 사건이 파라미터의 값을 결정하는 경우 함수가 가지는 값을 비교해야 한다. 각각의 경우 함수가 가지는 값을 다음과 같이 정리할 수 있다.

$$1_{\theta=b} = 1 \quad \rightarrow \quad H(1_{\theta=b} = 1) = \phi \ln(\tfrac{4}{5}) + (1-\phi)\ln(\tfrac{3}{5})$$
$$1_{\theta=b} = 0 \quad \rightarrow \quad H(1_{\theta=b} = 0) = \phi \ln(\tfrac{3}{5}) + (1-\phi)\ln(\tfrac{4}{5})$$

위 식에서 $1_{\theta=b}=1$과 $1_{\theta=b}=0$의 두 개 대안 중 하나를 선택하는 양자택일의 문제가 함의하는 바는 양자택일의 결과는 ϕ의 값에 의해서 결정된다는 것이다. $\phi=1/2$이면 무차별하다. $\phi>1/2$이면 동전 던지기에 의해서 결정된 공이 검은색 공이라고 장기적으로 확신하게 된다. $\phi<1/2$이면 동전 던지기에 의해서 결정된 공이 빨간색 공이라고 장기적으로 확신하게 된다. 따라서 다음과 같이 요약할 수 있다.

$$\begin{array}{lll} \phi > 1/2: & H(1_{\theta=b}=1) > H(1_{\theta=b}=0) & \text{검은색 공 확신} \\ \phi = 1/2: & H(1_{\theta=b}=1) = H(1_{\theta=b}=0) & \text{확신이 없음} \\ \phi < 1/2: & H(1_{\theta=b}=1) < H(1_{\theta=b}=0) & \text{빨간색 공 확신} \end{array}$$

3 증권 포트폴리오 선택에 대한 함의

앞에서 설명한 예를 투자자의 포트폴리오 결정에 적용한다. 분석을 단순하게 만들기 위해서 증권을 한 기간만 보유하는 근시안적인 투자자의 포트폴리오 결정을 고려한다. 투자자의 0기 시점과 1기 시점에서의 자산을 W_0와 W_1로 표기한다. 무위험증권과 위험증권이 있으며 무위험증권의 수익률은 R^f로 표기한다. 위험증권은 상황에 따라 두 개의 서로 다른 값을 가질 수 있다. 앞에서 설명한 모형과 연결시키기 위해 상황은 앞에서 설명한 항아리에서 추출한 공의 색에 의해서 결정되는 것으로 가정한다. 검은색 공이 추출되는 상황에서 실현되는 수익률이 높은 수익률이고 빨간색 공이 추출되는 상황에서 실현되는 수익률이 낮은 수익률이라고 가정한다. 검은색 공이 추출되는 상황($s_0=b$)의 수익률을 R_b로 표기하고 빨간색 공이 추출되는 상황($s_0=r$)의 수익률을 R_r로 표기한다. 투자자가 결정하는 위험증권에 투자하는 비율을

ω_0로 표기하면 투자자의 서로 다른 시점 간 부의 변화는 다음과 같이 주어진다.

$$W_1 = W_0(R^f + (R - R^f)\omega_0)$$

다음 시점에서 검은색 공이 추출될 가능성에 대한 투자자의 믿음을 p로 표기한다면 투자자의 기대효용은 다음과 같이 주어지는 것으로 가정한다.

$$E^p[\ln W_1|s_0] =$$
$$\ln W_0 + p\ln(R^f + (R_b - R^f)\omega_0) + (1-p)\ln(R^f + (R_r - R^f)\omega_0)$$

먼저 베이지언 학습의 경우를 고려한다. 앞에서 설명한 방식으로 투자자가 베이지언 학습을 한다는 가정이 부과되면 p의 값이 하나로 주어진다. 또한 $R_r < R^f < R_b$의 가정을 추가한다. 베이지언 학습을 하는 투자자의 위험증권의 투자 비중에 대한 극대화 조건은 다음과 같이 정리된다.

$$\omega_0^* = \frac{R^f(p(R_b - R^f) + (1-p)(R_r - R^f))}{(R_b - R^f)(R^f - R_r)}$$

투자자는 극대화 조건을 도출할 때 자신의 결정이 증권의 수익률과 검은색 공이 추출될 확률에 영향이 없는 것으로 간주한다. 또한 가치함수를 극대화된 기대효용의 값으로 아래와 같이 정의한다면 가치함수는 검은색 공이 추출될 확률과 수익률의 함수로 쓸 수 있다.

$$v(p, R^f, R_b, R_r) = \max_{\omega_0} E^p[\ln W_1|s_0]$$

앞에서 사용한 로그 효용함수를 이용하여 가치함수를 도출하면 다음과 같이 쓸 수 있다.

$$v(p, R^f, R_b, R_r) = p(\ln\frac{p}{1-p} - \ln\frac{R^f - R_r}{R_b - R^f}) + \ln R^f + \ln(1-p)$$

가치함수는 p에 대하여 볼록한(convex) 특성을 가지고 있다. 모호성을 기피하는 투자자는 가치함수를 최소화하는 p를 선택하여 기대효용을 계산한다. 원래는 기대효용을 최소화하는 확률분포를 선택하고 선택된 확률분포로 계산된 기대효용함수에 의거하여 위험증권에 대한 투자비중을 계산한다. 그러나 현재 설명하고 있는 예에서는 최소최대 정리에 의거하여 순서를 바꾸어 계산한다. 가치함수를 최소화하는 확률은 아래와 같이 주어진다.

$$\frac{\partial v(p, R^f, R_b, R_r)}{\partial p} = 0 \quad \rightarrow \quad p^* = \frac{R^f - R_r}{R_b - R_r}$$

가치함수를 최소화하는 확률을 기대효용을 극대화하는 위험증권 투자비중의 식에 대입하면 위험증권의 투자비중이 0이 된다.

$$p = p^* \quad \rightarrow \quad \omega_0^* = 0$$

모호성을 기피하는 투자자가 미래의 상황이 발생할 확률분포를 선택할 때 확률분포에 대한 제약조건이 부과될 수 있다. 이 경우 확률분포에 대한 제약식에 의해서 결정되는 영역이 있다. 위의 조건이 함의하는 바는 내부해(interior solution)가 선택 가능한 영역의 외부에 위치하는 경우에만 위험증권에 대한 투자가 이루어진다는 것이다. 내부해가 존재하는 경우 투자자는 자신의 부를 모두 무위험증권에 투자한다. 이러한 결과는 투자자가 주식시장에 참여하지 않는 것으로 해석할 수 있다. 따라서 검은색 공이 추출될 확률의 제약 구간을 $[\underline{p}, \bar{p}]$로 정의하면 투자자의 최적 증권 수요는 다음과 같이 정리된다.

1. $p^* \geq \bar{p}$인 경우 $\omega_0^* = \frac{R^f(\bar{p}(R_b - R^f) + (1-\bar{p})(R_r - R^f))}{(R_b - R^f)(R^f - R_r)}$
2. $\underline{p} < p^* < \bar{p}$인 경우 $\omega_0^* = 0$
3. $p^* \leq \underline{p}$인 경우 $\omega_0^* = \frac{R^f(\underline{p}(R_b - R^f) + (1-\underline{p})(R_r - R^f))}{(R_b - R^f)(R^f - R_r)}$

제 5 장 정보의 신뢰성과 증권 포트폴리오

이 장에서 분석하는 모형에서는 앞에서 설명한 모형에서와 달리 하나의 선험적 믿음이 있다는 가정을 포기한다. 선험정보에 대한 신뢰가 없다면 자신의 믿음을 하나의 확률분포로 설명할 수 없다. 이 장에서는 자신이 습득한 정보의 신뢰와 믿음에 대한 선택 간의 관계를 명시적으로 고려한 모형들을 분석한다.

주식시장에서 주식투자를 위해 필요한 정보를 수집할 때 유형의 정보(tangible information)와 무형의 정보(intangible information)로 분류할 수 있다. 대니엘·티트먼(Daniel and Titman 2006)의 분석에서는 유형의 정보는 기업의 과거 시점에서의 성과에 대한 회계적 척도로 정의한다. 무형의 정보는 기업의 미래의 성과에 대한 뉴스 중에서 기업의 과거 시점에서의 성과와 관계가 없는 부분으로 정의한다. 투자자가 투자대상인 증권에 대하여 공개된 정보를 알게 되었을 때 투자자의 경험 또는 분석 능력이 부족하거나 통계적으로 분석할 수 있는 충분한 자료가 없어서 이 정보에 근거하여 금융증권의 가격에 대한 확률분포를 적절하게 계산할 수 없는 상황도 가능하다. 일레디치(Illeditsch 2011)는 이처럼 모호한 정보를 가지고 증권투자를 결정해야 하는 상황하에서 모호성 기피의 선호를 가진 투자자들이 효용을 극대화하는 포트폴리오를 선택하는 과정을 분석한다.

이 장에서는 모호한 정보가 발생하는 경우 최대최소의 원칙에 의거하여 자신의 행동을 선택하는 의사결정자들의 증권 수요함수와 증권의 분포를 정확히 알고 있는 상황에서 기대효용을 극대화하는 의사결정자들의 증권수요함수를 비교한다. 그 결과 모호한 정보가 발생하는 경우 최대최소의 원칙에 의거하여 자신의 행동을 선택하는 의사결정자들을 가정한 모형으로부터 증권 수요 및 증권의 가격 결정에 대한 새로운 함의를 도출할 수 있음을 보인다. 이를 위해 먼저 모호성 기피의 선호와 최대최소의 원칙 간의 관계를 설명한다. 아울러 모호한 정보를 가진 투자자의 모호성 기피의 선호가 포트폴리오 선택에 미치는 효과를 정리한다.

1 베이지언 학습과 증권 포트폴리오

개인 투자자는 최초 시점에서 w_0의 자산을 가지고 시작한다. 자신에게 가용한 투자자금을 위험증권과 무위험증권으로 나누어 투자한다. 무위험증권의 이자율은 r이다. 또한 위험증권의 개수는 θ_0이고 위험증권의 가격은 p_0이다. 남는 자금은 모두 무위험증권에 투자한다. 다음 기간의 기초에 위험증권 개당 배당수입이 있고 이를 d_1로 표기한다. 초기 시점에서 결정한 위험증권 투자의 소득은 다음 기간의 기초에 결정된다. 위험증권의 개당 투자소득은 $(d_1 + p_1)$이다. 따라서 최초 시점부터 임의의 t 시점까지 매 시점에서의 투자자의 예산제약식은 다음과 같다. 최초 시점에서 예산제약식은 $w_1 = (1+r)(w_0 - p_0\theta_0) + (d_1 + p_1)\theta_0$이다. 다음 시점에서 $w_2 = (1+r)(w_1 - p_1\theta_1) + (d_2 + p_2)\theta_1$이다. 이를 반복하면 t 시점 매 시점에서의 투자자의 예산제약식은 $w_{t+1} =$

$(1+r)(w_t - p_t\theta_t) + (d_{t+1} + p_{t+1})\theta_t$이다.

다음에서는 다기간 모형으로 분석할 수 있으나 정보의 역할을 중점적으로 분석하기 위해 앞에서 설명한 한 기간의 증권투자만을 고려하는 정태모형을 분석한다. 최초 시점에서 무위험증권을 거래하면 그 이후에는 위험증권의 시장이 열리지 않는다. 또한 무위험증권의 이자율도 0이라고 가정한다. 따라서 앞에서 설명한 예산제약식을 다음과 같이 다시 쓸 수 있다.

$$w_1 = w_0 + (d_1 - p_0)\theta_0$$

투자자는 다음 시점에서 가용한 모든 자금을 소비하는 것으로 가정하여 현재 시점에서 투자를 결정할 때 미래 시점에서의 기대효용을 극대화하여 결정한다. 투자자의 효용함수는 절대 위험기피도가 상수인 함수로 가정하여 $u(c_1) = -\exp(-\gamma c_1)$이다. 파라미터인 γ는 양수로서 투자자의 위험기피도를 의미한다.[1] 다음 시기에는 더 이상 증권투자가 없고 모두 소비하므로 $c_1 = w_1$이다. 따라서 현재 시점에서의 증권수요를 결정하기 위한 효용 극대화의 문제는 다음과 같이 쓸 수 있다.

$$\max_{\theta_0} -E_0[\exp(-\gamma(w_0 + (d_1 - p_0)\theta_0))]$$

위험증권의 개당 배당소득의 평균은 $\bar{d}$이고 표준편차는 σ_d로 표기한다. 실제 분포는 정규분포로서 $d_1 \sim \mathcal{N}(\bar{d},\ \sigma_d^2)$으로 주어진다. 모든 투자자들이 배당소득에 대한 실제 분포를 정확하게 알고 있는 경우 기대효용은 다음과 같이 쓸 수 있다.

$$E_0[\exp(-\gamma(w_0 + (d_1 - p_0)\theta_0))] =$$
$$\exp(-\gamma(w_0 + (\bar{d} - p_0)\theta_0) + 0.5\gamma^2\sigma_d^2\theta_0^2)$$

---

[1] $-u''(c)/u'(c) = \gamma$의 관계가 성립한다.

배당소득에 대한 실제 분포를 알고 있는 경우 투자자의 위험증권에 대한 수요는 다음과 같이 주어진다.

$$\theta_0^* = (\bar{d} - p_0)/(\gamma\sigma_d^2)$$

다음 시점에서 실현되는 배당소득의 실제 값에 대한 정보를 현재 시점에서 발생하는 시그널을 보고 추출하고자 한다. $s_0 = d_1 + \epsilon$으로 구성되어 있고, ϵ은 배당소득과 서로 독립인 확률변수를 의미하며 $\mathcal{N}(0, \sigma_\epsilon^2)$의 분포를 따른다. 투자자는 s_0를 관측한 이후에 베이즈 규칙에 의거하여 d_1에 대한 사후적 분포를 계산하고 이에 의거하여 자신의 기대효용을 계산한다. 사후적 분포는 다음과 같이 쓸 수 있다.

$$d_1|s_0 \sim \mathcal{N}(\bar{d} + \phi(s_0 - \bar{d}), \sigma_d^2(1 - \phi))$$

위 식에서 ϕ는 $\phi = \sigma_d^2/(\sigma_\epsilon^2 + \sigma_d^2)$로 정의된다. 시그널을 관측한 이후 사후적 분포에 의거한 기대효용은 다음과 같이 다시 쓸 수 있다.

$$\begin{aligned}&E_0[\exp(-\gamma(w_0 + (d_1 - p_0)\theta_0))|s_0] = \\ &\exp(-\gamma(w_0 + (\bar{d} - p_0 + \phi(s_0 - \bar{d}))\theta_0) + 0.5(\gamma\sigma_d)^2(1 - \phi)\theta_0^2)\end{aligned}$$

위에서 도출한 사후적 분포하에서의 기대효용을 극대화하는 θ값을 계산하면 시그널이 있는 경우의 증권수요를 도출할 수 있다. 특히 배당소득에 대한 실제 분포와 시그널이 있는 경우 투자자의 위험증권에 대한 수요는 다음과 같이 주어진다.

$$\theta_0^*(s_0) = \frac{\bar{d} - p_0 + \phi(s_0 - \bar{d})}{\gamma\sigma_d^2(1 - \phi)} = \frac{1}{1 - \phi}\theta_0^* + \frac{\phi}{1 - \phi}\frac{s_0 - \bar{d}}{\gamma\sigma_d^2}$$

시그널 값이 배당소득의 평균치보다 크다면 위험증권에 대한 좋은 뉴스(good news)이다. 시그널 값이 배당소득의 평균치보다 낮으면 위험증권에 대한 나쁜 뉴스(bad news)이다. 부연하면 $s_0 > \bar{d}$이면 좋은 뉴스가 있고 $s_0 < \bar{d}$이면 나쁜 뉴스가 있다고 정의된다. 앞의 식을 보면 시그널이 위험증권의 수요에 미치는 효과를 분석할 수 있다. 앞의 식에서는 시그널이 발생한 경우의 수요함수를 시그널이 없는 수요함수와 대비하여 비교하고 있는데, 시그널의 도입이 증권수요에 미치는 효과를 다음과 같이 정리할 수 있다. 첫째, 미래 시점에서 실현되는 배당소득에 대하여 현재 시점에서 뉴스가 발생하여 배당소득에 대한 보다 정확한 정보를 얻게 되면 주어진 증권가격하에서 증권수요를 증가시키는 효과가 있다. 이는 시그널의 발생으로 인해 위험증권의 위험성이 낮아져서 그렇지 않은 경우에 비해 덜 위험한 증권으로 인식되기 때문이다. 한편 이러한 효과는 시그널의 실현된 값과 관계없이 정보의 정확성이 증가하여 발생하는 효과를 의미한다. 앞의 식에서 기울기의 증가에 해당하는 효과이다. 둘째, 위험증권의 수요는 좋은 뉴스인가 나쁜 뉴스인가의 여부에 반응한다. 동일한 조건하에서 미래 시점에서의 배당소득에 대한 좋은 뉴스일수록 증권수요가 증가한다. 좋은 뉴스로 인해 동일한 크기의 위험에 대해 미래에 기대되는 예상수익은 증가하기 때문이다.

2 무형의 정보와 증권 포트폴리오

무형의 정보는 정보의 정확성을 판단하기 어려운 특성을 가진 것으로 가정한다. 무형의 정보가 개인의 포트폴리오 결정에 미치는 효과를 분석하기 위해 앞에서 분석한 모형에 두 개의 가정을 도입한다.

첫째, 무형의 정보로 인해서 개인 투자자의 정보 집합에 미치는 효과는 다음과 같이 가정한다. 다음 시기에 실현되는 배당소득에 대한 뉴스를 현재 시점에서 접하게 되지만 이는 배당소득에 대한 무형의 정보를 담고 있어서 다음과 같은 특성을 가진다. 개인 투자자는 자신이 관측하는 시그널이 실제의 배당소득과 노이즈의 합으로 구성되어 있다는 것은 알고 있다. 배당소득에 대한 분포는 정확하게 알고 있으며 노이즈가 정규분포를 따르는 것도 알고 있지만, 노이즈의 분산을 정확하게 알지 못하고 노이즈의 분산이 위치하고 있는 구간만을 정확하게 알고 있다.

둘째, 투자자는 무형의 정보하에서 금융증권에 대한 수요를 결정하기 위해 노이즈의 분산을 결정해야 한다. 노이즈의 분산을 결정할 때 자신의 기대효용을 최소화하는 분산을 선택한다. 이는 자신의 기대효용을 최소화하는 시그널의 분포를 선택하는 것을 의미한다. 시그널의 분포를 선택한 이후에 기대효용을 극대화하는 금융증권의 수요를 선택한다. 따라서 최대최소의 원칙에 의거하여 시그널의 분포와 금융증권에 대한 수요를 선택한다.

이 절에서는 일레디치가 분석한 모형을 단순화하여 소개한다. 무형의 정보가 포함된 시그널은 다음과 같이 설명할 수 있다. 다음 시점에서 실현되는 배당소득의 실제 값에 대한 정보를 현재 시점에서 발생하는 시그널을 보고 추출하고자 한다. $s_0 = d_1 + \epsilon$으로 구성되어 있고, ϵ은 배당소득과 서로 독립인 확률변수를 의미하며 $\mathcal{N}(0,\, \sigma_\epsilon^2)$의 분포를 따른다. 투자자는 s_0를 관측한 이후에 베이즈 규칙에 의거하여 d_1에 대한 사후적 분포를 계산하고 이에 의거하여 자신의 기대효용을 계산한다. 사후적 분포는 $d_1|s_0 \sim \mathcal{N}(\bar{d}+\phi(s_0-\bar{d}), \sigma_d^2(1-\phi))$이다. 앞에서 설명한 기본 모형에서와 동일하게 $\phi = \sigma_d^2/(\sigma_\epsilon^2+\sigma_d^2)$으로 정의된다.

개인 투자자는 무형의 정보가 포함되어 있어서 σ_ϵ^2의 정확한 값을 모른다. 단지 σ_ϵ^2가 $[\sigma_a^2,\, \sigma_b^2]$의 구간에 위치하고 있다는 사실만 알고 있다. 투자자는 무형의 정보하에서 금융증권에 대한 수요를 결정하기 위해 노이즈의 분산을 결정해야 한다. 노이즈의 분산을 결정할 때 자신의 기대효용을 최소화하는 분산을 선택한다. 노이즈의 분산을 선택한다는 것은 ϕ의 값을 선택하는 것과 동일하므로 앞으로는 ϕ를 선택하는 문제를 설명하기로 한다. 앞에서 설명한 ϕ의 정의에 의해서 ϕ의 값은 $[\phi_b, \phi_a]$의 구간에 위치한다. 또한 $\phi_a = \sigma_d^2/(\sigma_a^2 + \sigma_d^2)$이고, $\phi_b = \sigma_d^2/(\sigma_b^2 + \sigma_d^2)$이다.

다음에서는 최대최소의 원칙에 의거하여 시그널의 분포와 금융증권에 대한 수요를 선택하는 과정을 설명한다. 먼저 ϕ의 값이 결정된 이후의 기대효용을 도출한다.

$$-E[\exp(-\gamma(w_0 + (d_1 - p_0)\theta_0))|s_0] = -\exp(-\gamma w_0)\exp(-u(\theta_0, \phi))$$

위 식에서 사용된 함수 $u(\theta_0, \phi)$는 다음과 같이 정의된다.

$$u(\theta_0, \phi) = \gamma(\mu_\phi - p_0)\theta_0 - \frac{v_\phi}{2}\gamma^2\theta_0^2$$

또한 $\mu_\phi = \bar{d} + \phi(s_0 - \bar{d})$이고, $v_\phi = \sigma_d^2(1 - \phi)$이다.

투자자의 극대화 문제를 풀기 이전에 분석의 편의를 위해서 목적함수를 단순화한다. 소비자의 기대효용을 최적화하는 것은 $u(\theta_0, \phi)$를 최적화하는 것과 동일하다. 따라서 위의 식이 의미하는 바는 최대최소의 원칙에 의거하여 선택하는 투자자의 문제는 다음과 같이 단순화할 수 있다는 점이다.

$$\max_{\theta_0}\min_{\phi} -E[\exp(-\gamma(w_0 + (d_1 - p_0)\theta_0))|s_0] \;\equiv\; \max_{\theta_0}\min_{\phi} u(\theta_0, \phi)$$

위 식에서 θ_0가 선택변수이다.

기대효용을 최소화하는 시그널의 분산을 선택하는 문제를 보기로 설명한다. 투자자에게 좋은 뉴스는 배당소득에 대한 시그널의 값이 배당소득의 평균치보다 높은 경우이고 나쁜 뉴스는 배당소득의 시그널이 배당소득의 평균치보다 낮은 경우이다. 또한 투자자가 모호성 기피의 선호를 가지고 있다고 가정하여 최악의 경우에 대비하는 선택을 하는 것으로 가정하였다. 최악의 경우를 고려하여 확률분포를 선택한다는 것은 투자자가 미래의 배당소득에 대한 좋은 뉴스를 접한 경우 자신이 접한 뉴스에 대한 정확성을 낮게 평가해야 하고 나쁜 뉴스를 접한 경우 뉴스에 대한 정확성을 큰 것으로 평가해야 한다는 것이다. 좋은 뉴스와 나쁜 뉴스를 구분하기 위해 새로운 변수인 $\hat{\theta}_0 = 2(\bar{d} - s_0)/(\gamma\sigma_d^2)$를 정의한다.

관측된 시그널이 투자자에게 좋은 뉴스인가 나쁜 뉴스인가의 여부는 투자자가 증권의 수요자인가 판매자인가의 여부에 따라 다르다. 예를 들어 증권을 보유한 투자자에 대해서 좋은 뉴스는 $\hat{\theta}_0 < 0$인 경우이고 나쁜 뉴스는 $\hat{\theta}_0 > 0$인 경우이다. 증권을 판매한 사람에 대해서 좋은 뉴스는 $\hat{\theta}_0 > 0$인 경우이고 나쁜 뉴스는 $\hat{\theta}_0 < 0$인 경우이다. 따라서 투자자의 ϕ의 값에 대한 선택은 자신의 θ에 대한 선택과 연계되어야 한다. 지금까지 설명한 점들을 수식으로 정리하면 다음과 같다. 매도 포지션인 투자자에게 좋은 뉴스인 경우는 $\theta_0 < 0$과 $\hat{\theta}_0 > 0$의 부등호가 만족되는 상황이다. 매도 포지션인 투자자에게 나쁜 뉴스인 경우는 $\theta_0 < 0$과 $\hat{\theta}_0 < 0$의 부등호가 만족되는 상황이다. 매수 포지션인 투자자에게 좋은 뉴스인 경우는 $\theta_0 > 0$과 $\hat{\theta}_0 < 0$의 부등호가 만족되는 상황이다. 매수 포지션인 투자자에게 나쁜 뉴스인 경우는 $\theta_0 > 0$과 $\hat{\theta}_0 > 0$의 부등호가 만족되는 상황이다.

투자자가 시그널의 분산을 선택할 때 추가적으로 고려해야 하는 점이 있는데, 이는 투자자의 기대효용함수의 형태에 의거하여 설명하는 것이 편리하다. 함수 $u(\theta_0, \phi)$는 다음과 같이 다시 정리할 수 있다.

$$u(\theta_0, \phi) = \frac{\gamma^2 \sigma_d^2 \theta_0 (\theta_0 - \hat{\theta}_0)}{2} \phi + \gamma \theta_0 (\bar{d} - p_0 - \frac{\gamma \sigma_d^2 \theta_0}{2}) \tag{5.1}$$

식 (5.1)에서 $\hat{\theta}_0 = 2\gamma^{-1}\sigma_d^{-2}(\bar{d} - s_0)$로 정의된다. 또한 식 (5.1)에서 $\theta_0 < \hat{\theta}_0$인 경우는 ϕ에 대한 계수가 음수가 되어 ϕ의 값을 최대화는 것이 기대효용의 첫째 항을 최소화하는 것이다. 반대로 $\theta_0 > \hat{\theta}_0$인 경우는 ϕ에 대한 계수가 양수가 되어 ϕ의 값을 최소화하는 것이 기대효용의 첫째 항을 최소화하는 것이다. 따라서 위의 식이 함의하는 것은 투자자가 좋은 뉴스 또는 나쁜 뉴스에 반응하여 시그널의 정확성을 선택할 때 고려해야 하는 점은 자신의 투자 포지션에 대한 임계치가 있고 그 임계치는 뉴스의 크기에 의존한다는 것이다.

예를 들어 매수자의 경우를 먼저 생각해 보기로 하자. 투자자가 선택한 매수 포지션이 시그널에 의해 정해진 임계치보다 크다면 뉴스에 담겨 있는 나쁜 상황에 대한 투자 포지션 대비 심각성이 큰 것으로 볼 수 있다. 이러한 상황이 발생하면 최악의 상황을 감안해야 하는 투자자의 입장에서 자신이 접한 뉴스를 믿을 만한 뉴스로 판단하게 되어 정확성이 가장 높은 시그널로 받아들이고자 한다. 따라서 투자자는 알려진 구간 안에서 최솟값인 σ_a^2을 노이즈의 분산으로 선택한다. 이제 매도자의 경우를 생각해 보기로 하자. 투자자가 선택한 매도 포지션의 절댓값이 시그널에 의해 정해진 임계치보다 크다면 뉴스에 담겨 있는 나쁜 상황에 대한 투자 포지션 대비 심각성이 큰 것으로 볼 수 있다. 이러한 상황이 발생하면 최악의 상황을 감안해야 하는 투자자의 입장에서 자신이 접한 뉴스를 믿을 만한 뉴스로 판단하게 되어 정확성이 가장 높은 시그널로 받아들이고자 한다. 따라서 투자자는 알려진 구간

안에서 최솟값인 σ_a^2을 노이즈의 분산으로 선택한다.

$$\begin{array}{lcccc} \theta_0 > 0, \theta_0 > \hat{\theta}_0 & \rightarrow & \sigma_a^2 & \rightarrow & \phi_a \\ \theta_0 < 0, \theta_0 < \hat{\theta}_0 & \rightarrow & \sigma_a^2 & \rightarrow & \phi_a \\ \theta_0 > 0, 0 < \theta_0 < \hat{\theta}_0 & \rightarrow & \sigma_b^2 & \rightarrow & \phi_b \\ \theta_0 < 0, 0 > \theta_0 > \hat{\theta}_0 & \rightarrow & \sigma_b^2 & \rightarrow & \phi_b \end{array}$$

요약하여 다음과 같이 정리해 볼 수 있다. 매수 포지션을 가진 투자자가 배당소득의 평균값보다 낮은 값의 시그널을 접하는 경우, 나쁜 뉴스와 나쁘지 않은 뉴스로 나누어서 나쁜 뉴스에 대해서는 신뢰성이 있는 것으로 선택하고 나쁘지 않은 뉴스에 대해서는 신뢰성이 없는 것으로 평가한다.

매도 포지션을 가진 투자자의 경우 배당소득의 평균값보다 높은 값의 시그널을 접하는 경우, 나쁜 뉴스와 나쁘지 않은 뉴스로 나누어서 나쁜 뉴스에 대해서는 신뢰성이 있는 것으로 선택하고 나쁘지 않은 뉴스에 대해서는 신뢰성이 없는 것으로 평가한다. 또한 $\theta_0 = \hat{\theta}_0$인 투자자는 임계치의 값과 동일한 포지션을 가지고 있는 상황이고 이 같은 경우가 발생하면 투자자는 나쁜 뉴스를 접한 것으로 간주한다.

좋은 뉴스인 경우(강부등호인 경우)를 보기로 한다. 모호성 기피의 선호가 있는 좋은 뉴스이면 신뢰성이 낮은 것으로 평가한다. 예를 들어서 매수 포지션을 가진 투자자를 보기로 하자. 이 경우 $\theta_0 > 0$이고 동시에 $\hat{\theta}_0 < 0$의 조건을 만족한다. 두 개의 부등식을 합하면 $\theta_0 > 0 > \hat{\theta}_0$로 쓸 수 있다. 투자자는 최악의 경우를 대비하는 선호를 가지고 있는 것으로 가정하였기 때문에 좋은 뉴스에 대해서는 뉴스의 신뢰성이 낮다고 평가한다. 따라서 투자자가 $\sigma_\epsilon^2 = \sigma_b^2$을 선택하여 $\phi = \phi_b$가 된다. 매도 포지션을 가진 투자자가 좋은 뉴스를 접하는 경우를 보기로 하자. 이 경우는 $\theta_0 < 0$이고 $\hat{\theta}_0 > 0$인 조건을 만족한다. 두 개의 부등식을 합하면 $\theta_0 < 0 < \hat{\theta}_0$로 쓸 수 있다. 좋은 뉴스에 대하여 매도 포지션을 가진 투자자는 최악의 경우를 대비하여 뉴스의 신뢰성이 낮다고 평가한다. 따라서 투자자가 $\sigma_\epsilon^2 = \sigma_b^2$을 선택하게 되고 그 결과로 $\phi = \phi_b$가 된다.

앞에서 설명한 논의를 아래와 같은 식으로 정리할 수 있다.

$$\begin{array}{llllll} \theta_0 > 0, \theta_0 > \hat{\theta}_0 & \rightarrow & \sigma_a^2 & \rightarrow & \phi_a \\ \theta_0 < 0, \theta_0 < \hat{\theta}_0 & \rightarrow & \sigma_a^2 & \rightarrow & \phi_a \\ \max(\hat{\theta}_0, 0) < \theta_0 < \min(\hat{\theta}_0, 0) & \rightarrow & \sigma_b^2 & \rightarrow & \phi_b \end{array}$$

앞에서 설명한 방식으로 ϕ의 값을 결정하면 사후적 분포하에서의 기대효용을 극대화하는 θ값을 계산하여 금융증권에 대한 수요함수를 도출할 수 있다.

특히 배당소득에 대한 실제 분포와 시그널이 있는 경우 개인 투자자의 위험증권에 대한 수요는 다음과 같이 주어진다.

$$\theta_0^*(s_0) = \frac{\bar{d} - p_0 + \phi(s_0 - \bar{d})}{\gamma \sigma_d^2 (1 - \phi)}$$

앞에서 설명한 바와 같이 시그널에 담긴 배당소득에 대한 뉴스의 내용에 따라 투자자들은 서로 다른 ϕ의 값을 선택한다. 또한 ϕ의 값이 달라지면 수요함수의 기울기와 절편도 달라진다. 이와 같은 점을 고려하면 시그널의 값에 따라서 수요곡선의 형태가 달라짐을 알 수 있다. 특히 시장가격이 변화하면서 연속적으로 변화하는 수요곡선이 도출되지만 시장가격에 대한 임계치들이 있어서 서로 다른 기울기와 절편을 가진 수요곡선이 임계치에서 연속적으로 연결되어 있음을 보일 수 있다. 따라서 굴절된 수요곡선이 도출된다. 특히 시장가격이 변화하더라도 금융증권의 수요량은 전혀 변화하지 않는 구간이 발생하여 단순히 굴절되는 점들만 있는 것이 아니라 수요곡선이 수평선이 되는 가격 구간이 존재한다. 수요곡선이 수평선이 되는 가격의 구간은 투자자의 포트폴리오가 증권의 가격변화에 반응하지 않기 때문에 발생하는 것이다. 따라서 포트폴리오 관성(portfolio inertia)이 존재한다.

포트폴리오 관성을 이해하기 위해 모호성 헤지(ambiguity hedge)의 개념을 설명해야 한다. 모호성 회피의 선호를 가정하는 경우 대부분 투자자의 효용은 최적화된 상황에서도 배당소득에 대한 뉴스의 정확성에 의존하게 된다. 그러나 투자자의 효용이 뉴스의 정확성 정도에 의존하지 않게 되는 상황이 발생하게 되면, 이는 모호성 회피의 선호를 가진 투자자가 모호성에 대한 헤지를 달성하는 경우이다. 모호성 헤지가 달성되는 상황에서는 투자자의 효용은 ϕ의 값에 의존하지 않아야 한다. 식 (5.1)에서 정리한 효용함수를 보면 효용 수준이 시그널의 값에 의존하지 않게 되는 상황은 두 가지 경우이다. 첫째, $\theta_0 = 0$이다. 둘째, $\theta_0 = \hat{\theta}_0$이다. 따라서 투자자는 자신의 효용을 배당소득에 관한 뉴스의 정확성에 대한 판단에 의존하지 않게 된다. 이러한 상황이 모호성 헤지를 달성하는 것으로 정의된다.

모호성을 헤지하는 투자전략은 다음과 같이 설명할 수 있다. 첫째, 증권의 가격과 뉴스의 크기에 전혀 영향을 받지 않는 수요곡선을 형성하고 이러한 수요곡선이 모든 가격 구간에 성립하지 않고 특정한 가격 구간에서만 성립하게 하는 것이다. 둘째, 배당소득에 대한 뉴스의 크기에 비례하지만 뉴스의 정확성과 증권의 가격에는 영향을 받지 않는 수요곡선을 형성하고 이러한 수요곡선이 모든 가격 구간에 성립하지 않고 특정한 가격 구간에서만 성립하게 하는 것이다. 따라서 모호성 헤지를 달성하는 과정에서 포트폴리오 관성이 발생한다.

포트폴리오 관성이 발생하는 가격 구간을 결정하기 위해 각 구간의 상한과 하한들을 계산해야 한다. 가격들의 임계점들은 앞에서 설명한

표 5.1: 가격 구간의 상한과 하한

$\theta_0(\phi_a) = \min(\hat{\theta}_0, 0)$	$\rightarrow$	$p_0^4 = \mu_{\phi_a} - \gamma v_{\phi_a} \min(\hat{\theta}_0, 0)$
$\theta_0(\phi_b) = \min(\hat{\theta}_0, 0)$	$\rightarrow$	$p_0^3 = \mu_{\phi_b} - \gamma v_{\phi_b} \min(\hat{\theta}_0, 0)$
$\theta_0(\phi_b) = \max(\hat{\theta}_0, 0)$	$\rightarrow$	$p_0^2 = \mu_{\phi_b} - \gamma v_{\phi_b} \max(\hat{\theta}_0, 0)$
$\theta_0(\phi_a) = \max(\hat{\theta}_0, 0)$	$\rightarrow$	$p_0^1 = \mu_{\phi_a} - \gamma v_{\phi_a} \max(\hat{\theta}_0, 0)$

투자자가 선택하는 시그널의 분산이 달라지는 금융증권의 수요량에 대한 구간이 있음을 설명하였다. 포트폴리오 관성이 발생하도록 하는 가격의 구간에 대한 상한과 하한은 앞에서 설명한 금융증권의 수요량에 대한 구간의 상한과 하한을 달성하도록 하는 가격들이다. 또한 이들은 굴절 수요곡선에서 굴절에 해당하는 부분이 된다. 수요곡선이 한 개의 점에서만 굴절되는 것이 아니라 여러 개의 점에서 굴절이 발생하고 그중 일부분에서는 수평선 형태의 수요곡선이 나타난다. 수평선 형태의 수요곡선이 포트폴리오 관성을 반영한 부분이다. 표 5.1에는 가격 구간의 상한과 하한을 도출하는 과정이 요약되어 있다.

포트폴리오의 관성이 발생하는 가격 구간의 크기는 얼마인가? 포트폴리오 관성의 크기는 모호성의 정도와 배당소득에 대한 뉴스가 주는 충격의 크기에 의존한다. 모호성의 정도가 클수록 포트폴리오 관성의 크기가 크다. 또한 배당소득에 대한 뉴스의 충격이 클수록 포트폴리오 관성의 크기가 크다. 이러한 결과를 확인하기 위해서 앞에서 계산한 가격들의 임계치들의 차이를 계산하면 다음과 같다.

$$|p_0^4 - p_0^3| = |p_0^2 - p_0^1| = (\phi_a - \phi_b)|s_0 - \bar{d}|$$

3 모호한 정보와 증권의 가격

엡슈타인·슈나이더(Epstein and Schneider 2008)는 모호성 회피의 선호를 가진 투자자가 존재하는 다기간 모형에서의 모호한 정보가 증권가격에 미치는 효과를 설명하고 있다. 앞에서 설명한 모형과 대비하여 강조할 점은 미래의 모호한 정보가 미래의 증권가격에 미치는 효과가 현재 시점에서의 증권가격에 반영된다는 것이다. 앞에서 설명한 모형에서는 다음 시점에서 배당소득에 대한 모호한 정보가 현재 시점에서의 투자자의 수요에 미치는 효과를 중점적으로 분석하였다. 엡슈타인·슈나이더는 두 시점 이후의 배당소득이 한 시점 이후의 증권가격에 영향을 미치고, 한 시점 이후의 증권가격이 현재 시점의 증권가격에 영향을 미치는 연결 과정에 의거하여 모호한 정보가 미래 시점에 발생한다는 사실이 현재 시점에서의 투자자의 믿음을 변화시켜 현재 시점에서의 증권가격에 영향을 미칠 수 있음을 보인다.

모형을 설명하기 이전에 이변수 정규분포(bi-variate normal distribution)에 의거하여 조건부 분포(conditional probability distribution)를 계산하는 문제와 절단된 정규분포(truncated normal distribution)의 평균과 분산을 계산하는 문제를 설명하기로 한다. 두 개의 확률변수 X와 Y의 분포를 다음과 같이 쓸 수 있는 것으로 가정한다.

$$\begin{pmatrix} X \\ Y \end{pmatrix} \sim \mathcal{N}\left[\begin{pmatrix} \mu_X \\ \mu_Y \end{pmatrix}, \begin{pmatrix} \sigma_X^2 & \sigma_{XY} \\ \sigma_{XY} & \sigma_Y^2 \end{pmatrix}\right]$$

확률변수 Y의 값이 $Y = y$로 주어진 조건하에서 확률변수 X의 조건부 평균과 분산은 다음과 같이 주어진다.

$$\mu_{X|Y=y} = \mu_X + \phi(y - \mu_Y);\ \ \sigma_{X|Y}^2 = \sigma_X^2 - \sigma_Y^2\phi^2 = \sigma_X^2 - \phi\sigma_{XY}$$

이 식에서 $\phi = \sigma_{XY}/\sigma_Y^2$이다.

다음에서는 정규분포를 따르는 확률변수 X에 대한 부등호의 식을 조건으로 주어진 경우의 X에 대한 조건부 기댓값과 조건부 분산을 계산한다. 확률변수 X에 대한 분포를 $X \sim \mathcal{N}(\mu_X, \sigma_X^2)$로 쓰기로 한다. 확률변수 X가 상수인 a보다 크다는 조건하에서 X의 기댓값과 분산은 다음과 같이 주어진다.

$$\begin{aligned} E[X|X > a] &= \mu_X + \sigma_X \lambda(\hat{a}) \\ \mathrm{Var}(X|X > a) &= \sigma_X^2(1 - \lambda(\hat{a})(\lambda(\hat{a}) - \hat{a})) \\ \lambda(\hat{a}) &= \tfrac{\phi(\hat{a})}{1-\Phi(\hat{a})} \end{aligned}$$

이 식에서 $\hat{a} = (a - \mu_x)/\sigma_X$이다. 확률변수 X가 상수인 b보다 작다는 조건하에서 X의 기댓값과 분산은 다음과 같이 주어진다.

$$\begin{aligned} E[X|X < b] &= \mu_X - \sigma_X \kappa(\hat{b}) \\ \mathrm{Var}(X|X < b) &= \sigma_X^2(1 - \hat{b}\kappa(\hat{b}) - \kappa(\hat{b})^2) \\ \kappa(\hat{b}) &= \tfrac{\phi(\hat{b})}{\Phi(\hat{b})} \end{aligned}$$

이 식에서 $\hat{b} = (b - \mu_x)/\sigma_X$이다.

다음에서는 투자자가 모두 위험 중립적인 선호를 가지고 있는 것으로 가정하여 기대이윤을 극대화한다. 또한 모호성 기피 또는 불확실성 기피의 선호를 가지고 있는 것으로 가정한다. 최초 시점에서 투자자가 보유하고 있는 증권에 대한 배당소득은 2기에 실현된다. 증권시장은 0기와 1기에 열려서 0기에 증권을 구매한 투자자는 0기부터 보유하고 있던 증권을 1기에 열리는 시장에서 팔 수도 있고 구매할 수도 있다. 또한 1기에는 2기의 배당소득에 대한 뉴스가 전해진다. 투자자는 배당소득에 대한 시그널의 값을 관측하지만 시그널에 대한 분포는 알려지지 않는다. 이는 배당소득에 대한 모호한 정보의 가정을 반영한 것이다.

특정한 기업 i의 배당소득은 두 개의 서로 독립인 확률변수의 합으로 구성되어 있는 것으로 가정한다. 배당소득의 분포는 아래와 같이 가정한다.

$$d_2 = \bar{d} + \epsilon_a + \epsilon_i; \quad \epsilon_a \sim \mathcal{N}(0, \sigma_a^2); \quad \epsilon_i \sim \mathcal{N}(0, \sigma_i^2)$$

이 식에서 ϵ_a는 경제 전체에 영향을 미치는 과거 시점에서 예측되지 않았던 갑작스러운 변동을 의미하고, ϵ_i는 다른 기업이나 경제 전체에는 영향이 없고 기업 i에만 국한되어 영향을 미치는 충격을 의미한다. 따라서 두 개의 확률변수는 서로 독립이다. 1기에 실현되는 시그널의 분포는 다음과 같이 가정한다.

$$s_1 = \bar{d} + \alpha\epsilon_a + \epsilon_i + \epsilon_n; \quad \epsilon_n \sim \mathcal{N}(0, \sigma_n^2)$$

위 식에서 α는 상수로 가정하여 시그널의 거시충격에 대한 반응 정도를 의미한다. 투자자들은 노이즈인 ϵ_n이 다른 확률변수들과 독립인 것은 알고 있으나 분산의 크기를 정확히 모르고 분산의 구간만 알고 있다. 분산의 구간은 $[\underline{\sigma}_n^2 \quad \bar{\sigma}_n^2]$으로 표시되고 투자자들은 분산의 하한과 상한에 대하여 정확히 알고 있다.

시그널을 관측한 이후 투자자들이 형성한 배당소득에 대한 사후분포를 앞에서 이미 설명한 방식에 의거하여 다음과 같이 쓸 수 있다.

$$d_2|s_1 = \mathcal{N}(\bar{d} + \phi(s_1 - \bar{d}), (1 - \alpha\phi)\sigma_a^2 + (1 - \phi)\sigma_i^2), \ \phi = \frac{\alpha\sigma_a^2 + \sigma_i^2}{\alpha^2\sigma_a^2 + \sigma_i^2 + \sigma_n^2}$$

투자자들은 불확실성 기피의 선호를 가지고 있으므로 자신의 선호에 의거하여 σ_n^2의 값을 결정하는 것이다. 앞에서의 수식은 투자자들이 노이즈의 분산에 대한 구간에 포함되는 하나의 점을 노이즈의 분산으로 선택했다는 가정하에서 도출한 배당소득에 대한 조건부 분포를 의미한다.

위험 중립적인 선호의 가정에 의해서 금융증권의 가격은 배당소득에 대한 기댓값이 된다. 예를 들어 1기에서의 증권가격은 2기의 배당소득에 대한 기댓값과 같아진다. 그러나 모호성 기피의 가정에 의해서 기댓값을 최소화하는 노이즈의 분산을 선택해야 한다. 모호성 기피의 가정에 의해서 투자자들은 최악의 상황에 대비하여 자신의 기대를 형성한다. 따라서 현재 시점에서의 증권가격은 아래와 같이 결정된다.

$$p_1 = \min_{\sigma_n^2 \in [\underline{\sigma}_n^2\ \ \bar{\sigma}_n^2]} E[d_2|s_1]$$

위에서 정리한 식의 값을 계산하는 과정에서 모호성 기피의 가정이 부과된다. 모호성 기피의 가정으로 인해 투자자의 믿음을 반영하는 조건부 기댓값은 배당소득에 대한 뉴스의 내용에 따라 달라진다. 예를 들어 배당소득에 대한 좋은 뉴스인 경우는 좋은 뉴스의 신뢰성에 대하여 의심하게 되어 뉴스의 정확성이 낮은 것으로 평가한다. 따라서 노이즈의 분산을 구간의 상한으로 결정하고 이 경우 계수는 분산과 반대 방향으로 움직이므로 계수의 구간에서 하한을 선택하는 것과 동일하다. 따라서 ϕ의 값은 $\underline{\phi}$로 표기한다. 배당소득에 대한 나쁜 뉴스인 경우는 신뢰성이 높은 것으로 받아들여 노이즈의 분산을 구간의 하한으로 결정한다. 이처럼 구간의 하한을 선택하는 경우 계수인 ϕ의 값은 반대로 상한의 값을 선택한 것으로 되어 $\bar{\phi}$이 된다. 따라서 모호성 기피의 가정을 반영하여 기댓값을 계산하면 아래와 같이 쓸 수 있다.

$$p_1 = \min_{\sigma_n^2 \in [\underline{\sigma}_n^2\ \ \bar{\sigma}_n^2]} E[d_2|s_1] = \begin{cases} \bar{d} + \bar{\phi}(s_1 - \bar{d}) & \text{if} \quad s_1 < \bar{d} \\ \bar{d} + \underline{\phi}(s_1 - \bar{d}) & \text{if} \quad s_1 \geq \bar{d} \end{cases}$$

위 식에서 설명해야 하는 부분은 좋은 뉴스와 그렇지 않은 뉴스에 대한 정의이다. 현재 설명하고 있는 예에서는 앞에서 이미 설명한 모형에서와 마찬가지로 $s_1 < \bar{d}$인 경우 나쁜 뉴스로 정의된다. 시그널의 값이

평균 배당소득에 비해 낮기 때문이다. $s_1 \geq \bar{d}$는 나쁘지 않은 뉴스와 좋은 뉴스로 정의된다. 시그널의 값이 평균 배당소득과 같거나 평균 배당소득에 비해 높기 때문이다.

1기 시점에서의 증권가격을 계산하였으므로 다음에서는 최초 시점에서의 증권가격을 계산한다. 최초 시점에서의 가격은 1기 가격의 기대치와 같아진다. 미래 시점에서 발생하는 노이즈의 분산은 미래의 상황에 따라 결정된다. 미래의 각각의 상황에 대하여 어떻게 노이즈의 분산이 결정되는지가 이미 알려져 있다고 가정하여 현재 시점에서는 단순하게 $p_0 = \min_{\sigma_n^2 \in [\underline{\sigma}_n^2\ \bar{\sigma}_n^2]} E[p_1]$으로 쓸 수 있다. 이 장의 모형에서는 최초 시점에서는 배당소득에 대한 시그널이 없는 것으로 가정한다. 그럼에도 불구하고 다음 시점에서 발생하는 모호한 뉴스의 존재는 현재 시점에서 결정되는 증권가격에 영향을 미친다. 미래에 실현되는 시그널의 값에 따라서 미래 시점에서의 가격이 시그널에 반응하는 정도가 달라지고, 특히 미래의 좋은 뉴스에 대한 가격의 반응계수와 나쁜 뉴스에 대한 가격의 반응계수가 서로 다르기 때문이다.

0기 시점에서의 가격을 결정하기 위해 1기 시점에서의 증권가격에 대한 기댓값을 계산해야 한다. 모호성 기피의 선호가 반영되어 있어서 뉴스의 내용에 따라 반응계수가 다르다. 이러한 점을 반영하여 기댓값을 계산하기 위해 앞에서 설명한 절단된 정규분포의 평균을 계산하는 공식을 사용한다.

$$
\begin{aligned}
E[p_1] &= \bar{d} + \underline{\phi}\mathrm{Prob}(s_1 \geq \bar{d})E[s_1 - \bar{d}|s_1 \geq \bar{d}] \\
&\quad + \bar{\phi}\mathrm{Prob}(s_1 < \bar{d})E[s_1 - \bar{d}|s_1 < \bar{d}]
\end{aligned}
$$

절단된 정규분포하에서의 기댓값을 계산하는 공식을 사용하기 위해 X

$= s_1 - \bar{d}$로 정의한다. 이 경우 위의 식은 아래와 같이 다시 쓸 수 있다.

$$\begin{aligned} E[p_1] &= \bar{d} + \underline{\phi}\text{Prob}(X \geq 0)E[X|X \geq 0] \\ &\quad + \bar{\phi}\text{Prob}(X < 0)E[X|X < 0] \end{aligned}$$

앞에서 설명한 절단된 정규분포하에서의 기댓값을 계산하는 공식을 적용하면 다음과 같다.

$$\begin{aligned} \text{Prob}(X \geq 0)E[X|X \geq 0] &= \tfrac{\sigma_s}{\sqrt{2\pi}} \\ \text{Prob}(X < 0)E[X|X < 0] &= -\tfrac{\sigma_s}{\sqrt{2\pi}} \end{aligned}$$

이 식에서 σ_s는 1기 시점에서의 시그널의 표준편차를 나타낸다. 위의 두 식을 결합하여 정리하면 최초 시점에서의 증권가격은 다음과 같이 정리된다.

$$\begin{aligned} p_0 &= \min_{\sigma_n^2 \in [\underline{\sigma}_n^2 \;\; \bar{\sigma}_n^2]} E[p_1] \\ &= \min_{\sigma_n^2 \in [\underline{\sigma}_n^2 \;\; \bar{\sigma}_n^2]} (\bar{d} - (\bar{\phi} - \underline{\phi}) \tfrac{\sigma_s}{\sqrt{2\pi}}) \\ &= \bar{d} - (\bar{\phi} - \underline{\phi}) \tfrac{\sqrt{\alpha\sigma_a^2 + \sigma_i^2}}{\sqrt{2\pi\underline{\phi}}} \end{aligned}$$

따라서 미래의 모호한 정보가 발생하고 이를 어떻게 처리하는가에 대한 투자자의 예상이 현재 시점에서의 자신의 믿음에 영향을 미치게 되어 현재 시점에서의 증권가격에 영향을 미치게 된다. 위의 식에서는 최초 시점에서 투자자가 자신의 모호성 기피를 직접 실행하지 않고 자신의 미래 시점에서의 행위에 대한 예상이 현재 시점의 미래에 대한 믿음에 영향을 미침을 보였다.

4 시장가격의 시그널 효과

앞에서 소개한 모형에서는 미래에서 실현되는 위험증권의 수익에 대한 시그널이 외생적으로 발생하는 것으로 가정하였으나 이 절에서는 내생변수인 증권의 시장가격이 정보가 없는 투자자들에게 증권에 대한 시그널이 되는 모형을 분석한다. 투자자들이 보유한 정보가 서로 다른 경우, 다른 투자자들이 보유한 정보를 시장가격을 관측함으로써 미루어 짐작해 볼 수 있다. 다음에서는 정보를 구매하는 투자자와 정보를 구매하기 위해 금전적인 비용을 지불하지 않는 대신 증권의 시장가격을 관측하여 정보를 습득하는 투자자로 구성된 모형을 분석한다.

앞에서와 동일하게 정태모형을 분석한다. 따라서 최초 시점에서 무위험증권을 거래하면 그 이후에는 위험증권의 시장이 열리지 않는다. 또한 무위험증권의 이자율도 0이라고 가정한다. 따라서 앞에서 설명한 예산제약식을 아래와 같이 다시 쓸 수 있다.

$$w_1 = w_0 + (d_1 - p_0)\theta_0$$

투자자는 다음 시점에서 가용한 모든 자금을 소비하는 것으로 가정되어 현재 시점에서 투자를 결정할 때 미래 시점에서의 기대효용을 극대화하여 결정한다. 투자자의 효용함수는 절대 위험기피도가 상수인 함수로 가정하여 $u(c_1) = -\exp(-\gamma c_1)$이다. 파라미터인 γ는 양수로서 투자자의 위험기피도를 의미한다.

위험증권의 개당 배당소득은 서로 독립인 두 개의 확률변수의 합이 된다. 앞에서 설명한 모형과 차이가 나는 점은 일정한 고정비용을 지불하면 배당소득의 일부분을 직접 관측할 수 있다는 가정을 도입한 것이다. 구체적으로 설명하면 $d_1 = m + e$로 정의된다. m은 e에 대하여 서로 독립이다. m의 분포는 $\mathcal{N}(\bar{d},\, \sigma_m^2)$이고 e의 분포는 $\mathcal{N}(0,\, \sigma_e^2)$이다. 따라서 $\sigma_d^2 = \sigma_m^2 + \sigma_e^2$이 된다.

앞에서 설명한 바와 같이 배당소득을 두 개의 확률변수로 분리한 것은 관측비용을 지불하고 배당소득의 일부분을 알 수 있다는 가정을

도입하기 위해서이다. 따라서 정보가 있는 투자자는 c라는 고정비용을 지불하고 m의 정확한 값을 알고 있는 투자자를 의미한다. 정보가 있는 투자자의 배당소득에 대한 예측치와 분산은 $E[d_1|I] = m$과 $\text{Var}(d_1|I) = \sigma_e^2$으로 주어진다. 배당소득에 대한 정보를 획득하지 않은 투자자의 경우 m에 대한 실현치를 알 수 없다. 그러나 이들은 증권의 시장가격을 관측함으로써 배당소득에 대한 사후적 분포를 계산할 수 있다.

시장가격이 어떻게 형성되는가를 설명해야 비용을 들여서 정보를 획득하지 않은 사람들의 사후적 분포를 알아낼 수 있다. 따라서 다음에서는 위험증권의 시장청산조건을 설명한다. 정보를 가지고 있는 투자자의 비중이 λ이고, 정보가 없는 투자자의 비중이 $1-\lambda$이다. 또한 위험증권의 시장공급은 $b_0 = \bar{b} + b$로 결정된다. 여기서 $\bar{b}$는 상수로서 평균 공급을 의미하고 확률변수 b는 정규분포를 따르는 확률변수로서 평균이 0이고 분산이 σ_b^2이다. 앞에서 설명한 수요와 공급을 정리하여 위험증권의 시장청산조건을 다음과 같이 쓸 수 있다.

$$\lambda\theta_0^I + (1-\lambda)\theta_0^U = b_0$$

위험증권의 균형 시장가격은 m과 b에 대하여 선형이 된다. 따라서 시장가격을 안다는 것은 m에 대한 시그널을 관측하는 것과 마찬가지이다. 시장가격이 m에 대한 시그널이라는 점을 수식을 사용하여 아래와 같이 보일 수 있다.

$$p_0 = a_c + a_m m + a_b b \quad \rightarrow \quad s_0 = \frac{p_0 - a_c}{a_m} = m + (\frac{a_b}{a_m})b$$

위 식에서 a_c, a_m, a_b 등은 균형 시장가격의 계수를 의미한다. 베이즈 규칙에 의거하여 정보가 없는 투자자들은 배당소득에 대한 사후적 분포를 계산하는 것으로 가정한다. 따라서 시장가격을 관측하여 정보를 얻은 투자자들의 배당소득에 대한 정보는 다음과 같이 쓸 수 있다.

$$d_1|s_0 \ \sim \ \mathcal{N}(\bar{d} + \phi(m + (\frac{a_b}{a_m})b - \bar{d}), \sigma_m^2(1-\phi) + \sigma_e^2)$$

이 식에서 $\phi = \sigma_m^2/((a_m/a_b)^2\sigma_b^2 + \sigma_m^2)$이다.

균형 시장가격을 어떻게 계산할 것인가에 대하여 질문할 수 있다. 앞에서 균형가격에 대한 형태를 가정하였으나 계수가 어떻게 결정되는가에 대한 설명이 없이 사후적 분포를 계산하였다. 파라미터의 값들이 변화할 때 시장가격이 어떻게 변화하는가를 알기 위해 균형가격에서 가정한 계수의 값을 계산해야 한다. 균형가격 함수에서의 계수들은 미정계수법(undetermined coefficient method)에 의해서 계산한다. 미정계수법의 의미는 이미 앞에서 가정한 균형가격함수의 형태를 상태변수들에 대하여 선형함수로 가정하였는데 이러한 함수형태에 대한 가정이 상태변수의 값이 변화하더라도 항상 성립하도록 하는 계수 값을 찾는다는 것이다. 이를 위해 다음과 같은 두 단계를 거친다. 첫째, 앞에서 도출한 사후적 분포를 사용하여 정보를 구매하지 않는 사람들의 증권수요를 계산하고 이를 시장청산조건에 대입한다. 둘째, 첫째 단계에서 정리하여 도출한 식에 b와 m이 어느 값을 가지더라도 성립해야 한다는 조건을 부과한다. 항등적으로 식이 성립해야 한다는 조건으로부터 계수들에 대한 방정식이 도출된다. 이제 계수들에 대한 방정식을 풀면 계수들을 파라미터들의 함수로 표시할 수 있다. 셋째, 앞에서 도출한 계수들을 사용하여 가격함수를 표현하면 이렇게 표현한 가격함수는 시장가격에 대한 균형해가 된다.

다음에서는 미정계수법을 적용하여 가격함수의 계수들에 대한 방정식을 도출한다. 이를 위해 효용 극대화에 의해서 결정되는 위험증권에 대한 투자자들의 수요함수를 계산해야 한다. 비용을 들여서 정

보를 구매한 투자자의 위험증권에 대한 수요를 계산하여 정리하면 $\theta_0^I = (m - p_0)/(\gamma\sigma_e^2)$이다. 시장가격을 관측하여 정보를 얻은 투자자들의 위험증권에 대한 수요는 $\theta_0^U = (E[d_1|s_0] - p_0)/(\gamma \mathrm{Var}(d_1|s_0))$이다. 앞에서 도출한 시장가격을 관측한 이후에 형성한 사후적 분포를 이용하면 시장가격을 관측하여 정보를 얻은 투자자들의 위험증권에 대한 수요는 다음과 같이 쓸 수 있다.

$$\theta_0^U = \frac{\bar{d}(1-\phi) - (a_c/a_m)\phi - (1-(\phi/a_m))p_0}{\gamma(\sigma_m^2(1-\phi)+\sigma_e^2)}$$

개별 투자자들의 수요함수를 시장청산조건에 대입하여 시장청산조건이 함의하는 시장가격함수를 도출한 후에 미리 가정한 시장가격함수와 동일한 형태라는 조건을 부과한다. 그 결과 계수들에 대한 방정식을 다음과 같이 도출한다.

$$\begin{aligned}
a_c &= \frac{(1-\lambda)(1-\phi)\bar{d}-(a_c/a_m)\phi-\gamma(\sigma_m^2(1-\phi)+\sigma_e^2)(1-\phi)\bar{b}}{\lambda(1-\phi)(\sigma_m^2(1-\phi)/\sigma_e^2+1)+(1-\lambda)(1-\phi/a_m)} \\
a_m &= \frac{\lambda(1-\phi)(\sigma_m^2(1-\phi)+\sigma_e^2)}{\lambda(1-\phi)(\sigma_m^2(1-\phi)+\sigma_e^2)+(1-\lambda)(1-\phi/a_m)\sigma_e^2} \\
a_b &= \frac{\gamma(\sigma_m^2(1-\phi)+\sigma_e^2)}{\lambda(1-\phi)(\sigma_m^2(1-\phi)/\sigma_e^2+1)+(1-\lambda)(1-\phi/a_m)}
\end{aligned}$$

위 식들은 미정계수법을 적용하여 도출한 계수들에 대한 비선형 방정식이다.

정보의 가치를 분석하기 위해 극대화된 기대효용의 값을 계산해야 한다. 소비자 i의 가치함수를 v_i^*로 정의하기로 한다. 소비자 i의 정보집합이 I_i일 때 금융증권에 대한 최적 수요가 θ_i^*이면 극대화된 기대효용의 값은 $v_i^* = -E[\exp(-\gamma(w_0+(d_1-p_0)\theta_i^*-c_i))|I_i]$이다. 이 식에서 정보를 구매하지 않은 경우는 $c_i = 0$이고 정보를 구매하는 경우는 $c_i = c$이다. 앞에서 이미 도출한 바와 같이 금융증권에 대한 개인별 최적 수요는 아래와 같다.

$$\theta_i^* = \frac{E[d_1|I_i] - p_0}{\gamma \mathrm{Var}(d_1|I_i)}$$

소비자 i의 가치함수는 금융증권의 최적 수요함수를 기대효용함수에 대입한 후에 다음과 같은 단계를 거쳐서 증권의 시장가격과 증권의 배당소득에 대한 기대치와 분산의 함수로 도출할 수 있다.

$$\begin{aligned} v_i^* &= -E[\exp(-\gamma(w_0 + (d_1 - p_0)\theta_i^* - c_i))|I_i] \\ &= -a_i \exp(-\gamma^2 \mathrm{Var}(d_1|I_i)(\theta_i^*)^2) E[\exp(-\gamma(d_1 - E[d_1|I_i])\theta_i^*)|I_i] \\ &= -a_i \exp(-\tfrac{\gamma^2 \mathrm{Var}(d_1|I_i)}{2}(\theta_i^*)^2) \\ &= -a_i \exp(-\tfrac{(E[d_1|I_i]-p_0)^2}{2\mathrm{Var}(d_1|I_i)}) \qquad a_i = \exp(-\gamma(w_0 - c_i)) \end{aligned}$$

정보를 구매한 소비자는 m의 값을 직접 관측할 수 있으므로 이들의 가치함수는 아래와 같이 쓸 수 있다.

$$v_I^* = -a_I \exp(-\frac{(m-p_0)^2}{2\sigma_e^2}); \qquad a_I = \exp(\gamma c)$$

정보를 구매하지 않은 소비자는 시장가격을 관측하여 m에 대한 정보를 얻는다. 따라서 이들의 가치함수는 아래와 같이 쓸 수 있다.

$$v_U^* = -\exp(-\frac{(E[m|s_0] - p_0)^2}{2(\sigma_m^2(1-\phi) + \sigma_e^2)})$$

정보를 구매하지 않은 소비자들의 정보집합하에서 정보를 구매함으로써 얻을 것으로 기대되는 효용의 증가를 정보의 가치로 정의한다. 정보의 가치를 계산하기 위해 위의 식에서 도출한 정보를 구매한 소비자의 가치함수에 대한 기대치를 정보를 구매하지 않은 소비자의 정보집합을 조건으로 하여 계산해야 한다. 정보를 구매한 소비자의 가치함수는 정규분포를 따르는 확률변수의 2차 형식에 대한 지수함수이므로 이에 대한 기대치를 계산하기 위해 적용되는 공식을 소개한다. 예를 들어 확률변수 x가 $\mathcal{N}(0, \sigma_x^2)$인 정규분포를 따르는 경우 x의 2차 형식에 대한 지수함수의 기대치는 다음과 같이 계산할 수 있다.

$$\begin{aligned}&E[\exp(ax^2+bx+c)]\\&=\tfrac{1}{\sqrt{2\pi}\sigma_x}\int_{-\infty}^{\infty}\exp(ax^2+bx+c)\exp(-\tfrac{x^2}{2\sigma_x^2})dx\\&=\exp(c+\tfrac{\sigma_x^2 b^2}{2(1-2a\sigma_x^2)})(1-2a\sigma_x^2)^{-1/2}\end{aligned}$$

이 식을 응용하면 다음과 같은 결과를 얻을 수 있다.

$$E[\exp(-a(x+k)^2)]=\exp(-\frac{ak^2}{1-2a\sigma_x^2})(1-2a\sigma_x^2)^{-1/2}$$

이 식이 유용한 이유를 보이기 위해서 정보를 구매한 소비자의 가치함수는 다음과 같이 다시 쓴다.

$$v_I^*=-a_I\exp(-\frac{(x+E[m|s_0]-p_0)^2}{2\sigma_e^2}),\quad x=m-E[m|s_0]$$

이 식에서 표시한 정보를 구매한 소비자의 가치함수을 보면 2차 형식에 대한 지수함수의 기대치를 계산하는 공식을 쉽게 응용할 수 있음을 알 수 있다. 이 공식을 사용하여 정보를 구매한 소비자의 가치함수에 대한 기댓값을 정보를 구매하지 않은 소비자의 정보집합을 조건으로 한 기대치를 계산하기 위해 다음과 같이 정의한다.

$$\begin{aligned}&k=E[m|s_0]-p_0,\ a=-\tfrac{1}{2\sigma_e^2},\ \sigma_x^2=\sigma_m^2(1-\phi)\\&\qquad\downarrow\\&1-2a\sigma_x^2=1+\tfrac{\sigma_m^2(1-\phi)}{\sigma_e^2}\end{aligned}$$

따라서 정보를 구매하지 않은 사람의 정보집합을 조건으로 하여 계산한 정보를 구매한 소비자의 가치함수에 대한 기댓값은 다음과 같다.

$$E[v_I^*|I_U]=\sqrt{\frac{\sigma_e^2}{\sigma_m^2(1-\phi)+\sigma_e^2}}\exp(\gamma c)v_U^*$$

정보를 구매하지 않은 소비자가 인식하는 정보의 가치는 $c = 0$인 경우의 기대효용의 차이로 정의된다. 앞에서 계산한 결과를 적용하면 정보의 가치는 다음과 같이 쓸 수 있다.

$$(\sqrt{\frac{\sigma_e^2}{\sigma_m^2(1-\phi)+\sigma_e^2}}-1)v_U^* > 0$$

이 식에 의하면 ϕ의 값이 0과 1 사이의 양수이면 정보의 가치가 있다. 이는 정보를 구매하면 기대효용을 증가시킬 수 있음을 의미한다. 정보의 획득을 통해서 기대효용이 증가하더라도 정보를 구매하지 않는 소비자가 있는 것은 정보를 구매하는 비용을 지불해야 하기 때문이다. 균형에서는 비용을 지불하고 정보를 구매하는 소비자의 기대효용과 시장가격을 보고 정보를 얻는 소비자의 기대효용이 같아져야 한다. 따라서 균형에서 다음 식이 성립해야 한다.

$$E[v_I^*|I_U] - v_U^* = 0 \quad \rightarrow \quad \sqrt{\frac{\sigma_e^2}{\sigma_m^2(1-\phi)+\sigma_e^2}}\exp(\gamma c) - 1 = 0$$

위 식을 사용하여 정보를 구매하는 사람의 비중에 대한 균형값을 정보를 얻기 위한 비용과 다른 파라미터들의 함수로 나타낼 수 있다.

제 6 장　상호정보의 제약과 사후적 분포

개인의 정보처리 능력에 제약이 있기 때문에 개별 의사결정자들이 자신의 의사결정을 위해 필요한 상황을 알려 주는 변수들을 정확하게 관측하지 못하는 상황에서 자신의 행동을 선택해야 하는 모형을 설명한다. 정보처리 능력의 제약은 개인이 처리해야 하는 정보의 크기에 대한 제약이 있다는 의미이다. 따라서 정보의 크기에 대한 제약을 정의하기 위해 먼저 정보를 측정하는 척도가 필요하다.

임의의 확률변수에 담긴 정보의 양을 측정하기 위한 척도로서 엔트로피(entropy)라는 개념을 사용한다. 단순하게 정의하면 다음과 같다. 연속분포를 따르는 확률변수의 엔트로피는 밀도함수의 로그함수의 기댓값에 대하여 마이너스를 붙인 값으로 정의된다. 이산분포를 따르는 확률변수의 엔트로피는 각 사건이 발생할 확률의 로그값의 평균값에 대하여 마이너스를 붙인 값으로 정의된다. 정보의 측정 단위를 비트(bit) 또는 내트(nat)로 선택할 수 있다. 로그함수가 자연로그이거나 밑이 2인 로그로 정의될 수 있다. 로그함수의 정의에 따라서 엔트로피의 단위가 달라진다. 밑이 2인 경우 측정 단위는 비트이고 자연로그인 경우 내트가 된다.

두 개의 확률변수에 대하여 적용되는 정보의 양에 대한 척도가 필요하다. 예를 들어, 의사결정에 필요한 임의의 변수를 직접 관측하지 못하는 대신에 시그널을 관측하는 경우를 고려하자. 사전적인 정보의 크기는 개인이 가지고 있는 사전적인 분포에 의해서 정해진다. 임의의 변수에 관한 사전적인 정보에 더해진 정보의 양을 측정하기 위한 척도로서 상호정보(mutual information)를 정의한다. 상호정보는 하나의 확률변수가 다른 확률변수에 대하여 가지고 있는 정보의 크기를 의미한다. 임의의 변수에 대한 뉴스가 들어오면서 임의의 변수에 대한 시그널을 관측하게 된다. 시그널을 관측하여 시그널의 값을 안다는 조건하에서 임의의 변수에 대한 엔트로피로서 조건부 분포에 대한 엔트로피를 계산할 수 있다. 이를 조건부 엔트로피(conditional entropy)라고 할 수 있으며, 이는 조건부 밀도함수의 로그함수에 대한 결합분포에 의거한 기댓값을 의미한다. 사전적인 분포를 사용하여 계산한 엔트로피에서 시그널을 관측한 이후 계산한 조건부 엔트로피를 뺀 차이를 상호정보로 정의한다.

이 장에서는 상호정보와 채널용량과 관련된 개념을 정리한다. 상호정보는 의사결정자의 합리적 부주의를 발생시키는 주요인이다. 상호정보의 크기에 대한 제약이 실효적으로 작동하면 주변 여건을 완전하게 파악하는 데 필요한 주의의 수준이 의사결정자가 최대로 집중할 수 있는 수준을 넘게 된다는 의미이다. 정보처리 능력이 낮다면 연속적으로 들어오는 각종 상황에 대한 정보에 대하여 합리적인 사람이더라도 부주의하거나 무관심하게 이해해야 하는 부분이 발생한다는 것이 합리적 부주의(rational inattention) 이론의 단순한 요약이다. 경제주체의 선택 또는 경제행위에 대하여 합리적 부주의 모형이 함의하는 점을 관련 문헌의 연구 주제에 비추어 보면 다음과 같이 요약할 수 있다. 첫째, 주변 여건 또는 상황의 변화에 대하여 소비자 또는 기업은 변화가 발생한 시점에서 작게 반응하고 시간이 흐르면서 보다 크게 반응하는 모습을 보인다. 또는 변화가 발생한 이후 일정한 기간이 지나서야 반응한다. 둘째, 변화의 크기에 따라 반응 여부가 달라질 수 있다. 작은 폭의 변화에 대해서 거의 반응하지 않거나 전혀 반응하지 않을 수 있다. 또는 변화 폭이 일정 수준 이상이 되어야 반응한다. 그 결과 사람들이 주변 여건 또는 상황 변화에 대하여 반응하는 데 걸리는 시간은 동일한 자극에 대해서도 항상 일정하지 않고 확률적으로 이루어진다. 셋째, 가계와 기업은 주변 여건이나 상황이 연속적으로 변화할지라도 이를 연속적으로 파악하는 것이 아니라 띄엄띄엄 파악한다. 이는 연속적인 변화에 대하여 가계와 기업은 이산적으로 파악함을 의미한다. 그 결과 가계와 기업은 몇 개의 대안으로 이루어진 선택가능 집합을 선정하고 선정된 집합 안으로 국한하여 선택한다. 따라서 시간이 변화하면서 과거와 현재의 상황이 변화하더라도 먼 과거의 선택이 다시 현재 시점에 등장하고 현재 시점에서 관측된 선택이 바뀌더라도 미래에 다시 등장하는 등 반복적으로 순환하는 모습을 보일 수 있다.

1 상호정보의 제약과 사후적 분포의 제약

엔트로피의 단위 중 하나는 비트이다. 또한 비트로 측정한 엔트로피의 값을 알면 내트 단위로 측정한 엔트로피는 변수변환을 통해서 계산할 수 있다. 따라서 비트로 측정한 엔트로피의 의미를 설명하기로 한다. 이진수(binary digit)는 이진법에서 하나의 0 또는 하나의 1을 의미한다. 비트는 이진수의 줄인 말로서 정의된다. 이산분포를 따르는 임의의 확률변수 X의 엔트로피를 비트 단위로 표기하면 엔트로피의 값은 확률변수 X를 표기하기 위해 소요되는 이진수의 평균 개수와 관련이 있다. 이를 구체적으로 설명하기 위해 확률변수 X는 n개의 값을 가질 수 있으며 각각의 값을 가질 확률은 $p_i = \text{Prob}(X = x_i)$로 표기한다. 이 경우 X의 엔트로피는 $H(X)$로 표시되고, 수식에 의한 정의는 $H(X)$ = - $\sum_{i=1}^{n} p_i \log_2(p_i)$이다.

커버·토머스(Cover and Thomas 2006)가 제시한 예를 소개한다. 임의의 확률변수에 대한 소스코드는 확률변수의 치역을 유한개의 기호로 구성된 스트링의 집합에 대응시키는 작업으로 정의된다. 예를 들기 위해 네 개의 발생 가능한 사건을 나타내는 확률변수를 생각해 보자. 다음 식에는 각각의 사건에 대응하는 확률변수의 값에 이진수로 구성된 하나의 스트링을 대응시키는 작업이 기술되어 있다.

$$
\begin{aligned}
\text{Prob}(x_1 = 1) = 1/2 &\;\rightarrow\; 0 \\
\text{Prob}(x_2 = 2) = 1/4 &\;\rightarrow\; 10 \\
\text{Prob}(x_3 = 3) = 1/8 &\;\rightarrow\; 110 \\
\text{Prob}(x_4 = 4) = 1/8 &\;\rightarrow\; 111
\end{aligned}
$$

위 식에서 정의된 확률변수에 대한 엔트로피는 1.75비트이다. 또한 소스코드에 사용된 이진수의 평균 개수도 1.75이다. 또한 커버·토머스는 소스코드는 스무고개 게임과 동일하게 볼 수 있다고 설명하고 있다. 따라서 엔트로피가 측정하려는 학습기술을 구체적으로 어떻게 설명할 수 있느냐 하는 의문이 있다면 스무고개는 이를 해소하는 데 도움이 되는 예라고 할 수 있다. 소스코드가 스무고개 게임과 동일하다고 볼 수 있는 것으로 해석하고 있다면 의사결정자는 스무고개의 질문 방식을 통해서 분석대상의 변수와 관련이 있는 변수의 값을 관측하여 분석대상의 변수에 대하여 추가적인 정보를 얻게 된다.

다음에서는 정규분포를 따른 확률변수들에 대한 상호정보를 계산한다. 확률변수 X에 대하여 $\mathcal{N}(\mu, \sigma^2)$의 정규분포를 가정한다. 연속인 확률변수에 대한 엔트로피는 밀도함수의 로그함수에 대한 기댓값으로 정의된다. 우선 정규분포의 밀도함수에 대한 로그함수는 아래와 같다.

$$g(x) = \frac{1}{\sqrt{2\pi}\sigma} \exp(-\frac{(x-\mu)^2}{2\sigma^2}) \rightarrow \ln g(x) = -\ln(\sqrt{2\pi}\sigma) - \frac{(x-\mu)^2}{2\sigma^2}$$

따라서 내트의 단위로 계산하면 $H(X) = (1/2)\ln(2\pi e\sigma^2)$이 된다.

다변수 정규분포를 따르는 확률벡터에 대한 엔트로피도 공분산 행렬의 행렬식(determinant)의 로그함수가 된다. X를 $n \times 1$ 확률벡터로 정의하고 $\mathcal{N}(\bar{X}, \Sigma)$의 분포를 따르는 것으로 가정한다. 정규분포를 따르는 확률벡터에 대한 엔트로피는 $H(X) = (1/2)\ln((2\pi e)^n|\Sigma|)$으로 주어진다.

정규분포를 따르는 확률변수들에 대한 상호정보를 도출하기 위해 위에서 설명한 공식을 이용한다. 상호정보의 의미는 다음과 같이 부여해 볼 수 있다. 의사결정자가 의사결정을 위해 파악해야 하는 변수에 대해 원래 가지고 있던 사전적인 정보가 있다고 하자. 의사결정자가 시그널의 값을 관측하여 추가적인 정보를 얻게 되어 사후적 분포를 계산할 수 있다고 가정한다. 사후적 분포는 사전적 분포에 비해 추가적인 정보를 보유하고 있고 추가적인 정보의 크기는 상호정보에 의해서 측정된다. 앞에서 설명한 모형과 연관 지어 구체적인 예를 들면 다음과 같다. 투자자들은 배당소득의 벡터들을 직접 관측하지 못하고 배당소득에 대한 정보를 담은 시그널 벡터를 관측하게 된다. 배당소득에 대한 분포와 시그널에 대한 분포를 알고 있다는 가정하에서 배당소득과 시그널에 대한 결합분포를 계산한 수 있다. 배당소득과 시그널이 모두 정규분포를 따르는 것으로 가정하여 배당소득과 시그널에 대한 결합분포는 다변량 정규분포가 된다. 이와 같은 상황에서 시그널 벡터를 관측한 이후 형성한 배당소득에 조건부 분포를 계산하기 위해 다변량 정규분포를 따르는 확률벡터의 조건부 분포를 계산하는 공식을 사용한다.

배당소득 벡터와 시그널 벡터를 각각 $n \times 1$ 열벡터로 나타내고 이들의 결합분포를 다음과 같이 정의한다.

$$\begin{bmatrix} D \\ S \end{bmatrix} \sim \mathcal{N}\Big(\begin{bmatrix} \bar{D} \\ \bar{S} \end{bmatrix}, \begin{bmatrix} \Sigma_d & \Sigma_{d,s} \\ \Sigma_{s,d} & \Sigma_s \end{bmatrix} \Big)$$

위 식에서 Σ_d는 배당소득의 공분산 행렬이고, Σ_s는 시그널의 공분산 행렬이다. $\Sigma_{d,s}$는 배당소득과 시그널의 공분산 행렬을 의미하고 대칭 행렬이라고 가정한다. 시그널을 관측한 이후 형성한 배당소득 벡터에 대한 사후적 분포는 정규분포가 된다.

$$\begin{aligned} E[D|S=s] &= \bar{D} + \Sigma_{d,s}\Sigma_s^{-1}(s - \bar{S}) \\ \Sigma_{d|s} &= \Sigma_d - \Sigma_{d,s}\Sigma_s^{-1}\Sigma_{s,d} \end{aligned}$$

위의 결과를 도출하는 방법은 연구자에 따라서 다를 수 있느나 여기에서는 선형 회귀분석을 이용한다. 다음과 같이 확률벡터 z를 정의한다.

$$z = D - bs; \qquad b = \Sigma_{d,s}\Sigma_s^{-1}$$

확률벡터 z와 s는 정규분포를 따르는 서로 독립인 확률벡터이다. 이를 보이기 위해 아래와 같이 두 확률벡터의 공분산이 0임을 보인다.

$$\begin{aligned} \text{Cov}(z,s) &= \text{Cov}(D,s) - b\text{Var}(s) \\ &= \text{Var}(s)(\text{Cov}(D,s)\text{Var}(s)^{-1} - b) \\ &= 0 \end{aligned}$$

확률벡터 z와 s는 서로 독립인 점을 이용하여 조건부 기댓값은 다음과 같이 도출된다.

$$\begin{aligned} E[D|s] &= E[z+bs|s] = E[z]+bs \\ &= E[D]+b(s-E[s]) \\ &= \bar{D}+\Sigma_{d,s}\Sigma_s^{-1}(s-\bar{S}) \end{aligned}$$

확률벡터 z와 s는 서로 독립인 점을 이용하면 아래에서 볼 수 있듯이 D에 대한 조건부 분산은 z의 비조건부 분산과 같다.

$$\mathrm{Var}(D|s)=\mathrm{Var}(z-bs|s)=\mathrm{Var}(z|s)=\mathrm{Var}(z)$$

z에 대한 비조건부 분산은 아래와 같이 주어진다.

$$\begin{aligned} \mathrm{Var}(z) &= \mathrm{Var}(D)+b\mathrm{Var}(s)b'-b\mathrm{Cov}(z,s)-\mathrm{Cov}(z,s)b' \\ &= \Sigma_d-\Sigma_{d,s}\Sigma_s^{-1}\Sigma_{s,d} \end{aligned}$$

따라서 사후적 분포의 기댓값과 분산을 계산하는 공식을 도출하였다. 사후적 분포에 대한 기댓값과 분산을 계산하였으므로 상호정보를 다음 식을 사용하여 계산할 수 있다.

$$\begin{aligned} I(D,S) &= H(D)-H(D|S) \\ &= (1/2)\ln((2\pi e)^n|\Sigma_d|)-(1/2)\ln((2\pi e)^n|\Sigma_{d|s}|) \end{aligned}$$

앞에서 계산하여 정리한 조건부 공분산 행렬을 위의 정의식에 대입하여 정리하면 상호정보는 아래와 같이 주어진다.

$$I(D,S)=-(1/2)\ln(|I-\Sigma_d^{-1}\Sigma_{d,s}\Sigma_s^{-1}\Sigma_{s,d}|)$$

위 식을 사용하여 배당소득에 대한 시그널이 배당소득과 노이즈 벡터의 합으로 정의되는 경우를 분석할 수 있다. 수식으로 표현하면 시그널의 벡터는 $S = D + E$이고, 노이즈 벡터인 E는 평균이 0이고

공분산 행렬은 Σ_e인 정규분포를 따르는 확률벡터를 의미한다. 따라서 시그널의 분산 행렬은 $\Sigma_s = \Sigma_d + \Sigma_e$이고 시그널과 배당소득 간의 공분산 행렬은 $\Sigma_{s,d} = \Sigma_d$이다. 이 식들을 사후적 분포의 분산 행렬을 계산하는 공식에 대입하고 정리하면 공분산 행렬의 역행렬들이 선형식을 만족함을 보일 수 있다. 배당소득에 대한 사후적 분포의 공분산 행렬의 역행렬은 배당소득의 사전적 행렬의 역행렬과 노이즈의 공분산 행렬의 역행렬의 합이 된다. 이를 수식으로 표현한다면 $\Sigma_{d|s}^{-1} = \Sigma_d^{-1} + \Sigma_e^{-1}$이다. 공분산 행렬의 역행렬을 정보의 정확성을 나타내는 척도로 정의하면, 앞에서 설명한 식은 사후적 정보의 정확성은 사전적인 정보의 정확성과 노이즈의 정확성의 합이 됨을 의미한다.

2 채널용량과 정보 구조의 선택

합리적 부주의 모형은 기업이나 개인이 가지고 있는 정보처리 능력을 상호정보에 대한 제약으로 표현한다. 자신이 봉착하고 있는 실제 상황에 대한 정보가 통신채널을 타고 자신에게 들어오지만 기업이 가지고 있는 정보처리 능력의 제한으로 정확하게 알지 못한다. 정보처리 능력의 부족으로 인하여 기업이 실제 상황을 이해하는 방식은 실제 상황에 대하여 주관적인 표현을 만드는 것이다. 기업이 만들어 낸 실제 상황에 대한 주관적인 표현 중에서 기업의 손실함수를 최소화하거나 이윤함수를 극대화하는 표현들이 기업의 가격으로 설정된다.

임의의 확률변수를 채널을 사용하여 전송하는 예를 설명한다. 먼저 채널을 한 번 사용할 때 1비트를 전송한다는 의미는 다음과 같다. 임의의 확률변수 X를 이진법 체계로 표현하는 상황을 생각해 보자.

채널을 통해 전송하기 위해 X를 1비트로 표현한다는 의미는 확률변수 X가 값을 취하는 전체 구간 안의 각각의 점을 0 또는 1의 숫자로 나타낸다는 뜻이다. X에 대한 하나의 표현(representation)으로 $\hat{X}$로 표기한다면 $\hat{X} = 0$ 또는 $\hat{X} = 1$이 된다. X를 2비트로 표현한다는 것은 확률변수 X가 값을 취하는 전체 구간 안의 각각의 점을 0, 1, 01, 10의 네 개의 값을 가지는 표현으로 나타내는 것을 의미한다.

유무선 전화채널과 인공위성을 연결하여 통신하는 것과 같이 일반적인 통신채널에 대한 모형을 시그널 추출(signal extraction)로 생각해 볼 수 있다. 예를 들어 전송하는 확률변수를 X로 나타내고, 수신하는 확률변수를 Y로 나타낸다. 또한 채널을 통해 전송하는 과정에서 발생하는 노이즈가 있다면 Y와 X 간의 관계는 $Y = X + Z$으로 쓸 수 있다. 노이즈를 나타내는 확률변수 Z는 X에 대하여 독립인 확률변수이다. 노이즈의 분포는 $\mathcal{N}(0, U)$로 가정한다. 또한 X의 평균을 0으로 가정한다.

채널용량은 파워 제약(power constraint)을 반영하여 채널을 통해서 전달될 수 있는 정보의 최대치로 정의된다. 파워 제약을 만족시킨다는 조건하에서 앞에서 설명한 전송 시그널과 수신 시그널 사이에 정의되는 상호정보의 최댓값임을 보일 수 있다. 따라서 채널용량은 전송에 쓰이는 매체가 수용할 수 있는 정보를 전송하는 능력으로 정의된다. 한편 위에서 설명한 시그널 모형을 사용하여 파워 제약을 설명하면 파워 제약은 확률변수 X에 대한 2차 모멘트의 크기에 대한 제약으로서 $E[X^2] \leq V$의 부등호가 부과된다. 이 부등호에서 V는 확률변수 X에 대한 2차 모멘트가 가질 수 있는 최댓값으로 정의된다. 확률변수 분포를 $f(x)$로 표기하면 파워 제약이 부과되는 경우 정규분포를 따르는 변수에 대한 채널용량은 다음과 같다.

$$C = \max_{f(x):E[X^2]\leq V} I(X,Y)$$

상호정보는 Y의 엔트로피에서 Z의 엔트로피를 뺀 차이임을 보이기 위해 아래의 식에서 정리한 단계를 거친다.

$$\begin{aligned} I(X,Y) &= H(Y) - H(Y|X) \\ &= H(Y) - H(X+Z|X) \\ &= H(Y) - H(Z) \end{aligned}$$

X에 대한 파워 제약 조건인 $E[X^2] \leq V$를 반영하면 Y의 엔트로피의 상한은 다음과 같이 주어진다.

$$H(Y) \leq \frac{1}{2} \log 2\pi e(V+U)$$

따라서 상호정보에 대한 상한은 다음과 같이 주어진다.

$$I(X,Y) \leq \frac{1}{2} \log(1+\frac{V}{U})$$

앞에서 설명한 식들을 정리하면 파워 제약 조건이 고려하여 계산한 채널용량은 다음과 같이 주어진다.

$$C = \frac{1}{2} \log(1+\frac{V}{U})$$

채널용량의 의미를 이해하기 위해 커버·토머스가 제시한 예를 소개한다. 통신채널을 1회 사용할 때 1비트를 전송하는 상황을 분석한다. 2개의 값을 전송할 수 있다.

이진법으로 부호를 만들면 하나는 0이고 다른 하나는 1이다. 전송하는 변수의 2차 모멘트에 대한 제약이 부과되어 있다는 점을 위에서 설명했다. 이를 가장 단순하게 반영하는 방식을 이진법에 맞추어서

설명한다. 0에 대응하는 부호는 표준편차의 크기와 같은 수치를 의미하고 1에 대응하는 부호는 표준편차에 대하여 마이너스 부호를 붙인 수치가 된다. $\hat{X}_1 = \sqrt{V}$는 0에 대응하고 $\hat{X}_2 = -\sqrt{V}$는 1에 대응하는 것으로 부호를 만들 수 있다. 발송자는 X의 값을 보내지만 수신자는 Y의 값을 관측하게 된다. 수신자가 양수의 값을 관측하면 발송자가 $\hat{X}_1 = \sqrt{V}$의 값을 보낸 것으로 해석한다. 또한 음수의 값을 관측하면 발송자가 $\hat{X}_2 = -\sqrt{V}$의 값을 보낸 것으로 해석한다. 비록 정규분포를 따르는 확률변수이지만 채널의 용량이 주어진다면 전송할 수 있는 정보의 값이 제한되어 발송자는 두 개의 값에 대한 정보만을 보낼 수 있다. 또한 수신자는 매우 다양한 Y의 값을 관측할지라도 두 개의 그룹으로 나누어 어느 그룹에 포함이 되느냐를 보고 발송자가 보낸 정보를 해석하게 된다. 이러한 과정에서 오차가 발생할 수 있다. 채널상에서 발생하는 노이즈가 있기 때문에 발송자가 음의 값을 보냈다고 할지라도 양수를 관측할 수도 있고 반대로 양수를 보냈더라도 음수를 관측할 수 있기 때문이다. 따라서 발송자와 수신자가 정보를 교환할 때 오류가 발생할 가능성을 분석한다. 양수를 보냈는데 음수로 나올 확률은 $\text{Prob}[Y < 0 | \hat{X}_1 = \sqrt{V}]$이다. 음수로 보냈는데 양수로 나올 확률은 $\text{Prob}[Y > 0 | \hat{X}_2 = -\sqrt{V}]$이다.

$$\frac{1}{2}\text{Prob}[Y < 0 | \hat{X}_1 = \sqrt{V}] + \frac{1}{2}\text{Prob}[Y > 0 | \hat{X}_2 = -\sqrt{V}] = 1 - \Phi(\sqrt{\frac{V}{U}})$$

상호정보의 크기에 대한 제약과 전송하는 확률변수의 2차 모멘트의 크기에 대한 제약이 파워 제약으로서 동시에 부과된다면, 연속적인 값을 가지는 원래의 확률변수가 가질 수 있는 모든 경우의 수를 모두 구분하여 보낼 수 없다. 또한 발송자가 단순히 구분되는 내용만을 채널을 통해 보내더라도 중간에 노이즈가 발생하여 수신자는 발송자가 보낸 정보를 틀리게 해석할 가능성이 있다.

이산형 채널의 정보용량(information capacity)에 대하여 설명한다. 채널용량을 정의하기 위해 유한개의 글자로 구성된 글자의 집합을 알파벳으로 정의한다. 이산형 통신 채널(discrete channel)은 전송 알파벳, 수신 알파벳, 전송 알파벳과 수신 알파벳 간 정의되는 확률행렬(stochastic matrix)로 구성되어 있다. 확률행렬은 전송 알파벳의 하나의 원소에 대하여 수신 알파벳의 하나의 원소에 대응하는 조건부 확률로 정의된 확률 전이행렬(transition matrix)을 의미한다. 무기억 채널(memoryless channel)은 특정 시점에서의 수신 알파벳에 대한 확률분포가 해당 시점에서의 전송 알파벳에 의존하고 이전 시점에서 전송되거나 수신된 메시지에는 의존하지 않는 통신 채널을 의미한다. 이산형 통신 채널에서 정의되는 상호정보를 극대화하는 값을 이산형 채널의 정보용량으로 정의한다. 구체적으로 채널용량의 의미를 전달하기 위해 단순한 예를 들기로 한다. 이진법의 0과 1의 숫자를 채널을 통해 전송하는 경우의 예를 설명한다. 0을 채널에 투입할 때 0이 산출되고 1이 채널에 투입될 때 1이 산출되는 경우는 에러가 없이 투입된 숫자와 산출된 숫자가 같다. 이러한 채널은 채널을 1회 사용할 때 에러 없이 하나의 비트가 전송되고 채널용량은 1비트이다. 에러가 있는 가장 단순한 채널은 이진법의 0과 1의 숫자를 채널을 통해 전송하는 경우에 에러가 발생하는 채널이다. 0을 전송하였지만 1의 숫자가 나오고 1의 숫자를 보냈지만 0의 숫자가 나올 수 있는 가능성이 존재하는 상황이다. 에러가 발생할 확률이 0을 보내는 경우와 1을 보내는 경우 모두 p라고 한다면 채널용량은 $C = 1 + p\log p + (1-p)\log(1-p)$이다.

정보 이론의 비율왜곡(rate distortion) 이론에서 제시하고 있는 최적화 문제를 사용하여 독점적 경쟁시장에서 제품을 판매하는 기업의 가격 결정을 위한 이윤 극대화의 문제를 구성하기로 한다. 앞에서 설명한 모형들과 기호 사용을 맞추기 위해 기업이 결정하는 가격을 p로 표기하고 상태변수의 값을 x로 사용한다. 비율왜곡 이론에서 사용되는 용어를 간단히 소개하면 다음과 같다. 관심이 있는 문제는 전송 시그널과 수신 시그널 간의 왜곡의 수준을 고정시킨 채 채널을 통해 전송되는 정보의 크기를 최소화하는 문제이다. 왜곡은 메시지 발송자가 보내는 시그널은 수신자가 받는 산출 시그널에 의해서 근사되어야 하는데 근사하는 과정에서 전송 메시지와 산출 메시지가 달라져서 발생한다. 비율(rate)은 전송되는 자료를 부호로 바꾸어 전송할 때 소요되는 비트의 크기를 의미한다.

비율의 개념을 쉽게 설명하기 위해 자료압축에서 사용하는 용어를 사용하여 비율이 사용되는 예를 보기로 한다. 압축된 이미지와 원래의 이미지를 비교할 때 원래의 이미지에서 픽셀 한 단위당 8비트라고 하자. 또한 압축률(compression ratio)이 2:1이라고 하자. 이 경우 압축된 이미지의 비율은 픽셀 한 단위당 4비트가 된다. 부호화(encode)하는 작업은 0과 1로 구성된 수열을 글자에 대응시키는 작업을 의미한다. 아스키 코드는 알파벳에 속하는 하나의 문자를 7개의 비트로 나타낸다. 각각의 문자를 나타내는 코드는 모두 7개의 비트이다. 따라서 비율이 7 비트이다. 모든 아스키 코드는 고정길이 코드(fixed-length code)이다.

비율왜곡 이론은 왜곡의 수준을 미리 결정하고 주어진 왜곡의 수준을 넘지 않는다는 제약이 부과된 상태에서 하나의 채널을 통해 전송되어야 하는 심볼 단위당 비트의 최솟값을 결정하는 문제를 다룬다. 또한 발송자와 수신자 간 정보의 교환에서 서로 인정할 수 있는 왜곡의 크기를 D로 설정하면 정보 비율왜곡함수(rate-distortion function)는 발송자가 수신자에게 메시지를 전송할 때 보내야 하는 심볼 단위당 비트에 대한 최솟값으로 정의된다. 정보 비율왜곡함수를 수식을 사용하여 설명하면 다음과 같다. 왜곡 척도(distortion measure)는 원래의 자료를 시그널로 표현할 때 발생하는 비용을 측정하는 척도로 해석할 수 있으며, 많이 쓰이는 척도는 평균제곱오차(mean-squared error)이다. 원래의 자료를 x로 표기하고 압축된 자료를 p로 표기하면 평균제곱오차는 $E[(x-p)^2]$이다. 정보 비율왜곡함수는 $E[(x-p)^2]=D$의 제약하에서 상호정보인 $I(X,P)$의 최솟값으로 정의된다. 상호정보는 다음과 같이 정의된다.

$$I(X,P)=\int\int g(x)f(p|x)\log\frac{f(p|x)}{\int g(x')f(p|x')dx'}dxdp$$

위 식에서 $f(p|x)$는 압축된 표현의 조건부 밀도함수를 의미한다. 또한 $g(x)$는 원래 자료의 밀도함수를 의미한다.

앞에서 설명한 비율 왜곡 이론을 합리적 부주의하에서 기업의 최적 가격정책을 결정하는 문제에 적용한다. 기업의 손실함수를 완전정보하에서의 최적 가격에서 실제의 가격을 뺀 차이의 제곱으로 정의하여 $\mathrm{l}(p,x)=(x-p)^2$으로 표기한다. 기업은 완전한 정보하에서의 최적 가격과 실제의 제품가격 간의 차이로 측정되는 손실함수의 기댓값을 D로 고정시킨 상태에서 정보비용을 최소화하여 기업의 가격정책함수를 도출하는 것으로 가정한다. 기업이 선택하는 가격정책은 $f(p|x)$로 표기한다. 이 함수는 기업이 판매하는 제품 가격에 대한 조건부 밀도함수로 해석할 수 있다. 표 6.1는 앞에서 설명한 기업의 가격정책함수의 선택문제를 수식으로 정리하여 수록하고 있다.

표 6.1에서는 가격정책함수가 조건부 밀도함수이라는 점을 반영하여 $\int f(p|x)dp=1$의 조건이 추가되었다.[1] 그런데 이 조건은 선험분포

[1] D는 외생적으로 결정된 양의 상수로 가정한다. 두 번째 제약조건은

표 6.1: 기업의 정보 비율왜곡함수의 결정

$\min_{f(p\|x)}$	$\int\int g(x)f(p\|x)\log[(\int g(x')f(p\|x')dx')^{-1}f(p\|x)]dxdp$
subject to	
	$\int\int g(x)f(p\|x)l(p,x)dxdp = D$
	$\int f(p\|x)dp = 1$

와 가격정책함수 간의 관계를 제약하는 조건과 연결된다. 구체적으로 설명하면 $g(x) > 0$이고 동시에 $f(p|x) > 0$인 x의 값에 대하여 합리적 부주의 모형에서 선험정보와 선택변수 간의 관계에 대한 제약조건으로 부과되었던 조건이 다음과 같은 단계를 거쳐 가격의 조건부 밀도함수에 대한 조건으로 전환된다.

$$\int f(x,p)dp = g(x)$$
$$\downarrow\uparrow$$
$$\int f(p|x)g(x)dp = g(x)$$
$$\downarrow\uparrow$$
$$\int f(p|x)dp = 1$$

따라서 $g(x) > 0$와 $f(p|x) > 0$의 조건이 성립하는 (x,p)의 값에 대하여 $\int f(p|x)dp = 1$의 조건이 성립해야 한다는 조건을 부과한다.

앞에서 설명한 최적화 문제에 대한 라그랑지언을 구성하면 다음과 같다. 간단히 쓰기 위해 가격정책함수와 직접적인 관련이 있는 부분을

$g(x) > 0$이고 동시에 $f(p|x) > 0$의 조건이 충족되는 점들에서 성립하는 조건이다. 기업의 정보 비율왜곡함수는 최적 가격정책함수를 상호정보에 대입하여 계산한 값으로 정의된다.

위주로 정리하였다.

$$\begin{aligned}\mathcal{L} &= \int\int g(x)f(p|x)\log\frac{f(p|x)}{\int g(x')f(p|x')dx'}dxdp \\ &+ \int\nu(x)(\int f(p|x)dp)dx \\ &+ \lambda\int\int g(x)f(p|x)\mathrm{l}(p,x)dxdp\end{aligned} \tag{6.1}$$

라그랑지언에 대한 도함수를 계산하여 극대화 조건을 도출하고 정리하면 가격에 대한 조건부 밀도함수는 다음과 같이 주어진다.

$$f(p|x) = \frac{f(p)\exp(-\lambda\mathrm{l}(p,x))}{\int f(p')\exp(-\lambda\mathrm{l}(p',x))dp'}$$

또한 위의 식의 양변에 $g(x)$를 곱하여 도출한 식의 양변을 x에 대하여 적분하면 다음과 같이 정리된다.

$$\int\frac{g(x)\exp(-\lambda\mathrm{l}(p,x))}{\int f(p')\exp(-\lambda\mathrm{l}(p',x))dp'}dx = 1$$

3 상호정보의 제약과 증권 포트폴리오

다음에서는 상호정보의 제약이 부과된 포트폴리오 선택 모형을 분석하기로 한다. 상호정보의 제약이 기존의 금융증권 포트폴리오 선택 모형에 부과된다면 기존의 연구결과와 비교하여 어떠한 차이가 발생할 것인가에 대하여 의문을 제시할 수 있다. 앞에서 설명한 모형에서는 금융증권을 보유할 때 얻을 것으로 예상되는 소득에 대한 뉴스가 발생하면 관측된 뉴스 시그널로부터 배당소득에 대한 정보를 추출하여 증권수요를 결정하는 데 반영하였다. 상호정보의 제약이 부과되는 경우 도출되는 재미있는 새로운 결과는 투자자의 개별 증권에 대한 주의할당(attention allocation)과 관련이 있다.

니우에르뷔흐·벨드캠프(Nieuwerburgh and Veldkamp 2010)는 상호정보 제약하에서 투자자가 자신의 포트폴리오를 구성하기 위해 금융증권의 미래수입에 대하여 학습해야 하는 모형을 분석한다. 투자가 가능한 모든 증권을 대상으로 자신의 모든 학습능력을 배분하는 상황과 자신의 모든 학습능력을 단 하나의 금융증권에 투입하는 서로 대비되는 상황이 발생할 수 있음을 보인다. 전자의 경우는 일반화된 학습(generalized learning)이고 후자의 경우는 특화된 학습(specialized learning)이다. 특히 투자자의 효용 극대화 문제를 풀기 위해 구성되는 라그랑지언이 사후적 분포의 분산에 대하여 볼록함수가 되는 경우 투자자는 특화된 학습을 선택하게 된다. 특화된 학습을 하는 경우 투자자들은 자신의 포트폴리오에 다양한 자산을 포함하는 분산화된 투자가 아니라 과소 분산화된 투자(under-diversified investment)를 선택하게 된다.

니우에르뷔흐·벨드캠프는 특화된 학습이 발생하는 이유로 투자자의 학습과 투자자의 금융투자 사이에 발생하는 피드백 효과를 들고 있다. 예를 들어서 투자자들은 자신이 투자를 많이 할 것으로 예상되는 증권에 대한 정보를 보다 많이 습득하고자 한다. 또한 상대적으로 많이 알고 있는 증권에 보다 많이 투자하고자 한다. 특화된 학습을 하는 경우 어떠한 금융증권을 집중적으로 학습하는 증권으로 선택하는지에 대한 의문이 발생한다. 투자자는 금융증권에 대한 학습을 시작하기 이전에 가지고 있던 사전적인 분포를 사용하여 계산한 샤프 비율을 기준으로 가장 높은 비율을 가진 금융증권을 선택한다. 개별 증권의 샤프 비율은 개별 증권의 초과 수익률을 수익률의 표준편차로 나눈 비율을 의미한다. 가장 높은 샤프 비율을 보유한 증권이 제공하는 학습의 금적전 이득이 가장 높기 때문이다.

수식으로 예를 들기 위해 투자자가 다음 시점에서 실현되는 자신의 재산에 대하여 평균·분산 선호를 가지고 있는 것으로 가정한다. 투자자가 시그널을 관측한 이후에 형성한 기대효용을 $E[U|s]$으로 표기하고 또한 기대효용은 부의 기댓값에 비례하여 증가하고 부의 분산이 증가함에 따라 감소하는 것으로 가정한다.

$$E[U|s] = \gamma E[w_1|s] - \frac{\gamma^2}{2}\mathrm{Var}[w_1|s]$$

위 식에서 γ는 양수로 가정한다. 또한 두 종류의 증권만 투자할 수 있는 것으로 가정하여 투자자의 예산제약식을 다음과 같이 쓴다.

$$w_1 = w_0 + (d_1 - p_1)\theta_1 + (d_2 - p_2)\theta_2$$

첫 번째 증권이 제공하는 미래 시점에서의 소득은 d_1이고 현재 시점에서의 가격은 p_1이다. 두 번째 증권이 제공하는 미래 시점에서의 소득은 d_2이고 현재 시점에서의 가격은 p_2이다. d_1은 평균이 μ_1이고 분산이 σ_1^2인 정규분포를 따르는 확률변수이고, d_2는 평균이 μ_2이고 분산이 σ_2^2인 정규분포를 따르는 확률변수이다. 투자자는 개별 증권에 대한 자신의 정보를 업데이트한 이후에 첫 번째와 두 번째 증권의 수요 θ_1과 θ_2를 결정한다. 이제 $E(d|s)$를 증권 보유가 제공하는 미래소득 벡터에 대한 조건부 기대치로 정의하고 $\mathrm{Var}(d|s)$를 배당소득에 대한 조건부 공분산 행렬로 정의한다면 효용 극대화의 결과로 도출된 증권수요는 다음과 같이 주어진다.

$$\theta^* = \gamma^{-1}\mathrm{Var}(d|s)^{-1}(E(d|s) - p)$$

위 식에서 θ^*는 최적화된 증권수요이고 p는 가격 벡터이다. d는 배당소득 벡터이고, s는 배당소득의 시그널 벡터이다. 또한, 첫 번째 배당소득의 시그널은 $s_1 = d_1 + \epsilon_1$이고, 두 번째 배당소득의 시그널은 s_2

$= d_2 + \epsilon_2$이다. ϵ_1과 ϵ_2는 평균이 0이고 분산은 상호정보 제약의 크기에 의해 결정된다. 최적화된 증권수요를 효용함수에 대입하면 다음과 같이 주어진다.

$$E[U^*|s] = \frac{1}{2}(E(d|s) - p)'\text{Var}(d|s)^{-1}(E(d|s) - p)$$

두 증권의 배당소득이 서로 독립이라고 가정하여 비조건부 기대효용을 계산하면 다음과 같이 정리된다.

$$E[U^*] = -1 + \frac{\sigma_1^2}{2\hat{\sigma}_1^2}(1 + R_1^2) + \frac{\sigma_2^2}{2\hat{\sigma}_2^2}(1 + R_2^2)$$

위 식에서 $\hat{\sigma}_1^2$은 s_1의 분산이고, $\hat{\sigma}_2^2$은 s_2의 분산으로 정의된다. R_1 $(= (\mu_1 - p_1)/\sigma_1)$은 투자자의 사전적인 분포에 의거하여 계산한 첫 번째 증권에 대한 샤프 비율이고, R_2 $(= (\mu_2 - p_2)/\sigma_2)$는 투자자의 사전적인 분포에 의거하여 계산한 두 번째 증권에 대한 샤프 비율이다. 상호정보에 대한 제약은 다음과 같이 단순화할 수 있다.

$$(\frac{\sigma_1\sigma_2}{\hat{\sigma}_1\hat{\sigma}_2})^2 \leq \kappa$$

또한 투자자가 이미 가지고 있는 정보를 망각할 수 없다는 조건을 두 증권에 대하여 부과하면 다음과 같다.

$$\sigma_1^2 \geq \hat{\sigma}_1^2; \qquad \sigma_2^2 \geq \hat{\sigma}_2^2$$

위에서 설명한 극대화 문제의 해로서 내부해가 아니라 모서리해 또는 구석해(coner solution)가 발생할 가능성이 있다. 이 경우 투자자는 단 하나의 증권 정보만 집중하여 얻는다. 그 이유는 이미 설명한 바와 같이 극대화 문제의 라그랑지언이 사후적 정보의 정확성에 대하여 볼록 함수가 되어 투자자는 특화된 학습을 선택하기 때문이다.

현재 설명하고 있는 모형을 사용하여 특화된 학습의 가능성을 보이기로 한다. 먼저 구석해 또는 모서리해의 가능성을 쉽게 보이기 위해 $x_i = (\sigma_i/\hat{\sigma}_i)^2$, $i = 1, 2$를 정의하여 위에서 설명한 극대화 문제에 대입한다. 그 결과 사후적 분산의 역수를 선택하는 문제는 아래와 같이 $\{x_i\}_{i=1}^2$를 선택하는 문제로 다시 쓸 수 있다.

$$\max_{x_1, x_2} A_1 x_1 + A_2 x_2 - 1 \quad \text{s.t.} \quad x_1 x_2 \leq \kappa \quad x_1 \geq 1 \quad x_2 \geq 1$$

이 식에서 $A_i = 1 + R_i^2$, $i = 1, 2$로 정의된다. 모서리해가 존재하는 경우 모서리해는 다음과 같이 결정된다.

$$\begin{aligned} x_1 = \kappa \quad x_2 = 1 \qquad &\text{if} \quad R_1 \geq R_2 \\ x_1 = 1 \quad x_2 = \kappa \qquad &\text{if} \quad R_1 < R_2 \end{aligned}$$

위에서 정리한 모서리해는 앞에서 이미 설명한 바와 같이 투자자는 금융증권에 대한 학습을 시작하기 이전에 가지고 있던 사전적인 분포를 사용하여 계산한 샤프 비율을 기준으로 가장 높은 샤프 비율을 가진 금융증권을 선택함을 의미한다.

앞에서 설명한 모형은 투자자의 학습능력에 제한이 있다면 여러 개의 금융증권에 대한 투자가 가능하더라도 하나의 금융증권을 선택하여 집중적으로 학습과 투자를 진행할 수 있다는 함의가 있음을 설명하였다. 몬드리아(Mondria 2010)는 투자자가 여러 개의 독립적인 시그널이 아니라 단 하나의 시그널에 집중하더라도 서로 다른 증권의 배당소득의 선형합에 대한 시그널을 학습하려는 유인이 있을 수 있음을 보인다. 앞에서 설명한 모형은 서로 다른 증권들의 배당소득에 대하여 사전적인 정보하에서 서로 독립이면 사후적으로도 서로 독립이라는 가정을 부과한 모형으로 간주할 수 있다는 점을 강조한다. 이러한 모형의 가정은 사전적인 정보하에서 두 개의 증권에 대한 배당소득이 서로 독립이라고 할지라도 자신의 학습능력의 제약을 감안하여 두 개의 증권으로 구성된 포트폴리오에 대한 학습을 진행할 가능성을 미리 배제한 것으로 볼 수 있다. 따라서 몬드리아는 증권의 포트폴리오에 대한 시그널을 받으려는 투자자의 경우 자신의 학습능력에 대한 제약을 고려하여 어떻게 최적 시그널을 구성하는지를 분석하였다. 몬드리아의 모형은 서로 다른 펀더멘털에 의해서 증권보유의 소득이 결정되는 서로 다른 증권의 시장가격이 펀더멘털의 상관관계보다 더 높은 상관관계를 보인다는 실증적 사실을 설명하는 데 유용하다. 이에 덧붙여서 특정한 금융시장에서 발생한 사건이 다른 금융시장과는 직접적으로 관련이 없더라도 두 개의 금융시장에 동시에 참가하고 있는 투자자들의 정보 업데이트에 영향을 미치게 되어 다른 금융증권의 거래량과 시장가격의 결정에 영향을 미치는 경로가 있음을 함의한다.

앞에서 설명한 모형에서와 같이 첫째 증권의 배당소득은 d_1이고 둘째 증권의 배당소득은 d_2이다. 또한 투자자의 시그널은 $s = c_1 d_1 + c_2 d_2 + \epsilon$으로 정의된다. 여기에서 ϵ는 배당소득과 독립인 확률변수이고, 분포는 $\mathcal{N}(0, \sigma_e^2)$이다. 투자자는 자신의 학습능력에 대한 제약하에서 자신의 시그널을 선택해야 한다. 자신에게 주어진 학습능력에 대한 제약하에서 기대효용을 극대화하는 c_1, c_2, σ_e의 값을 선택한다. 이 경우 금융증권에 대한 선택도 고려하여 결정하게 된다. 증권의 배당소득과 시그널의 결합분포는 다음과 같이 쓸 수 있다.

$$\begin{bmatrix} d_1 \\ d_2 \\ s \end{bmatrix} \sim \mathcal{N}\left(\begin{bmatrix} \bar{d}_1 \\ \bar{d}_2 \\ c_1\bar{d}_1 + c_2\bar{d}_2 \end{bmatrix}, \begin{bmatrix} \sigma_1^2 & 0 & c_1\sigma_1^2 \\ 0 & \sigma_2^2 & c_2\sigma_2^2 \\ c_1\sigma_1^2 & c_2\sigma_2^2 & c_1^2\sigma_1^2 + c_2^2\sigma_1^2 + \sigma_e^2 \end{bmatrix} \right)$$

앞에서 설명한 조건부 분포에 대한 공식을 적용하여 배당소득에 대한 조건부 분포를 도출한다. 먼저 조건부 기댓값은 다음과 같다.

$$E[D|s] = \begin{bmatrix} \bar{d}_1 \\ \bar{d}_2 \end{bmatrix} + \frac{s - c_1\bar{d}_1 - c_2\bar{d}_2}{\sigma_s^2} \begin{bmatrix} c_1\sigma_1^2 \\ c_2\sigma_2^2 \end{bmatrix}$$

이 식에서 $\sigma_s^2 = c_1^2\sigma_1^2 + c_2^2\sigma_1^2 + \sigma_e^2$으로 정의하였다. 배당소득에 대한 조건부 분산은 아래와 같이 정리된다.

$$\mathrm{Var}(D|s) = \begin{bmatrix} \sigma_s^{-2}(c_2^2\sigma_2^2 + \sigma_e^2) & -\sigma_s^{-2}c_1c_2(\sigma_1\sigma_2)^2 \\ -\sigma_s^{-2}c_1c_2(\sigma_1\sigma_2)^2 & \sigma_s^{-2}(c_1^2\sigma_1^2 + \sigma_e^2) \end{bmatrix}$$

따라서 학습능력에 대한 제약은 다음과 같이 주어진다.

$$\frac{(\sigma_2\sigma_2)^2(c_1^2\sigma_1^2 + c_2^2\sigma_2^2 + \sigma_e^2)}{(\sigma_2\sigma_2)^2(c_1c_2)^2 + c_1^2\sigma_1^2 + c_2^2\sigma_2^2 + 2\sigma_e^2} \leq \kappa$$

배당소득에 대한 조건부 기댓값과 조건부 분산이 모두 시그널의 계수들의 함수이므로 최적화된 개별 투자자의 기대효용도 c_1, c_2, σ_e의 함수가 된다. 따라서 투자자는 위의 학습능력에 대한 제약하에서 최적화된 기대효용을 극대화하는 c_1, c_2, σ_e의 값을 선택한다.

제 7 장 합리적 부주의와 가격 경직성

앞에서 정리한 합리적 부주의 모형의 가계와 기업의 행동 반응에 대한 함의를 구체적으로 설명하기 위해, 합리적 부주의 이론에서 강조한 정보처리 능력의 제약을 독점적 경쟁의 생산물 시장에서 활동하는 기업에 부과한 세 개의 대표적인 분석을 소개한다.

첫 번째의 모형은 매코비악·비더홀트(Mackowiak and Widerholt 2009)의 모형이다. 이 모형에서는 독점적 경쟁시장에서 활동하는 생산기업의 가격 설정 모형에 정보를 처리하는 능력에서의 제약을 부과한다. 그 결과 기업들은 다수의 외생적인 충격이 있을 때 정보를 처리하는 능력이 부족하기 때문에 모든 충격에 대한 정보를 정확하게 파악하지 못한다. 그중에서는 보다 시간과 노력을 들여서 파악하는 충격도 있지만 그렇지 않고 무관심해야 하는 충격도 있다. 결국 주의할당(attention allocation)의 문제가 발생하여 거시경제 전체에 영향을 미치는 충격보다 자신의 상황에 특수하게 영향을 미치는 충격에 더 주의를 기울이게 된다. 따라서 통화정책의 변화로 인한 충격이 발생하면 기업이 속한 산업에서 발생하는 충격에 대응하는 것에 비해 반응의 크기가 작다. 이러한 의미에서 가격 경직성이 발생하는 모형으로 해석할 수 있다. 그러나 매코비악·비더홀트의 모형은 가격이 일정 기간 고정된다는 현실의 가격자료에서 관측되는 경험적 사실을 설명하지 못한다.

두 번째 모형은 우드퍼드(Woodford 2009)의 모형이다. 모형의 구조를 간단히 소개하면 다음과 같다. 의사결정이 매 시점마다 이루어질 필요가 없다면 매 시점 정보를 업데이트할 필요가 없다. 이 경우 어느 시점에서 정보를 업데이트해야 하는지를 결정해야 한다. 정보를 업데이트함으로써 얻은 이득과 비용이 있다면 정보 업데이트로부터의 한계이득과 한계비용이 같아지는 시점이 정보를 업데이트할 적절한 시점이 된다. 정보를 업데이트하면 새로운 행동을 선택한다. 정보를 업데이트하여 얻는 이득은 정보를 업데이트하지 않은 상태에서의 선택이 최적 선택이 아니라면 정보를 업데이트하여 최적 선택으로 이동함으로써 얻는 이득이 된다. 정보를 업데이트할 때 처리해야 하는 정보의 양은 정보를 업데이트하지 않은 상태에서의 선택과 최적 선택 간의 차이에 의존한다. 한계 분석에 의해서 결정된 최적 조건이 함의하는 점은 지난번에 정보를 업데이트한 이후 정보를 업데이트하는 시점을 최적 선택과의 거리의 함수로 표현할 수 있다는 것이다. 최적 선택이 확률적으로 변동하는 모형에서는 최적 선택과의 거리도 확률적으로 변동하므로 정보를 새로이 업데이트하는 데 소요되는 시간도 확률변수가 된다. 따라서 소비자와 가계가 주변 여건 또는 상황 변화에 대하여 반응하는 시점은 항상 일정하지 않고 확률적으로 결정된다. 다만 외생적 충격의 변동성이 매우 작은 안정적인 경제에서는 정보를 업데이트할 확률이 일정한 상수로 고정된 경우와 비교하여 크게 차이가 없다.

세 번째 모형은 마테카(Matějka 2016)의 모형이다. 이 모형에서는 이산적 가격설정 모형(discrete pricing model)을 강조한다. 정보처리 능력에 제약이 있다면 주변 여건이나 경제상황을 결정하는 변수들이 연속적으로 변화할지라도 이를 연속적으로 파악하는 것이 아니라 띄엄띄엄 파악한다. 따라서 가계와 기업이 파악하고 있는 정보의 집합에는 큰 그림을 파악할 수 있는 정도로 몇 개의 값들만 포함되어 있다. 예를 들어 연속적인 확률분포를 몇 개의 사건으로 구성된 이산분포로 전환시키는 것과 같다. 따라서 기업이 가격을 설정할 때 몇 개의 대안으로 이루어진 선택가능 집합을 선정하고 선정된 집합 안으로 국한시켜 선택한다. 시간이 변화하면서 과거와 현재의 상황이 변화하더라도 과거 시점의 가격이 현재 시점이나 미래 시점에 재등장하는 상황이 반복적으로 순환할 수 있다. 마테카는 정보처리 능력에 한계가 있는 사람은 큰 실수의 가능성을 줄이기 위해 큰 그림을 위주로 띄엄띄엄 파악한다는 점을 강조한다.

1 기업의 주의할당과 가격 경직성

매코비악·비더홀트(Mackowiak and Widerholt 2009)의 모형을 소개한다. 기업의 목표는 손실함수의 기댓값을 최소화하는 가격을 선택하는 것이다. 손실함수의 기댓값을 최소화하는 가격은 완전한 정보하에서 기업의 이윤 극대화를 달성하는 가격의 예측치가 된다. 기업은 완전한 정보하에서 이윤 극대화의 가격이 어떻게 결정되는지를 정확히 알고 있다고 가정한다. 그러나 정보를 처리하는 능력에서 제약이 있기 때문에 기업은 이윤 극대화의 가격을 결정하는 요인의 실제 값을 정확하게 알지 못한다. 기업은 불완전한 정보하에서 이윤 극대화 가격의 결정요인에 대한 예측치를 계산하고, 이를 사용하여 이윤 극대화 가격의 기댓값을 계산한다. 이렇게 생성된 이윤 극대화 가격의 예측치가 불완전한 정보하에서 기업이 설정한 가격이 된다.

기업은 시그널을 관측하여 자신의 정보를 업데이트한다. 기업의 가격 결정에 중요한 역할을 하는 두 개의 외생적인 충격이 있다. 첫 번째 충격은 경제 내에 존재하는 모든 기업에 동일하게 적용되는 총수요 충격이다. 두 번째 충격은 다른 기업에는 전혀 영향이 없고 자신에게만 적용되는 생산성 충격이다. 두 개의 충격에 대한 실현치를 직접 관측하지 못하고 이들에 대한 서로 독립인 두 개의 시그널을 관측하여 정보를 업데이트한다. 기업은 두 개의 시그널을 보고 나서 업데이트된 정보를 기준으로 이윤 극대화의 가격을 예측하는 데 사용한다. 시그널의 관측에 따른 기업가가 보유한 정보의 변화는 상호정보에 의해서 측정되고, 이를 계산하기 위해 사전분포의 엔트로피에서 시그널을 받은 후에 형성된 사후적 분포의 조건부 엔트로피를 뺀 차이를 계산한다.

다음에서는 외생적 충격들의 시그널에 대하여 설명한다. 외생적 충격과 노이즈는 모두 정규분포를 따르는 확률변수로 가정한다. 총수요 충격에 대한 시그널은 다음과 같이 구성되어 있다.

$$s_{1t} = a_t + e_{1t} \tag{7.1}$$

s_{1t}는 총수요 충격의 시그널이다. a_t는 총수요 충격을 의미한다. e_{1t}는 실제의 총수요 충격과 독립인 노이즈를 의미한다. 두 변수의 평균은 모두 0이고 분산은 각각 σ_a^2과 σ_1^2으로 주어진다. 또한 기업의 특수한 생산성 충격에 대한 시그널은 다음과 같이 구성되어 있다.

$$s_{2t} = z_t + e_{2t} \tag{7.2}$$

s_{2t}는 하나의 기업에만 적용되는 생산성 충격의 시그널이다. z_t는 하나의 기업에만 국한하여 발생하는 생산성 충격을 의미한다. e_{2t}는 생산성 충격과 독립인 노이즈를 의미한다. 두 변수의 평균은 모두 0이고 분산은 각각 σ_z^2과 σ_2^2으로 주어진다. 앞에서 설명한 공식을 사용하기

위해 이변수 정규분포를 구성한다. 시그널의 벡터와 실제 충격의 벡터는 각각 $s_t = [s_{1t} \; s_{2t}]'$, $u_t = [a_t \; z_t]'$으로 정의된다. 두 개의 이변수 정규분포를 위로 쌓아서 다음과 같은 정규분포를 따르는 확률벡터를 정의할 수 있다.

$$\begin{bmatrix} u_t \\ s_t \end{bmatrix} \sim \mathcal{N}\Big(\begin{bmatrix} 0 \\ 0 \end{bmatrix}, \begin{bmatrix} \Sigma_u & \Sigma_{u,s} \\ \Sigma_{s,u} & \Sigma_s \end{bmatrix} \Big)$$

위의 식에서 Σ_u는 실제 충격들의 공분산 행렬이다. Σ_s는 시그널의 공분산 행렬이다. $\Sigma_{u,s}$는 실제의 충격과 시그널의 공분산 행렬을 의미한다. 공분산 행렬들은 무상관의 가정에 의해서 모두 대각행렬이다. 예를 들면 실제의 충격과 시그널의 공분산 행렬은 다음과 같이 주어진다.

$$\Sigma_u = \begin{bmatrix} \sigma_a^2 & 0 \\ 0 & \sigma_z^2 \end{bmatrix}; \qquad \Sigma_s = \begin{bmatrix} \sigma_a^2 + \sigma_1^2 & 0 \\ 0 & \sigma_z^2 + \sigma_2^2 \end{bmatrix}$$

시그널을 관측한 이후 형성한 실제 충격에 대한 사후적 분포는 정규분포가 되고 공분산 행렬은 다음과 같이 주어진다.

$$\Sigma_{u|s} = \Sigma_u - \Sigma_{u,s}\Sigma_s^{-1}\Sigma_{u,s} = \Sigma_u - \Sigma_u\Sigma_s^{-1}\Sigma_u$$

위의 식에서 두 번째 등호는 $\Sigma_{u,s} = \Sigma_u$의 관계를 대입하여 도출하였다. 앞에서 정리한 공분산 행렬들을 위의 공식에 대입하여 정리하면 조건부 공분산은 다음과 같이 주어진다.

$$\Sigma_{u|s} = \begin{bmatrix} \frac{\sigma_1^2\sigma_a^2}{\sigma_a^2+\sigma_1^2} & 0 \\ 0 & \frac{\sigma_2^2\sigma_z^2}{\sigma_z^2+\sigma_2^2} \end{bmatrix}$$

앞에서 도출한 공분산 행렬을 다음 식에 있는 상호정보의 정의식에 대입한다.

$$I(U,S) = (1/2)\log_2((2\pi e)^2|\Sigma_u|) - (1/2)\log_2((2\pi e)^2|\Sigma_{u|s}|)$$

위 식에서는 상호정보를 비트 단위로 측정하였기 때문에 로그의 밑이 2로 주어졌다. 내트로 측정하는 경우는 자연로그를 써야 한다. 서로 다른 두 개의 측정 단위를 사용하여 발생하는 차이는 로그 밑의 변환 공식을 사용하여 보정할 수 있다. 참고로 로그의 밑이 2인 경우와 자연로그 간의 로그 밑 변환 공식은 $\log_2 x = \ln x \, \log_2 e$이다. 공분산 행렬들이 모두 대각행렬이므로 상호정보는 다음과 같이 간단하게 정리된다.

$$I(U,S) = (1/2)\log_2(\frac{\sigma_a^2}{\sigma_1^2}+1) + (1/2)\log_2(\frac{\sigma_z^2}{\sigma_2^2}+1) \tag{7.3}$$

기업의 손실함수는 완전한 정보하에서 이윤 극대화의 가격에서 실제의 가격을 뺀 차이를 제곱한 이차함수의 기댓값에 비례한다. 기업은 위에서 도출한 상호정보에 대한 제약을 고려하여 손실함수를 최소화하는 가격을 선택한다. 불완전한 정보하에서 기업이 선택하는 가격을 p_t로 표기하고, 완전한 정보하에서 이윤 극대화의 가격을 p_t^*로 표기하면 임의의 t시점에서의 손실함수는 다음과 같이 주어진다.

$$\frac{\omega}{2}E[(p_t^* - p_t)^2 | s_{1t}, s_{2t}] \tag{7.4}$$

이 식에서 ω는 양수의 값을 가지는 비례상수이다. 손실함수는 원래의 비선형 이윤함수를 2차 근사하여 손실함수를 도출할 수 있다. 비례상수의 값은 비선형 이윤함수의 이차 도함수를 균제 상태에서 평가한 값들의 함수이다.[1] 기업은 완전한 정보하에서 이윤 극대화의 가격인 p_t^*의 값은 알 수 없으나 결정 과정에 대해서는 정확히 알고 있다. 이러한 가정이 의미하는 바를 다음과 같이 정리할 수 있다. 첫째, 정보처리

[1] 매코비악·비더홀트는 원래의 비선형 이윤함수를 균제상태 근방에서 이차 근사하는 과정을 상세히 설명하고 있다. 또한 현재 시점과 미래 시점에서의 손실함수들의 할인된 합의 기댓값을 최소화한다.

능력의 부족은 가격설정에 대한 기업의 의사결정 과정을 왜곡시키지 않는다. 둘째, 정보처리 능력의 부족은 거시경제의 변화가 자신의 수요곡선과 제품의 생산비용에 미치는 과정에 관한 지식을 왜곡시키지 않는다. 이 두 가지의 함의를 요약하면 정보처리 능력의 제약은 단순히 기업이 자신의 의사결정에 필요한 자료를 정확히 관측할 수 없도록 하는 역할만 한다. 완전한 정보하에서 이윤 극대화의 가격은 다음과 같이 결정되는 것으로 가정한다.

$$p_t^* = a_t - \alpha z_t \tag{7.5}$$

위 식에서 α는 양수이고 기업 자체의 생산성에 대한 제품 가격의 반응계수를 의미한다. 식 (7.4)에 있는 손실함수를 최소화하는 가격은 다음 식과 같이 완전한 정보하에서의 이윤 극대화의 가격에 대한 기댓값으로 주어진다.

$$p_t = E[p_t^*|s_{1t}, s_{2t}] = E[a_t|s_{1t}, s_{2t}] - \alpha E[z_t|s_{1t}, s_{2t}] \tag{7.6}$$

위 식의 함의는 앞에서 이미 설명한 바와 같이 기업이 완전한 정보를 보유하고 있다면 언제든지 기업의 입장에서 가장 이상적인 가격으로 설정하였을 것이지만 정보처리 능력의 부족으로 이를 관측할 수 없기 때문에 현재 보유하고 있는 정보하에서 완전한 정보하에서의 이윤 극대화의 가격에 대한 예측치와 같게 가격을 설정한다는 것이다. 따라서 기업은 가격을 계산하기 위해 총수요 충격의 조건부 기댓값과 생산성 충격의 조건부 기댓값을 계산해야 한다. 총수요 충격에 대한 기댓값은 다음과 같이 주어진다.

$$E[a_t|s_{1t}, s_{2t}] = \phi_1 s_{1t}; \qquad \phi_1 = \frac{\sigma_a^2}{\sigma_a^2 + \sigma_1^2}$$

생산성 충격에 대한 기댓값은 다음과 같이 주어진다.

$$E[z_t|s_{1t}, s_{2t}] = \phi_2 s_{2t}; \qquad \phi_2 = \frac{\sigma_z^2}{\sigma_z^2 + \sigma_2^2}$$

다음에서는 주어진 정보처리 능력에 대한 제약하에서 주의할당에 대하여 설명한다. 상호정보에 대하여 주어지는 제약은 $I(U,S) \leq \kappa$이다. 주의할당은 정보처리 능력에 대한 제약이 의사결정자의 전체 능력에 부과되고 의사결정자가 동시에 처리해야 하는 서로 다른 다수의 작업에 효율적으로 자신의 능력을 배분하는 것을 의미한다. 총수요의 충격을 파악하는 데 할당된 능력의 크기를 κ_1이라고 하고, 자신의 생산성 충격을 파악하는 데 할당된 능력의 크기를 κ_2라고 한다. 또한 κ_1과 κ_2를 각각 $k_1 = (1/2)\log_2((\sigma_a^2/\sigma_1^2)+1)$과 $k_2 = (1/2)\log_2((\sigma_z^2/\sigma_2^2)+1)$으로 정의하여 식 (7.2)에 대입하면 $I(U,S) \leq \kappa$의 제약은 $\kappa_1 + \kappa_2 \leq \kappa$로 쓸 수 있다. κ의 값은 외생적으로 주어지지만 κ_1과 κ_2의 값은 기업이 선택할 수 있다. 이는 각각의 변수에 대한 시그널의 정확도를 선택할 수 있다는 의미이다. 이를 수식으로 설명하기 위해 앞에서 정의한 각 변수의 기댓값과 변수의 실제 값에 대한 반응계수 간의 관계를 도출한다. 주의할당 파라미터에 대한 정의식을 반응계수의 식에 대입하여 다음과 같이 정리할 수 있다.

$$\kappa_1 = (1/2)\log_2(1-\phi_1)^{-1}; \quad \kappa_2 = (1/2)\log_2(1-\phi_2)^{-1} \tag{7.7}$$

완전한 정보하에서 이윤 극대화의 가격과 현재 시점에서의 가격 간의 차이는 다음과 같이 쓸 수 있다.

$$p_t^* - p_t = (1-\phi_1)a_t - \alpha(1-\phi_2)z_t - \phi_1 e_{1t} + \alpha\phi_2 e_{2t}$$

따라서 손실함수의 기댓값은 아래와 같이 주어진다.

$$E[(p_t^* - p_t)^2|s_{1t}, s_{2t}] = \phi_1^2\sigma_1^2 + (\alpha\phi_2)^2\sigma_2^2 + (1-\phi_1)^2\sigma_a^2 + (\alpha(1-\phi_2))^2\sigma_z^2$$

위의 식을 간단히 정리하기 위해 ϕ_1과 ϕ_2의 정의를 이용한다. 노이즈의 분산과 실제의 충격의 분산 간의 관계를 $\sigma_1^2 = (\phi_1^{-1} - 1)\sigma_a^2$과 $\sigma_2^2 = (\phi_2^{-1} - 1)\sigma_z^2$으로 계산할 수 있다. 이를 위의 식에 대입하여 노이즈 분산을 소거하면 아래의 식과 같이 모두 실제 충격의 분산에 대한 식으로 정리할 수 있다.

$$E[(p_t^* - p_t)^2 | s_{1t}, s_{2t}] = (1 - \phi_1)\sigma_a^2 + \alpha^2(1 - \phi_2)\sigma_z^2$$

식 (7.7)에 수록되어 있는 식을 위의 식에 대입하여 정리하면 기업의 주의할당 문제는 다음과 같이 쓸 수 있다.

$$\min_{\kappa_1 \in [0,k]} \{\tau 2^{-2\kappa_1} + 2^{-2(\kappa - \kappa_1)}\}$$

위 식에서 $\tau = \sigma_a^2/(\alpha^2\sigma_z^2)$이다. 내부해가 존재하는 경우, 미분한 도함수를 0으로 놓고 κ_1에 대하여 풀면 다음과 같다.

$$\kappa_1 = \frac{\kappa}{2} + \frac{1}{4}\log_2 \tau$$

구석해가 발생하는 경우는 τ의 값이 크거나 작은 경우이다. 이러한 경우 내부해가 있다는 가정하에서 계산한 κ_1의 값이 상호정보의 상한을 넘거나 음수가 될 수 있다. 따라서 다음의 두 경우를 고려해야 한다.

$$\begin{aligned} &\tfrac{\kappa}{2} + \tfrac{1}{4}\log_2 \tau \geq \kappa \quad \rightarrow \quad \tau \geq 2^{2\kappa} \\ &\tfrac{\kappa}{2} + \tfrac{1}{4}\log_2 \tau \leq 0 \quad \rightarrow \quad \tau \leq 2^{-2\kappa} \end{aligned}$$

위에서 설명한 결과들을 정리하면 총수요 충격에 할당되는 능력은 다음과 같이 쓸 수 있다.

$$\kappa_1 = \begin{cases} \kappa & \text{if } \tau \geq 2^{2\kappa} \\ \frac{\kappa}{2} + \frac{1}{4}\log_2 \tau & \text{if } 2^{-2\kappa} < \tau < 2^{2\kappa} \\ 0 & \text{if } \tau \leq 2^{-2\kappa} \end{cases} \tag{7.8}$$

2 상호정보의 제약과 가격 변화 시점의 선택

다음에서는 우드퍼드(Woodford 2009)의 분석을 소개한다. 여러 시점에 걸쳐 유효한 가격의 결정에 대한 동태 모형이 주요 목적이지만 우드퍼드가 출간한 논문의 식 (14)에서 정리한 극대화 문제는 정태모형으로도 설명이 가능하다. 다음에서는 우드퍼드의 논문에 수록된 식 (14)의 극대화 문제와 식 (16)의 극대화 조건에 대한 배경을 자세히 설명한다. 또한 벨드캠프(Veldkamp 2011)의 교과서에서는 해저드 함수(hazard function)를 시그널의 정확도로 해석하였다. 해저드 함수의 값이 클수록 새로운 변화로 이어지는 시그널이 실제로 발생할 가능성이 높기 때문에 해저드 함수는 새로운 변화를 내용으로 담은 시그널의 정확성을 나타내는 것으로 해석할 수 있다. 따라서 우드퍼드의 분석을 시그널이 이산 확률분포를 따르는 경우 시그널의 정확도를 선택하는 문제로 해석할 수 있다.

이 절에서는 해저드 함수는 변화의 시점을 확률적으로 선택하는 기업 또는 개인이 결정하는 선택변수라는 점을 강조한다. 특정한 해저드 함수를 선택하는 것은 이득과 비용을 수반한다. 과거의 선택을 그대로 유지하지 않고 새로운 변화를 선택하여 얻은 이득이 있는 것으로 가정한다. 또한 특정한 해저드 함수와 관련된 비용이 수반된다. 이는 해저드 함수의 크기가 사후적 분포함수의 밀도함수의 값을 결정하는 하나의 요인이므로 상태변수의 조건부 엔트로피에 영향을 미치기 때문이다.

해저드 함수와 상태변수의 조건부 엔트로피 간의 관계에 대하여 다음과 같이 요약할 수 있다. 해저드 함수는 현재 시점에서 현상유지와 변화 간의 두 대안 중 변화가 선택될 확률을 의미한다. 해저드 함수를 도입하는 이점은 다음과 같이 정리할 수 있다. 관측할 수 없는 실제의 상황은 연속적인 분포를 따르는 확률변수이지만 시그널은 이산분포를 따르는 확률변수이다. 따라서 시그널의 관측에 의해서 발생하는 엔트로피의 변화를 정의하는 것이 쉽지 않다. 우드퍼드가 제시한 방식은 해저드 함수를 사용하여 엔트로피의 변화를 설명하는 것이다. 해저드 함수가 결정되면 실제의 상황에 대한 조건부 분포의 밀도함수는 베이즈 규칙을 사용하여 쉽게 계산할 수 있다.

현재 시점에서 과거에 결정된 수준을 그대로 유지하는 경우 최적 수준과의 차이를 연속적인 확률변수로 표시할 수 있다. 구체적으로 설명하기 위해 변수 X를 현재 시점에서의 최적 수준과의 차이로 정의하고 확률변수의 값이 $X = x$일 때의 밀도함수를 $h(x)$라고 한다. 정보처리 능력에 대한 제약으로 인해 의사결정자는 실제의 상황을 정확하게 알지 못한다. 정보를 업데이트하기 이전 의사결정자가 가지고 있는 현재 시점의 상황에 대한 이해 수준은 선험확률분포의 밀도함수인 $h(x)$로 표시된다. 정보를 업데이트하느냐 마느냐의 여부를 나타내는 확률변수를 U로 정의한다. $U = 1$이면 정보를 업데이트하는 것을 의미하고 $U = 0$이면 정보를 업데이트하지 않는 것을 의미한다. 해저드 함수는 $\Lambda(x)$로 표기한다. 해저드 함수의 정의는 $X = x$인 경우 $U = 1$가 될 확률이다. 베이즈 규칙을 적용하기 위해 다음의 관계를 먼저 정리한다. 첫째, $\text{Prob}[U = 1|X = x]\ \text{Prob}[X = x] = \Lambda(x)h(x)$이다. 둘째, $\text{Prob}[X = x|U = 1]\ \text{Prob}[U = 1] = \text{Prob}[X = x|U = 1] \int \Lambda(x)h(x)dx$이다. 첫 번째의 식과 두 번째의 식은 모두 $\text{Prob}[U = 1, X = x]$이다. 한편, $\text{Prob}[U = 1] = \int \Lambda(x)h(x)dx$이 성립한다. 따라서 정보를 업데이트한 이후 상태변수에 대한 조건부 밀도함

수는 $\text{Prob}[X = x|U = 1] = \bar{\Lambda}^{-1}\Lambda(x)h(x)$이다. 이 식에서 $\bar{\Lambda}$는 $\bar{\Lambda} = \int \Lambda(x)h(x)dx$로 정의된다. 앞에서 이미 언급한 바와 같이 해저드 함수가 결정되면 이산분포를 따르는 시그널의 값을 받은 이후 형성되는 실제의 상황에 대한 조건부 분포의 밀도함수는 베이즈 규칙을 사용하여 쉽게 계산할 수 있음을 확인할 수 있다.

의사결정자가 정보를 처리하는 데 소요되는 비용은 상호정보에 비례하는 것으로 가정한다. 비례상수는 γ로 나타내고 의사결정자는 비례상수를 주어진 것으로 간주한다. 의사결정자가 정보를 얻기 위해 지불하는 비용은 상호정보 단위당 이득과 동일한 단위로 측정된 실물비용으로 해석할 수 있다. 상호정보의 정의는 $I(X, U) = H(X) - H(X|U)$이다. 이 식에서 $H(X)$는 확률변수 X에 대한 엔트로피이고 $H(X|U)$는 조건부 엔트로피이다. 또한 정보를 업데이트함으로써 얻는 이득은 최적 상태와의 차이에 의존하는 것으로 가정하여 $L(x)$로 정의한다. 앞에서 설명한 바를 종합하여 의사결정자의 극대화 문제를 정리하면 다음과 같다.

$$\max_{\Lambda(x)}\{\int \Lambda(x)L(x)h(x)dx - \gamma I(X, U)\} \tag{7.9}$$

식 (7.9)은 우드퍼드의 논문에 수록된 식 (14)의 극대화 문제에 대응된다. 먼저 비용 부분을 설명한다. 상호정보를 계산하기 위해 선험확률분포하에서의 엔트로피와 조건부 엔트로피를 계산해야 한다. 조건부 엔트로피는 조건부 분포의 밀도함수의 로그함수에 대한 기댓값을 결합분포로 계산한 후 마이너스를 붙여서 계산한 수치로 정의된다. 먼저 조건부 엔트로피를 계산하기 위해 결합밀도함수를 설명한다. 앞에서 이미 설명한 바와 같이 $\text{Prob}[U = 1|X = x]\ \text{Prob}[X = x] = \Lambda(x)h(x)$이다. 따라서 결합밀도함수는 시그널의 값에 따라 분리하여 $g(1, x) = \Lambda(x)h(x)$과 $g(0, x) = (1 - \Lambda(x))h(x)$으로 주어진다. 또한 조건부 밀

도함수는 다음과 같이 주어진다.

$$h(x|1) = \frac{\Lambda(x)h(x)}{\bar{\Lambda}}; \qquad h(x|0) = \frac{(1-\Lambda(x))h(x)}{1-\bar{\Lambda}}$$

아래의 식에서는 위에서 설명한 결과들을 정리하여 상호정보를 도출한다.

$$\begin{aligned} H(X) &= -\int \ln(h(x))h(x)dx \\ H(X|U) &= -\int (\ln(h(x|1))g(1,x) + \ln(h(x|0))g(0,x))dx \\ I(X,U) &= \int (\Lambda(x)\ln\tfrac{\Lambda(x)}{\hat{\Lambda}} + (1-\Lambda(x))\ln\tfrac{1-\Lambda(x)}{1-\hat{\Lambda}})h(x)dx \\ &= \int (\Lambda(x)\ln(\Lambda(x)) + (1-\Lambda(x))\ln(1-\Lambda(x)))h(x)dx \\ &\quad -\bar{\Lambda}\ln(\bar{\Lambda}) - (1-\bar{\Lambda})\ln(1-\bar{\Lambda}) \end{aligned}$$

첫 번째 줄은 엔트로피의 정의이다. 두 번째 줄은 조건부 밀도함수의 로그함수에 대한 비조건부 기댓값으로 정의되는 조건부 엔트로피의 정의에 의거하여 정보를 업데이트 여부를 고려한 조건부 엔트로피에 대한 공식이다. 세 번째 줄은 첫 번째 줄과 두 번째 줄의 결과를 사용하여 상호정보를 계산하여 정리한 결과를 수록하고 있다. 따라서 상호정보에 대한 조건부 확률인 $\Lambda(x)$에 대한 편미분 값은 아래와 같이 계산할 수 있다.

$$\begin{aligned} (\partial I(X,U))/(\partial\Lambda(x)) &= h(x)(\log\tfrac{\Lambda(x)}{\bar{\Lambda}} - \log\tfrac{1-\Lambda(x)}{1-\bar{\Lambda}}) \\ &= h(x)(\log\tfrac{\Lambda(x)}{1-\Lambda(x)} - \log\tfrac{\bar{\Lambda}}{1-\bar{\Lambda}}) \end{aligned}$$

위 식에서 정리한 상호정보에 대한 도함수를 식 (7.9)의 극대화 문제에 적용하여 극대화 문제에 대한 1계 조건을 계산하면 아래와 같이 주어진다.

$$\gamma^{-1}L(x) + \log\frac{\bar{\Lambda}}{1-\bar{\Lambda}} = \log\frac{\Lambda(x)}{1-\Lambda(x)} \tag{7.10}$$

식 (7.10)은 우드퍼드의 논문에 수록된 식 (16)의 극대화 조건에 대응된다. 극대화 조건을 정리하여 최적 해저드 함수를 도출한다.

$$\Lambda(x) = \frac{\bar{\Lambda}}{(1-\bar{\Lambda})\exp(-\gamma^{-1}L(x)) + \bar{\Lambda}} \tag{7.11}$$

양변에 $h(x)$을 곱한 후에 적분하면 해저드 함수의 비조건부 기댓값에 대한 방정식이 다음과 같이 도출된다.

$$\int \frac{h(x)}{(1-\bar{\Lambda})\exp(-\gamma^{-1}L(x)) + \bar{\Lambda}} dx = 1 \tag{7.12}$$

위 식을 $\bar{\Lambda}$에 대해서 풀면 상태변수의 값에 관계없이 매 시점마다 새로운 변화가 발생할 가능성을 의미하는 해저드 함수의 비조건부 기댓값을 계산할 수 있다.

우드퍼드의 분석은 다른 연구와 비교하여 지적해야 할 특징들이 있다. 첫째, 의사결정의 질을 더 향상시키지 않은 채 정보비용만 더 많이 지불하는 방식으로 시그널을 정치화하는 것은 최적이 아니라는 점이 강조된다. 예를 들어 기존의 가격을 그대로 두는 것이 바람직하느냐 하는 질문에 대하여 찬성 또는 반대 중 하나를 선택해야 하는 결정을 내려야 한다. 또한 양자택일의 결정을 해야 하고 이를 위해 시그널을 생성해야 한다. 예를 들어 시그널의 내용이 '현재 시점이 적정 시점이다' 또는 '현재 시점이 적정 시점이 아니다'로 요약된다고 하자. 이처럼 단순히 두 개의 값만 가지는 시그널이 찬성/반대의 단순한 결정에 대하여 정보비용을 효율적으로 사용하는 시그널이라고 주장한다.

둘째, 우드퍼드의 분석에 따르면 정보처리의 측면에서 효율적인 전략은 의사결정에 유용하고 적절한 상황에 대한 정보를 담은 시그널을 생성하는 것이다. 기업이 가격을 결정하는 데 필요한 정보를 수집해야 하고 이를 위해 시그널을 받아야 한다면 시그널을 받을 확률은 매우 단순한 함수가 되는 것이 바람직하다. 불필요하게 많은 변수들의 함수로 설정할 이유가 없다. 우드퍼드가 분석한 모형에서는 현재의 가격이 최적 상황과 어느 정도의 거리로 떨어져 있는지에 의존하는 것이 효율적인 정보처리 전략이라고 주장한다. 이러한 이유로 해저드 함수는 현재시점에서의 가격이 최적 상황과 어느 정도 거리가 떨어져 있는가에만 의존하는 함수로 정의된다.

셋째, 우드퍼드는 자기 자신의 기억을 되살리는 것도 다른 정보를 처리하는 것과 동일한 비용이 소요된다고 가정한다. 구체적으로 설명하면, 과거 시점에서 자신이 생성한 시그널의 내용을 기억하는 데 소요되는 정보의 비용이나 기업의 외부에서 결정되는 상황에 대한 정보를 처리하는 데 소요되는 비용이 동일하다고 가정한다. 뿐만 아니라, 자신이 최근에 가격을 새로 책정한 시점에 대한 기억을 되살리는 것도 다른 정보를 처리하는 데 소요되는 비용과 동일한 것으로 가정한다. 우드퍼드(Woodford 2009)는 심스(Sims 2003)의 합리적 부주의 모형을 응용한 연구들에서는 의사결정자들은 과거의 시그널에 대하여 정확한 기억을 하고 있으며, 동시에 비용 없이 완전히 정확하게 기억할 수 있고 아울러 새롭게 관측한 외부의 상황에 대한 정보를 처리하는 능력에 대해서만 제약이 부과되는 것으로 가정한다는 점을 지적하고 있다.

넷째, 해저드 함수는 비대칭적이다. 가격 갭이 0인 점에서 가격을 변화시킬 확률이 가장 낮다. 가격 갭이 0으로부터 벗어나면서 해저드 함수의 값이 증가한다. 음의 갭이 있는 영역에서 해저드 함수의 증가율이 양의 갭이 있는 영역에 비해 더 크다. 가격 갭이 음수인 영역에서 해저드 함수는 더욱 가파른 모습을 나타낸다.

3 상호정보의 제약과 이산 가격 설정 모형

마테카(Matějka 2016)의 정태적 모형을 요약하면 다음과 같다. 기업은 정보를 처리하는 능력에 대한 제약과 사후적 확률과 선험적 확률 간의 일치성과 관련된 제약을 고려하여 기대이윤를 극대화하는 가격과 상태벡터의 결합분포함수를 선택한다. 결합밀도함수의 값이 가격과 상태변수의 값에 대하여 모두 비음수여야 한다는 제약도 포함되지만, 이 제약조건을 명시적으로 포함시키지 않은 극대화 문제의 해를 계산하여 결합밀도함수를 도출한 이후에 체크한다.

마테카의 모형에서 강조되는 점은 정보처리 능력의 제약이 있다면 연속인 시그널을 받음에도 불구하고 의사결정자는 몇 개의 대안 중에서 하나를 선택하는 모형으로 전환될 수 있다는 점이다. 정보처리 능력에서의 제약이 있다면 자세히 보더라도 이를 모두 기억할 수 없으므로 띄엄띄엄 보는 것의 이점이 오히려 큰 실수의 가능성을 줄인다는 점을 강조한다. 예를 들어 가격이 20원으로 책정된 제품이 있고 가격이 39원으로 책정된 제품이 있다. 두 개의 서로 다른 가격을 구분하기 위해 10 단위의 숫자만을 기억할 수 있다. 이 경우 2과 3의 숫자만 기억하면 된다. 그러나 1 단위의 숫자도 같이 기억하여 구분한다면 20부터 39까지 20개의 숫자를 구분해야 한다. 39원을 기억해야 하는데 30원으로 기억하는 사람은 9원의 오차가 있다. 20과 30을 혼동하여 실수할 확률이 5%라고 하자. 39원을 20원으로 혼동하면 19원의 착오가 발생한다. 39원을 21원으로 혼동하더라도 18원의 착오가 발생한다. 단순한 방식의 기억은 항상 9원의 오차가 있지만 최대로 발생하는 착오의 크기를 오히려 줄일 수 있다. 따라서 작은 오류는 과감히 인정하고 큰 오류를 줄이는 전략이 정보처리 능력에 제약이 있다면 효율적인 전략이 될 수 있다.

이러한 점에 착안하여 실제의 자료가 연속적인 분포를 따르더라도 정보처리 능력에 제약이 있는 경우 연속적 시그널 또는 이산적인 시그널 중 하나의 시그널을 선택해야 할 때 다음과 같은 장단점을 고려할 수 있다.

1. 연속적 시그널은 원래의 변수와 유사하게 모방할 수 있다는 장점이 있다. 그러나 작은 차이를 구분하는 데에도 정보가 소요되므로 항상 완전히 주의하지 못하는 상황이라면 큰 차이를 놓칠 수도 있다.
2. 이산적 시그널은 큰 차이는 완전히 식별해서 큰 오류는 완전히 제거한다. 작은 차이는 의도적으로 주의를 쓰지 않아서 정보처리 능력을 절약한다.

기업의 이윤함수를 가격과 상태변수의 함수로 가정한다. 상태변수의 값이 x이고 가격이 p일 때 이윤함수의 값은 $\pi(x,p)$로 정의한다. 또한 상태변수와 가격에 대한 결합밀도함수는 $f(x,p)$로 표기한다. 기업의 기대이윤은 다음과 같다.

$$\int\int \pi(x,p)f(x,p)dxdp \tag{7.13}$$

기업의 목표는 기대이윤를 극대화하는 $f(x,p)$를 도출하는 것이다. 이는 상태변수의 값이 특정한 값으로 정해지면 특정한 가격을 제품의 가격으로 설정할 확률을 의미하고 기업이 가지고 있는 가격 설정에 대한 전략을 설명하는 함수로 해석할 수 있다. 기업의 정보처리 능력에 대한 제약식은 상태벡터와 가격 간의 상호정보의 크기에 대한 부등식을 의미한다. 먼저 상태변수와 가격 간의 상호정보는 상태변수에 대한 선험적 분포의 엔트로피에서 가격을 관측한 이후 형성된 상태변수에 대한 사후적 분포의 엔트로피를 뺀 차이를 의미한다. 사후적 분포의 엔트로피는 조건부 엔트로피를 의미하는데, 조건부 엔트로피는 조건부 밀도함수의 로그함수에 대한 기댓값을 결합밀도함수를 사용하여 계산한 후에 마이너스 부호를 붙인 것으로 정의된다. 상태변수에 대한 선험확률분포를 사용하여 계산한 엔트로피는 다음과 같다.

$$H(X) = -\int g(x)\log(g(x))dx$$

기업이 결정한 가격에 포함된 상태변수에 대한 정보를 조건으로 하여 계산한 상태변수에 대한 조건부 엔트로피는 다음과 같이 정의된다.

$$H(X|P) = -\int\int f(x,p)\log(f(x|p))dxdp$$

또한 $f(x|p) = f(p|x)g(x)/f(p)$는 베이즈 규칙을 적용하여 도출한 식이다. 이를 이용하여 조건부 엔트로피에 있는 $f(x|p)$를 소거하여 정리하면 다음과 같다.

$$H(X|P) = -\int\int f(x,p)\log(f(p|x)/f(p))dxdp - \int g(x)\log(g(x))dx$$

또한 상호정보는 위에서 정의한 두 개의 엔트로피의 차이로 정의되므로 위에서 정리한 식을 정의식에 대입하면 다음과 같이 주어진다.

$$I(X,P) = H(X) - H(X|P) = \int\int f(x,p)\log(f(p|x)/f(p))dxdp$$

베이즈 규칙을 사용하여 위의 식을 다음과 같이 교체한다.

$$I(X,P) = \int\int f(x,p)\log(f(x|p)/g(x))dxdp$$

이와 같은 작업 단계를 거치는 것은 극대화 문제의 선택하는 대상이 $f(x|p)$이기 때문이다. 제약식을 선택하는 대상의 함수로 표현하는 것이 극대화 조건을 도출하는 데 편리하기 때문이다. 기업의 정보처리 능력에 대한 제약은 다음과 같이 주어진다.

$$I(X,P) \le \kappa \;\; \Leftrightarrow \;\; \int\int f(p)f(x|p)\log\frac{f(x|p)}{\int f(x|p_1)f(p_1)dp_1}dxdp \le \kappa$$

이 제약식에서 κ의 값은 양수이고 외생적으로 결정된다.

극대화의 결과로 선택한 가격과 상태변수에 대한 결합밀도함수가 미리 주어진 상태변수에 대한 선험확률밀도함수에 부합되어야 한다는 제약조건은 다음과 같이 주어진다.

$$\int f(x,p)dp = g(x) \tag{7.14}$$

위의 제약조건의 의미를 다음과 같이 설명할 수 있다. 위에서 설명한 극대화 문제에 대한 극대화 조건을 계산하는 과정에서 의사결정자가 선택하는 대상은 $f(x|p)$이다. 가격 설정에 대한 전략은 $f(p|x)$이다. 이는 베이즈 규칙을 적용하여 계산할 수 있다. 상태벡터에 대한 사전적 확률밀도함수를 사용하여 베이즈 규칙을 쓰면 다음과 같이 주어진다.

$$f(x|p)f(p) = f(p|x)g(x)$$

또한 베이즈 규칙을 만족하는 $f(p|x)$으로부터 도출한 가격과 상태벡터에 대한 결합밀도함수는 다음과 같다.

$$f(x,p) = f(p|x)g(x)$$

$f(p|x)$는 가격에 대한 조건부 밀도함수이므로 p의 범위 내에서 가격에 대하여 적분하면 1이 된다. 이 식의 양변을 가격에 대하여 적분하고 베이즈 규칙의 오른편 부분을 대입하면 식 (7.14)에 있는 제약식은

다음과 같이 다시 쓸 수 있다.

$$\int f(x|p)f(p)dp = g(x) \tag{7.15}$$

따라서 베이즈 규칙이 적용되어 도출된 가격 설정함수가 미리 주어진 정보를 합리적으로 반영하도록 제약하는 조건으로 해석이 가능하다. 이러한 의미에서 합리성을 보장하기 위한 제약조건으로 해석할 수 있다.

앞에서 설명한 극대화 문제에 대한 라그랑지언을 구성하여 극대화 조건을 도출하기로 한다. 먼저 라그랑지언은 다음과 같이 정리할 수 있다.

$$\begin{aligned}\mathcal{L} &= \int\int f(x|p)\pi(x,p)f(p)dxdp - \int \nu(x)(\int f(x|p)f(p)dp - g(x))dx \\ &-\lambda(\int\int f(p)f(x|p)\log(\int f(x|p_1)f(p_1)dp_1)^{-1}f(x|p)dxdp - \kappa)\end{aligned}$$

합리성 조건은 상태변수의 값에 부과되는 제약조건이므로 합리성에 대한 라그랑주 승수인 $\nu(x)$는 상태변수의 실현치 각각에 대하여 정의된다. 정보제약에 대한 라그랑주 승수인 λ는 상태변수의 실현 값 또는 가격에 의존하지 않는다. 라그랑지언에 대한 도함수를 계산하여 극대화 조건을 도출한다. 실수공간에 속하는 하나의 점에 대하여 미분하는 것이 아니라 밀도함수에 대하여 미분해야 한다면 가토 미분 개념을 사용한다. 극대화 조건을 도출하기 위해 극대화하는 밀도함수가 존재한다는 가정하에서 극대화하는 밀도함수의 주변(neighborhood)에 속하는 함수들에 대한 라그랑지언의 가토 도함수를 계산하고, 이를 0으로 하는 조건을 도출한다. 이를 위해 다음과 같은 함수를 정의한다.

$$\begin{aligned} m(f(x|p),h,\epsilon) &= (f(x|p)+\epsilon h(x,p))\pi(x,p)f(p) \\ &- \nu(x)(f(x|p)+\epsilon h(x,p))f(p) \\ &- \lambda f(p)(f(x|p)+\epsilon h(x,p))\log(f(x|p) \\ &+ \epsilon h(x,p))(\textstyle\int(f(x|p_1) \\ &+ \epsilon h(x,p_1))f(p_1)dp_1)^{-1} \end{aligned}$$

이 식에서 ϵ은 실수이다. 또한 $h(x,p)$는 x와 p의 함수로 정의하고 다음과 같은 제약을 부과한다.

$$\int\int h(x,p)f(p)dpdx = 1$$

함수 $h(x,p)$에 부과된 위의 제약은 $h(x,p)$의 크기를 제약하는 조건으로서 일종의 정규화 조건으로 해석할 수 있다. 참고로 조건부 밀도함수이면 함수 $h(x,p)$에 부과된 조건을 만족할 수 있다. 앞에서 정의한 극대화 문제에 대한 라그랑지언을 위의 식에서 정의한 함수를 사용하여 다음과 같이 다시 쓸 수 있다.

$$\mathcal{L} = \int\int m(f(x|p),h,0)dxdp + \lambda\kappa + \int \nu(x)g(x)dx$$

라그랑지언에 대한 가토 도함수를 계산하기 위해 라그랑지언을 실수인 ϵ의 함수로 다시 작성한다.

$$\mathcal{L}(h,\epsilon) = \int\int m(f(x|p),h,\epsilon)dxdp + \lambda\kappa + \int \nu(x)g(x)dx$$

$\mathcal{L}(h,0) = \mathcal{L}$이므로 $\mathcal{L}(h,\epsilon)$은 $\mathcal{L}$의 근방에 위치하는 라그랑지언으로 해석할 수 있다. 따라서 매우 작은 ϵ의 값에 대응하는 라그랑지언의 변동은 조건부 밀도함수의 매우 작은 변화에 대응하는 라그랑지언의 변동으로 해석할 수 있다. 실수인 ϵ에 대한 라그랑지언의 도함수는 다음과

같이 주어진다.

$$\frac{\partial \mathcal{L}(h,\epsilon)}{\partial \epsilon} = \int\int \frac{\partial m(f(x|p),h,\epsilon)}{\partial \epsilon} dxdp$$

또한 $\epsilon = 0$에서 평가한 $m(f(x|p),h,\epsilon)$의 도함수를 적분한 값이 0임을 보장하는 조건은 다음의 식이 각각의 (x,p)에서 성립하는 것이다.

$$\pi(x,p) - \lambda \log \frac{f(x|p)}{\int f(x|p_1)f(p_1)dp_1} - \nu(x) = 0 \qquad (7.16)$$

따라서 식 (7.16)에서 정리한 조건은 정보처리 제약에 직면한 기업의 기대이윤을 극대화하는 가격책정 전략을 설명하는 식이다.

다음에서는 극대화 조건을 간단하게 정리한다. 먼저 식 (7.16)에서 수록되어 있는 극대화 조건을 정리하여 합리성 조건에 대한 라그랑주 승수를 소거한다. 극대화 조건은 아래와 같다.

$$\frac{f(x|p)}{g(x)} = \exp(\lambda^{-1}\pi(x,p))\exp(-\lambda^{-1}\nu(x))$$

위 식의 양변에 $f(p)$를 곱한 후에 p에 대하여 적분하여 도출해 정리한 후 식 (7.15)의 합리성 조건을 부과하면 다음과 같이 주어진다.

$$\exp(\lambda^{-1}\nu(x)) \int f(p|x)dp = \int \exp(\lambda^{-1}\pi(x,p))f(p)dp$$

따라서 극대화 조건은 아래와 같이 다시 쓸 수 있다.

$$f(x|p) = \frac{\exp(\lambda^{-1}\pi(x,p))g(x)}{\int \exp(\lambda^{-1}\pi(x,p))f(p)dp}$$

이 조건은 가격을 관측한 이후 형성한 상태변수에 대한 사후적 분포의 확률 밀도함수이다. 상태변수의 변화를 반영하는 기업의 가격 설정 전략은 가격에 대한 조건부 밀도함수로 표현된다. 베이즈 규칙을 적용하여 위의 조건을 가격에 대한 조건부 밀도함수로 변환한다.

$$f(p|x) = \frac{\exp(\lambda^{-1}\pi(x,p))f(p)}{\int \exp(\lambda^{-1}\pi(x,p))f(p)dp}$$

다음에서는 위에서 정리한 극대화 조건을 사용하여 모형에서 함의하는 수치해를 계산한다. 몇 개의 가격이 기업이 선택하는 가격 집합에 속하는지는 극대화 문제의 결과로 결정된다. 기업이 정보의 제약으로 인해 항상 p_1과 p_2 중 하나의 가격을 선택하는 것으로 가정하고 p_1과 p_2를 계산한다. 다음에서 소개하는 방식은 마테카가 사용한 방식과는 다른 방식이다. 마테카는 비선형 문제 자체를 입력하여 가격함수에 대한 모형의 해를 컴퓨터의 수치해 프로그램을 사용하여 계산하였다. 그러나 다음에서 설명하는 방식은 극대화 조건을 자체 모형에 대입하여 극대화하는 가격들을 계산하는 방식이다. 따라서 전자의 방식에서는 함수가 목표하는 해이지만 후자의 방식에서는 가격의 값이 목표하는 해이다.

상호정보의 제약으로 인해 기업은 두 개의 가격만 고려한다면 두 개의 시그널 값이 존재하는 경우와 같다. 각각의 시그널 값을 관측한 이후 업데이트한 사후적 밀도함수의 최적 조건을 앞에서 도출하였다. 두 개의 가격만 고려한다는 가정하에서 앞에서 설명한 최적 조건에 의거하여 사후적 밀도함수는 다음과 같이 주어진다.

$$\begin{aligned} f(x|p_1) &= \exp(\lambda^{-1}\pi(x,p_1))g(x)u(x,p_1,p_2)^{-1} \\ f(x|p_2) &= \exp(\lambda^{-1}\pi(x,p_2))g(x)u(x,p_1,p_2)^{-1} \\ u(x,p_1,p_2) &= f_1\exp(\lambda^{-1}\pi(x,p_1)) + f_2\exp(\lambda^{-1}\pi(x,p_2)) \end{aligned}$$

위 식에서 $f_1(= f(p_1))$은 p_1의 확률을 나타내고 $f_2(= f(p_2))$는 p_2의 확률을 나타낸다. 극대화 조건을 기업의 기대이윤의 식에 대입하여 이윤함수를 도출한다. 구체적으로 설명하면 두 개의 가격만 기업이 실제로 선택하는 가격의 집합에 포함되는 경우 기업의 기대이윤은 다음과 같이 $\{p_1, p_2, f_1, f_2, \lambda\}$의 함수가 된다.

$$\begin{aligned}\Pi(p_1, p_2, f_1, f_2, \lambda) &= \int\int u(x, p_1, p_2)^{-1} v(x, p_1, p_2) g(x) dx dp \\ v(x, p_1, p_2) &= f_1 \exp(\lambda^{-1}\pi_1)\pi_1 + f_2 \exp(\lambda^{-1}\pi_1)\pi_2\end{aligned}$$

위 식에서 $\Pi(p_1, p_2, f_1, f_2, \lambda)$는 두 개의 가격만 기업이 실제로 선택하는 가격의 집합에 포함된다는 가정하에서 성립하는 기업의 기대이윤함수를 나타낸다. 위 식에서 정의된 이윤함수는 상태변수의 사후적 확률분포에 대한 최적 조건이 반영되어 있으므로, 기업에게 가용한 정보를 기업이 최적으로 이용하기 위해 만족되어야 하는 조건이 반영된 기대이윤을 의미한다. 또한 $\pi_1(= \pi(x, p_1))$과 $\pi_2(= \pi(x, p_2))$는 상태변수와 가격이 각각 (x, p_1)과 (x, p_2)의 값을 가질 때 기업의 이윤을 의미한다.

합리성에 대한 제약조건과 상호정보에 대한 제약조건을 사용하여 p_1, p_2, λ는 f_1, f_2, κ와 선험 분포의 밀도함수 $g(x)$의 파라미터들의 함수가 됨을 보일 수 있다. 극대화 조건을 합리성에 대한 조건과 상호정보의 식에 대입하여 다음과 같은 방정식을 도출할 수 있다.

$$\int \frac{\exp(\lambda^{-1}\pi_1)g(x)}{f_1 \exp(\lambda^{-1}\pi_1) + f_2 \exp(\lambda^{-1}\pi_2)} dx = 1 \quad (7.17)$$

$$\int \frac{\exp(\lambda^{-1}\pi_2)g(x)}{f_1 \exp(\lambda^{-1}\pi_1)) + f_2 \exp(\lambda^{-1}\pi_2)} dx = 1 \quad (7.18)$$

$$\int g(x) \frac{\exp(\lambda^{-1}\pi_1)w_1(x) + \exp(\lambda^{-1}\pi_2)w_2(x)}{f_1 \exp(\lambda^{-1}\pi_1)) + f_2 \exp(\lambda^{-1}\pi_2)} dx = \kappa \quad (7.19)$$

$$f_1 + f_2 = 1 \quad (7.20)$$

위 식에서 $w_i(x) = f_i \log(f(x|p_i)/g(x))$이다. 식 (7.17), (7.18), (7.19)는 p_1, p_2, λ의 비선형 연립방정식으로 볼 수 있다. 따라서 비선형 연립방정식에 대한 해가 존재한다고 가정하고 이를 계산하면 f_1, f_2, κ와 선험 분포의 밀도함수 $g(x)$의 파라미터들의 함수가 된다. 식 (7.20)은 $\{f_i\}_{i=1}^2$가 확률분포라는 조건이다.

4 상대 엔트로피의 제약과 가격 경직성 모형

마테카가 분석한 이윤 극대화의 모형에서는 합리적 부주의 상황을 반영하기 위해 기업이 선택하는 가격과 기업의 의사결정에 필요한 정보를 담은 상태변수 간 정의되는 상호정보의 크기에 대한 제약이 부과되었다. 우드퍼드가 제시한 이윤 극대화의 모형에서는 상호정보의 크기에 대한 제약을 직접적으로 부과하는 대신에 상태변수가 취할 수 있는 각각의 값에서 부과되는 상대 엔트로피의 크기에 제약이 부과된다. 상대 엔트로피의 크기에 대한 제약의 의미는 다음과 같이 요약할 수 있다. 기업의 이윤 극대화의 결과로 선택하는 가격정책함수는 기업이 선택하는 가격과 상태변수의 값을 연결해 주는 함수이다. 합리적 부주의하에서 이윤 극대화의 결과로 결정되는 가격정책함수는 상태변수가 취할 수 있는 가능성이 있는 각각의 값에 대하여 얼마의 가격을 어떠한 확률로 책정하는지를 나타내는 조건부 확률분포로 정의된다. 또한 상대 엔트로피는 서로 다른 두 개의 확률분포 간의 거리를 측정하는 것으로 간주할 수 있다. 기업이 이윤 극대화를 위해 고려하는 상대 엔트로피는 기업의 가격 정책과 기업이 선택하는 가격 계획 안에 포함되어 있는 실효적인 가격점들이 실제로 선택되는 가능성을 나타내는 확률분포 간의 거리를 측정하는 척도로 정의된다. 기업이 주변 여건을 인지하는 능력에 제약이 있다는 점을 반영하기 위해 앞에서 정의한 상대 엔트로피의 크기에 대한 제약을 부과한다. 상대 엔트로피는 상태변수의 각각의 실현 값에 대하여 성립한다.

극대화 문제를 다음과 같이 수식으로 정리할 수 있다. 기업의 이윤함수는 가격과 상태변수 간의 차이의 제곱에 마이너스 부호를 붙인

이차함수로 가정한다. 상태변수와 가격에 대한 결합밀도함수를 $f(x,p)$로 표기하면 상태변수의 값이 x이고 가격이 p일 때 기업의 기대이윤은 다음과 같다.

$$-\int\int f(x,p)(p-x)^2 dxdp$$

기업의 가격에 대한 전략을 나타내는 가격정책함수는 상태변수의 값이 주어지면 주어진 상태변수의 값에 대하여 기업이 특정한 가격을 책정할 확률을 계산하는 데 사용되는 조건부 밀도함수로 정의한다. 기업의 가격정책함수를 $f(p|x)$로 나타내면 결합밀도함수는 가격정책함수와 사전분포의 밀도함수의 곱으로 표시할 수 있다.

$$f(x,p) = f(p|x)g(x)$$

위 식에서 $g(x)$는 상태변수에 대한 사전분포의 밀도함수를 의미한다. 기업의 선택변수를 가격정책함수로 정의한다면 이를 목적함수에서 명시적으로 나타내는 것이 바람직하다. 따라서 기업의 기대이윤을 아래와 같이 다시 쓴다.

$$-\int\int f(p|x)g(x)(p-x)^2 dxdp \tag{7.21}$$

또한 가격에 대한 한계밀도함수는 다음과 같이 정의된다.

$$f(p) = \int f(p|x)g(x)dx$$

앞에서 설명한 상대 엔트로피에 대한 제약식은 다음과 같이 주어진다.

$$\int f(p|x)\log\frac{f(p|x)}{f(p)}dp \le \kappa \tag{7.22}$$

위 부등호 제약식의 오른편에서 κ는 양수인 상수이며 외생적으로 결정된다. 위의 부등호 제약에서 왼편이 가격정책함수와 기업의 가격계획에 의해서 함의되는 가격의 한계밀도함수 간의 상대 엔트로피이다.

상대 엔트로피를 $M(x)$로 표기하고 수식을 사용하여 정의하면 아래와 같다.

$$M(x) = \int f(p|x) \log \frac{f(p|x)}{f(p)} dp$$

우드퍼드는 상대 엔트로피에 대한 제약은 상태변수 각각의 실현 값에 대하여 적용된다는 점을 강조한다. 또한 가격정책함수는 상태변수의 각각의 값에 대해 모든 가능한 가격에 대하여 적분하면 1이 되어야 한다.

$$\int f(p|x) dp = 1 \tag{7.23}$$

기업의 극대화 문제는 두 개의 제약조건 식 (7.22)와 식 (7.23)하에서 식 (7.21)에 있는 목적함수를 극대화하는 가격정책함수를 선택하는 것이다. 앞에서 설명한 극대화 문제에 대한 라그랑지언을 구성하여 극대화 조건을 도출하기로 한다. 먼저 라그랑지언은 다음과 같이 정리할 수 있다.

$$\begin{aligned} \mathcal{L}(x) &= -\textstyle\int f(p|x)(p-x)^2 dp \\ &- \lambda(x)(\textstyle\int f(p|x) \log \frac{f(p|x)}{f(p)} dp - \kappa(x)) \\ &- \nu(x)(\textstyle\int f(p|x) dp - 1) \end{aligned} \tag{7.24}$$

식 (7.24)에서 $\kappa(x)$가 x의 함수로 정의되어 있다는 점은 우드퍼드와 마테카 간의 차이를 반영한 것이다. 앞에서 설명한 극대화 문제에 대한 극대화 조건을 계산하여 정리하면 다음과 같다.

$$f(p|x) = f(p) \exp(\lambda(x)^{-1} \pi(x,p)) \exp(-\lambda(x)^{-1} \nu(x) - 1) \tag{7.25}$$

식 (7.25)에서 사용한 함수의 정의는 $\pi(x,p) = -(p-x)^2$이다. 식 (7.25)의 양변을 p에 대하여 적분하여 정리하면 다음과 같다.

$$\exp(\lambda(x)^{-1} \nu(x) + 1) = \int \exp(\lambda(x)^{-1} \pi(x,p)) f(p) dp$$

따라서 이윤 극대화 조건을 만족하는 기업의 가격정책함수는 다음과 같다.

$$f(p|x) = \frac{f(p)\exp(\lambda(x)^{-1}\pi(x,p))}{\int \exp(\lambda(x)^{-1}\pi(x,p))f(p)dp}$$

극대화 조건을 계산할 때 $f(p)$를 주어진 것으로 놓고 계산하였으나 $f(p) = \int f(p|x)g(x)dx$를 라그랑지언에 대입하여 다시 극대화 조건을 계산하더라도 위의 식은 도출된다. 극대화 조건은 다음과 같다.

$$f(p|x) = f(p)\exp(\lambda(x)^{-1}\pi(x,p))\exp(-\lambda(x)^{-1}\nu(x))$$

앞의 모형에서와 같이 극대화의 문제의 해가 이산분포를 따르는 경우를 고려해 보자. 이를 위해 기업의 가격계획 안에 포함되는 가격점이 n개라고 가정하여 $\{p_i\}$로 나타낸다. 가격정책함수는 다음과 같다.

$$f(p_i|x) = \frac{f(p_i)\exp(\lambda(x)^{-1}\pi(x,p_i))}{\sum_{k=1}^{n}\exp(\lambda(x)^{-1}\pi(x,p_k))f(p_k)}$$

위 식에서 $p_i = (\int xf(p_i|x)g(x)dx)/(\int f(p_i|x)g(x)dx)$는 가격계획 안에 포함되는 가격점이다. 또한 아래의 식이 만족되는 것으로 가정한다.

$$\int \frac{\exp(\lambda(x)^{-1}\pi(x,p_i))}{\sum_{k=1}^{n}\exp(\lambda(x)^{-1}\pi(x,p_k))f(p_k)}q(x)dx = 1$$

위 식에서 $q(x) = (\lambda(x)g(x))/(\int \lambda(x)g(x)dx)$이다. 또한 이 조건이 만족되면 가격 계획 안에 포함되는 가격점이 실현될 확률은 다음과 같다.

$$f(p_i) = \frac{\int f(p_i|x)\lambda(x)g(x)dx}{\int \lambda(x)g(x)dx}$$

제 8 장 확률적 선택 모형

확률적 선택(stochastic choice)은 동일한 의사결정자가 동일한 대안들로 구성된 동일한 선택가능한 대안 집합 내에서 하나의 대안을 선택해야 하는 상황을 반복하여 실시할 때 선택하는 대안이 항상 같지 않고 달라지는 현상으로 정의된다. 확률적인 요소가 포함된 선택을 보이는 것이 의사결정자의 선호의 변동을 반영하느냐 아니면 선택해야 하는 상황을 인식하는 과정에서 발생하는 노이즈를 반영하느냐에 대하여 서로 다른 의견을 가질 수 있다. 개인의 선호가 변화하기보다는 사람들이 상황에 따라 확률적인 반응을 하기 때문에 확률적 선택이 관측된다고 주장할 수 있다.

확률적 선택을 설명하는 모형의 하나로 로지스틱 회귀분석 모형을 들 수 있다. 예를 들어 두 개의 대안 중 하나를 선택해야 하는 양자택일의 문제에서 (성공과 실패만으로 이해하는 경우, 또는 '새로운 가격'과 '현재 가격'이라는 두 개의 대안 중 하나를 선택하는 경우 등) 오즈(odds)는 첫 번째 대안의 확률을 두 번째 대안의 확률로 나눈 비율로 정의할 수 있다. 오즈의 로그함수는 각각의 대안이 제공하는 효용의 차이에 비례한다. 각각의 대안이 제공하는 효용치의 차이가 측정된 특성들의 벡터의 선형함수로 되는 경우 로지스틱 회귀분석 모형이 된다.

정보처리 능력에 대한 제약을 부과하여 확률적 선택의 가능성을 실증적으로 분석하는 로지스틱 회귀분석 모형을 설명하는 이론들이 있다. 첫째, 확률적 효용 모형(random utility model)이다. 둘째, 드리프트 확산 모형으로서, 정보에 대한 경계점 축적(accumulation to bound)의 알고리듬이 포함된 모형으로 의사결정에 필요한 증거를 축적하여 일정한 임계치에 도달해야 대안을 선택한다. 셋째, 우드퍼드(Woodford 2014)가 제시한 최적 정보제약 모형(optimal information-constrained model)이다. 넷째, 합리적 부주의 모형이다. 이 장에서는 최근 발표된 논문들을 위주로 앞에서 나열한 이론들을 설명한다.

확률적 선택 모형이 거시경제학에 제공하는 함의로 간주할 수 있는 것은 확률적 선택 모형이 마이크로 자료에서 관측되고 있는 개별 가격의 가격 경직성이 발생하는 이유를 설명하는 모형으로서 간주할 수 있기 때문이다. 앞에서 상호정보의 제약이 부과된 양자택일의 모형을 사용하여 기업이 자신이 생산한 제품의 가격을 일정 기간 고정시키는 상황을 설명하였다. 특히 가격을 변동시키는 선택에 대한 오즈에 관한 함수 형태를 보면 이 장에서 소개하고 있는 모형과 앞에서 설명한 모형 간의 연결성을 확인할 수 있다.

1 합리적 부주의와 현시된 정보 구조

정보처리 능력에 대한 제약으로 인해 객관적인 실제의 상황을 정확하게 관측하지 못하는 의사결정자는 주관적인 시그널을 생성하고 이를 통해 실제의 상황을 이해한다. 정보 구조는 정확히 알지 못하는 실제 상황에 대응하는 주관적인 시그널의 내용과 시그널이 생성되는 방식을 결정하는 프레임워크로 볼 수 있다. 캐플린·딘(Caplin and Dean

표 8.1: 상태공간과 시그널의 집합

	상황 1 (=ω_1)	상황 2 (=ω_2)
공 색깔의 구성	$R = 49 \quad B = 51$	$R = 51 \quad B = 49$
사전적 믿음	$\mu(\omega_1) = 1/2$	$\mu(\omega_2) = 1/2$
시그널 α의 사후적 믿음	$\alpha(\omega_1) = 3/4$	$\alpha(\omega_2) = 1/4$
시그널 β의 사후적 믿음	$\beta(\omega_1) = 1/4$	$\beta(\omega_2) = 3/4$
시그널 γ의 사후적 믿음	$\gamma(\omega_1) = 1/2$	$\gamma(\omega_2) = 1/2$
행동함수 a	$a(\omega_1) = 10$	$a(\omega_2) = 0$
행동함수 b	$b(\omega_1) = 0$	$b(\omega_2) = 10$

2015)은 정보 구조(information structure)를 객관적인 실제 상황에 관한 주관적인 시그널의 집합에 대응하는 확률적인 사상함수(stochastic mapping)로 정의한다. 정보 구조의 역할은 세 가지로 요약할 수 있다. 첫째, 상태공간에 대한 사후적 믿음을 형성하게 하는 주관적인 시그널의 집합을 결정한다. 둘째, 주관적인 시그널의 집합에 속하는 각각의 시그널이 각각의 상황에서 발생하는 조건부 확률들의 집합을 결정한다. 셋째, 앞에서 설명한 조건부 확률이 선택되면 베이즈 규칙을 사용하여 하나의 상황에 대한 사후적 믿음을 형성하게 한다. 정보 구조는 의사결정자에게 가능한 정보 업데이트의 범위를 규정해 준다. 정보 구조가 선택되면 의사결정자는 정보 구조와 부합하는 시그널을 관측하게 된다. 의사결정자의 사전적 믿음은 주어진 것으로 가정하지만, 의사결정자가 시그널을 관측하면 베이즈 규칙에 의거하여 주관적인 사후적 믿음을 형성하게 된다.

표 8.1은 의사결정자가 선택한 정보 구조하에서 의사결정자가 형성하는 사후적 믿음의 예를 보여 주고 있다. 상태공간은 두 개의 원소로 구성되어 있으며 하나의 상태공간에 대하여 세 개의 사후적 믿음이 생성된다. 예를 들어 α라는 시그널이 관측되는 경우, 의사결정자의 첫 번째 상황에 대한 사후적 믿음은 3/4이고 두 번째 상황에 대한 사후적 믿음은 1/4이다. β라는 시그널이 관측되는 경우, 의사결정자의 첫 번째 상황에 대한 사후적 믿음은 1/4이고 두 번째 상황에 대한 사후적 믿음은 3/4이다. γ라는 시그널이 관측되는 경우, 의사결정자의 첫 번째 상황에 대한 사후적 믿음은 1/2이고 두 번째 상황에 대한 사후적 믿음은 1/2이다.

표 8.1의 경우 의사결정자가 선택한 정보 구조는 시그널의 종류 및 개수를 의미한다.[1] 각각의 시그널은 각각의 시그널이 관측되는 조건부 확률로 구별된다. 또한 α, β, γ의 시그널에 대한 조건부 확률은 각각의 상황에 대하여 다음 조건을 만족한다.

$$\pi(\alpha|\omega_i) + \pi(\beta|\omega_i) + \pi(\gamma|\omega_i) = 1 \quad \text{for} \quad i = 1, 2$$

조건부 확률이 주어지면 베이즈 규칙에 의거하여 사후적 믿음을 형성한다. 예를 들어 α의 경우 조건부 확률이 주어지면 주어진 사전적 분포를 사용하여 다음과 같이 사후적 믿음을 형성한다.

$$\alpha(\omega_i) = \frac{\mu(\omega_i)\pi(\alpha|\omega_i)}{\mu(\omega_1)\pi(\alpha|\omega_1) + \mu(\omega_2)\pi(\alpha|\omega_2)} \quad \text{for} \quad i = 1, 2$$

동일한 의사결정자이더라도 어떤 시그널을 관측하느냐에 따라 선택이

[1] B는 스크린에 들어 있는 검은색 공의 수를 의미하고, R은 스크린에 들어 있는 빨간색 공의 수를 의미한다. 이 표에서 요약하고 있는 각각의 상황에 대한 정의와 각각의 함수에게 부여된 수치는 모두 캐플린·딘이 제시한 예에서 인용하였다.

달라질 수 있다. 현재 설명하고 있는 모형에서는 시그널을 받아서 사후적 믿음을 형성한 후 사후적 믿음을 바탕으로 행동을 선택한다. 예를 들어 임의의 α라는 시그널에 의거하여 형성한 사후적 믿음에서 현재 시점의 실제 상황이 상황 1일 확률이 상황 2일 확률보다 높다면 상황 1에서 높은 효용을 제공하는 행동을 선택한다. 그러나 상황 2일 사후적 믿음이 더 크다면 상황 2에서 더 높은 효용을 제공하는 행동을 선택한다. 이를 수식으로 표현하기 위해 선택함수(choice function)를 정의한다. 선택함수는 조건부 확률로 정의한다. 조건부 확률에서 조건을 규정하는 것은 시그널이다. 특정한 조건하에서 특정한 행동을 선택할 확률을 선택함수로 정의한다.

표 8.1에서 정리한 사후적 믿음을 보면, α라는 시그널이 실현되면 ω_1의 가능성이 더 높다. 따라서 α의 시그널이 실현되면 의사결정자는 a를 선택한다. 그러나 동일한 의사결정자이더라도 다른 시그널이 실현되면 선택이 달라진다. 예를 들어서 β라는 시그널이 실현되면 ω_2의 가능성이 더 높다. 따라서 β의 시그널이 실현되면 의사결정자는 b를 선택한다. 따라서 선택함수는 $C(a|\alpha) = C(b|\beta) = 1$으로 주어진다. 두 개의 행동에 대하여 무차별한 경우도 있다. 예를 들어 γ의 시그널이 실현되면 상황 1이 될 사후적 믿음과 상황 2가 될 사후적 믿음이 서로 같다. 따라서 $C(a|\gamma) = C(b|\gamma) = 1/2$이 된다.

앞에서 설명한 선택함수는 시그널과 행동선택 간의 관계를 나타낸다. 선택함수가 실제 상황과 의사결정자의 행동선택 간의 관계에 대하여 함의하는 바를 결정한다. 여러 개의 서로 다른 시그널 중에서 특정한 하나의 시그널이 실현되는 것은 확률적으로 결정된다. 중요한 함의점은 동일한 의사결정자가 동일한 여건의 같은 선택집합에서 하나의 대안을 뽑는 상황에 직면하더라도 항상 동일한 선택을 하지 않을 수

있다는 것이다. 이러한 특성을 잘 나타내는 함수가 실제 상황을 조건으로 하여 계산된 의사결정자의 선택에 대한 조건부 확률이다. 예를 들기 위해 표 8.1에 정리된 모형을 보기로 한다. ω_1이 발생한 상황에서 행동 a가 선택될 조건부 확률을 $\text{Prob}(a|\omega_1)$으로 표기한다. 앞에서 정리한 시그널의 조건부 확률과 선택함수를 사용하여 ω_1이 발생한 상황에서 행동 a가 선택될 조건부 확률은 다음과 같이 표현할 수 있다.

$$\text{Prob}(a|\omega_1) = C(a|\alpha)\pi(\alpha|\omega_1) + C(a|\beta)\pi(\beta|\omega_1) + C(a|\gamma)\pi(\gamma|\omega_1) \quad (8.1)$$

또한 ω_2이 발생한 상황에서 행동 a가 선택되는 조건부 확률은 다음과 같이 표현할 수 있다.

$$\text{Prob}(a|\omega_2) = C(a|\alpha)\pi(\alpha|\omega_2) + C(a|\beta)\pi(\beta|\omega_2) + C(a|\gamma)\pi(\gamma|\omega_2) \quad (8.2)$$

행동 b에 대해서도 동일한 방식을 적용하여 ω_1이 발생한 상황에서 행동 b가 선택될 조건부 확률과 ω_2가 발생한 상황에서 행동 b가 선택될 조건부 확률을 계산할 수 있다. 현재 설명하고 있는 모형에서 가장 중요한 점은 의사결정자가 정보 구조를 선택하여 자신의 행동선택을 위해 필요한 정보를 획득해야 할 때 상황 의존적인 확률적 선택(state-dependent stochastic choice)을 하게 된다는 것이다.

현시된 정보 구조(revealed information structure)와 상황 의존적인 확률적 선택 자료(state-dependent stochastic data set) 간의 관계를 설명한다. 서로 다른 상황에서 다양한 사람들이 선택한 행동에 대한 자료는 의사결정자의 정보 구조에 대한 정보가 담고 있다고 할 수 있다. 캐플린·딘의 요점은 특정한 가정이 만족된다면 데이터 세트로부터 정보 구조가 현시된다는 것이다. 많은 사람들을 대상으로 동일한 내용의 실험이 반복되어 의사결정자들의 행동선택을 관측한 자료를 축적한 것으로 가정한다. 실제로 어떠한 상황이 발생하였는지를 정확히 안다면 사람들의 행동선택과 실제의 상황 간의 관계에 관한 자료를 축적할 수 있다. 실험에 참가한 사람들이 표 8.1에서 요약한 모형과 동일하게 행동을 선택하는 사람들이라면 이들이 생성한 자료를 분석하여 다음과 같은 결과를 얻게 된다. 상황 1이 발생하는 경우 참가한 사람들의 2/3가 행동 a를 선택한다. 상황 2가 발생하는 경우 참가한 사람들의 1/3이 행동 a를 선택하고 나머지 사람들은 행동 b를 선택한다.

다음에서는 상황 의존적인 데이터 세트로부터 현시되는 정보 구조가 있다는 점을 설명한다. 다음의 베이즈 규칙이 성립한다는 점이 중요한 역할을 한다.

$$\text{Prob}(\omega|a)\text{Prob}(a) = \text{Prob}(a|\omega)\mu(\omega)$$

위에서 정리한 식의 좌변에 있는 조건부 확률이 자료로부터 추계할 수 있는 의사결정자의 정보이다. 이 식을 실제의 자료에서 적용할 수 있게 하기 위해 우변의 두 함수를 알고 있어야 한다. 이에 대하여 다음과 같이 설명할 수 있다. 첫째, 자료를 분석하는 연구자의 정보에 대한 가정이다. 자료를 직접 생성하는 의사결정자가 보유한 상황의 발생에 대한 사전적 분포를 알고 있다고 가정한다. 표 8.1에서 정리한 예를 보면 상황에 대한 사전적 분포는 $\mu(\omega_1)$과 $\mu(\omega_2)$이다. 이를 연구자가 알고 있어야 베이즈 규칙을 적용할 수 있다. 어떻게 알 수 있는지에 대한 의문을 제기할 수 있다. 연구자의 경우 연구자가 실제 상황이 발생하는 것을 직접 관측할 수 있다면 각각의 상황에 대한 경험적 도수(empirical frequency)를 추계하여 이를 사전적 분포로 사용한다. 의사결정자는 실제 상황이 발생할 확률에 대하여 선험적으로 알고 있었던 것으로 가정해야 한다.

둘째, $\bar{P}(a|\omega_i)$는 실제의 상황이 ω_i로 실현된 상태에서 앞에서 설명한 자료로부터 추계된 경험적 도수(empirical frequency)를 의미한다. 두 개의 함수를 알고 있기 때문에 조건부 확률의 추계는 아래에서 볼 수 있듯이 일반적인 베이즈 규칙의 적용이 된다.

$$\text{Prob}(\omega_i|a) = \frac{\mu(\omega_i)\bar{P}(a|\omega_i)}{\sum_{i=1}^{2} \mu(\omega_i)\bar{P}(a|\omega_i)} \tag{8.3}$$

캐플린·딘은 식 (8.3)을 사용하여 추계한 조건부 확률을 현시된 사후적 분포(revealed posterior)로 정의한다. 따라서 현시된 정보 구조를 설명하는 두 개의 개념은 다음과 같다. 첫째, 바로 위에서 설명한 현시된 사후적 분포이다. 둘째, 실제 상황이 ω_i로 실현된 상황에서 관측된 행동선택을 사용하여 추계한 $\bar{P}(a|\omega_i)$이다.

다음에서는 실제의 정보 구조와 현시된 정보 구조 간의 관계에 대하여 설명한다. 의사결정자의 정보 구조와 자료에서 현시된 정보 구조가 항상 동일할 필요는 없다. 캐플린·딘이 부과한 조건은 의사결정자의 정보 구조가 현시된 정보 구조에 대하여 충분해야 한다는 것이다. 충분하다는 개념을 설명하기 위해 두 개의 정보 구조가 존재하는 것으로 가정하고 각각의 정보 구조를 Γ_1과 Γ_2으로 표시하자. Γ_2에 포함된 임의의 시그널의 조건부 확률이 Γ_1에 포함된 시그널들의 가중평균으로 표시된다면 Γ_1은 Γ_2에 대하여 충분한(sufficient) 정보 구조이다. 의사결정자의 정보 구조가 자료에서 추계된 현시된 정보 구조에 대한 충분한 정보 구조이면 된다. 정보 구조의 충분함을 보이기 위해 가중평균을 계산하기 위해 가중치를 어떻게 결정하는지를 설명해야 한다. 가중치의 값을 정리하여 하나의 확률행렬(stochastic matrix)을 형성할 수 있다. 확률행렬은 각각의 행에 대하여 같은 행에 속하는 모든 원소의 값을 더하면 1이 되어야 한다는 조건을 만족해야 한다. 현시된 정보 구조와 실제의 정보 구조를 연결하기 위해 사용되는 확률행렬은 선택함수(choice function)를 사용하여 생성할 수 있다. 실제의 정보 구조 안에 포함되어 있는 각각의 시그널에 대하여 그에 대응하는 선택 함수가 존재한다. 선택함수는 앞에서 설명한 바와 같이 조건부 확률이다. 확률행렬의 각 행은 하나의 정보 구조에 대응한다. 그리고 각 행의 원소는 각각의 행동에서의 선택함수의 값이 된다. 선택함수가 조건부 확률이므로 각 행의 원소를 모두 합하면 1이 되어 확률행렬의 정의를 만족시킨다. 이와 같이 생성된 확률행렬에서 각각의 열은 행동집합에 포함되는 하나의 행동을 의미하고 각각의 행은 정보 구조에 포함되는 하나의 시그널에 대응된다.

$$B = \begin{bmatrix} C(a|\alpha) & C(b|\alpha) \\ C(a|\beta) & C(b|\beta) \\ C(a|\gamma) & C(b|\gamma) \end{bmatrix} \tag{8.4}$$

위 식에서 정의한 확률행렬에 대한 구체적인 감을 제시하기 위해 앞에서 이미 설명한 임의의 의사결정자가 자신의 행동선택에 이르기까지 거치는 과정을 요약하여 정리한다.

1. 의사결정자의 정보 구조에 포함되어 있는 시그널들이 있다.
2. 시그널들에 의해서 함의되는 선택함수가 있다.
3. 정보 구조에 포함되어 있는 시그널과 선택함수에 의해서 함의되는 의사결정자의 행동선택은 상황 의존적인 확률적 선택 자료를 생성하는 조건부 확률에 의해서 표현된다.

아래의 식과 같이 정의한 행렬들을 사용하면 의사결정자의 정보 구조에 포함되는 시그널들을 하나의 행렬에 담을 수 있고 또한 상황 의존적인 확률적 선택 자료를 생성하는 조건부 확률도 행렬에 담을 수 있다.

$$\Pi = \begin{bmatrix} \pi(\alpha|\omega_1) & \pi(\beta|\omega_1) & \pi(\gamma|\omega_1) \\ \pi(\alpha|\omega_2) & \pi(\beta|\omega_2) & \pi(\gamma|\omega_2) \end{bmatrix};\ P = \begin{bmatrix} \text{Prob}(a|\omega_1) & \text{Prob}(b|\omega_1) \\ \text{Prob}(a|\omega_2) & \text{Prob}(b|\omega_2) \end{bmatrix}$$

앞에서 정의한 행렬들은 다음 관계를 만족한다.

$$P = \Pi B \tag{8.5}$$

위 식은 임의의 의사결정자가 자신의 행동선택에 이르기까지 거치는 과정을 수식으로 요약한 것으로 해석할 수 있다. 의사결정자의 정보 구조가 현시된 정보 구조에 대하여 충분하다는 의미를 수식으로 표현할 수 있다. 현시된 정보 구조의 시그널들을 담은 행렬을 $\bar{P}$로 표기한다. 자료로부터 현시된 정보 구조에 대하여 의사결정자의 정보 구조가 충분하면 다음 식을 만족해야 한다.

$$\bar{P} = \Pi B$$

위 식이 성립한다는 의미는 $\bar{P}$는 Π를 포함하는 정보 구조하에서 생성된 확률적 선택 자료와 같다는 의미이다.

앞에서 정의한 $\bar{P}$가 다음의 등호를 만족한다면 연구자가 분석하고 있는 자료는 앞에서 설명한 의사결정 모형으로부터 생성된 것으로 볼 수 있다.

$$\bar{P} = \begin{bmatrix} \bar{P}(a|\omega_1) & \bar{P}(b|\omega_1) \\ \bar{P}(a|\omega_2) & \bar{P}(b|\omega_2) \end{bmatrix}$$

주어진 정보 구조하에서 기대효용은 선택집합과 시그널의 집합의 함수이다. 선택집합을 $A = a, b$로 표시하고, 시그널의 집합을 π로 표시한다면 기대효용의 식은 다음과 같이 주어진다.

$$\begin{aligned} G(A,\pi) &= \mu(\omega_1)(P(a|\omega_1)u(a(\omega_1)) + P(b|\omega_1)u(b(\omega_1))) \\ &+ \mu(\omega_2)(P(a|\omega_2)u(a(\omega_2)) + P(b|\omega_2)u(b(\omega_2))) \end{aligned} \tag{8.6}$$

행동집합이 달라지면 변화된 행동집합에서 제공하는 효용의 크기도 달라져 의사결정자의 주의할당도 변한다. 정보비용이 달라지면 확률적 선택 자료도 달라진다. 의사결정을 위해서 정보비용을 지불해야 한다면 만족되어야 하는 조건이 있다. 보상이 상대적으로 낮은 행동집합을 대상으로 선택하는 경우 상대적으로 보상이 높은 행동집합을 대상으로 선택하는 경우에 비해 더 낮은 정보비용을 지불해야 한다. 두 개의 행동집합을 비교하기 위해 캐플린·딘이 제시한 예를 소개한다. 앞에서 제시한 행동집합에 더하여 다음의 행동집합을 고려한다. 두 번째 행동집합은 $\tilde{A} = \{\tilde{a},\ \tilde{b}\}$으로 표기하고 각각의 행동에 대한 효용은 다음과 같이 결정된다.

$$\tilde{a}(\omega_1) = 2; \quad \tilde{a}(\omega_2) = 0; \quad \tilde{b}(\omega_1) = 0; \quad \tilde{b}(\omega_2) = 2$$

위의 행동집합에 대하여 선택확률은 첫 번째 경우에 비해 더 높게 주어진다.

$$\text{Prob}(\tilde{a}|\omega_1) = 3/4, \qquad \text{Prob}(\tilde{b}|\omega_2) = 3/4$$

두 번째 행동집합에 대응되는 시그널의 집합을 π로 표기하여 두 번째 경우에서의 기대효용은 $G(\tilde{A}, \tilde{\pi})$로 표기한다.

이제 식 (8.6)에서 정의한 기대효용의 식을 적용하면 두 번째 경우의 기대효용은 다음과 같이 정의된다.

$$\begin{aligned} G(\tilde{A}, \tilde{\pi}) &= \mu(\omega_1)(P(\tilde{a}|\omega_1)u(\tilde{a}(\omega_1)) + P(\tilde{b}|\omega_1)u(\tilde{b}(\omega_1))) \\ &+ \mu(\omega_2)(P(\tilde{a}|\omega_2)u(\tilde{a}(\omega_2)) + P(\tilde{b}|\omega_2)u(\tilde{b}(\omega_2))) \end{aligned} \tag{8.7}$$

식 (8.6)과 식 (8.7)에 정의된 기대효용을 계산하면 아래와 같다.

$$G(A, \pi) = 20/3, \qquad G(\tilde{A}, \tilde{\pi}) = 3/2$$

행동선택은 그대로 두고 선택확률을 교환하는 경우를 분석한다. 구체적으로 예를 들면, 첫 번째 경우의 행동선택은 그대로 둔 채 두 번째 경우의 선택확률로 선택확률을 대체하여 계산한 기대효용과 두 번째 경우의 행동선택은 그대로 둔 채 첫 번째 경우의 선택확률로 선택확률을 대체하여 계산한 기대효용을 계산하면 다음과 같이 주어진다.

$$G(A, \tilde{\pi}) = 15/2, \qquad G(\tilde{A}, \pi) = 4/3$$

다른 것은 그대로 둔 채 정보 구조만 재구성하여 더 높은 효용을 얻을 수 없다는 조건을 분석한다. 정보 구조만 재구성하는 것은 첫 번째 경우의 정보 구조를 두 번째 경우에 적용하고 두 번째 경우의 정보 구조를 첫 번째 경우에 적용하는 상황을 의미한다. 정보 구조만 재구성하여 더 높은 효용을 얻을 수 없다는 조건은 다음과 같이 주어진다.

$$G(A, \pi_A) + G(\tilde{A}, \tilde{\pi}_{\tilde{A}}) \geq G(A, \tilde{\pi}_{\tilde{A}}) + G(\tilde{A}, \pi_A) \tag{8.8}$$

위 부등식에서 왼쪽 항은 각각의 경우에 대하여 원래의 정보 구조를 사용하여 계산한 기대효용의 합이다. 오른쪽 항은 정보 구조만을 바꾸어서 기대효용의 합을 계산한 것이다. 따라서 식 (8.8)의 부등식이 함의하는 것은 다른 것은 그대로 둔 채 정보 구조만 재구성하여 더 높은 효용을 얻을 수 없다는 조건이다. 또한 앞에서 설명한 예는 식 (8.8)의 조건을 만족하지 않음을 확인할 수 있다. 위의 부등호가 성립하지 않는다면 이미 다른 선택 문제를 해결하기 위해 생성되어 있던 정보 구조를 다른 선택문제에 적용하더라도 더 높은 기대효용을 얻을 수 있는 기회가 있음을 의미한다. 이와 같은 이유로 식 (8.8)에서 정의된 부등호를 주의순환 무이득(no improving attention cycles) 조건으로 정의한다.

원래의 행동선택이 주어진 선택확률하에서 최적의 선택이었다면,

주어진 선택확률은 그대로 두고 행동선택을 다른 행동선택으로 바꾸었을 때 원래의 효용 수준보다 더 높지 않아야 한다는 조건이 부과된다. 이는 개인의 선택이 주어진 사후적 믿음하에서의 최적인 행동선택이어야 한다는 제약을 의미한다. 행동 a의 선택확률하에서 평가한 행동 a의 기대효용이 행동 a의 선택확률하에서 평가한 행동 b의 기대효용보다 더 높다는 의미이다. 또한 행동 b의 선택확률하에서 평가한 행동 b의 기대효용이 행동 b에서 평가한 행동 a의 기대효용보다 더 높다는 의미이다. 이러한 기대효용의 상대적 크기에 대한 제약을 수식으로 표현하면 다음과 같다.

$$\begin{aligned}
P(a|\omega_1)u(a(\omega_1)) + P(a|\omega_2)u(a(\omega_2)) &\geq \\
P(a|\omega_1)u(b(\omega_1)) + P(a|\omega_2)u(b(\omega_2)) & \\
P(b|\omega_1)u(b(\omega_1)) + P(b|\omega_2)u(b(\omega_2)) &\geq \\
P(b|\omega_1)u(a(\omega_1)) + P(b|\omega_2)u(a(\omega_2)) &
\end{aligned}$$

위 식을 정리하면 다음과 같은 두 개의 부등식이 된다.

$$\begin{aligned}
P(a|\omega_1) &\geq \alpha P(a|\omega_2) \\
P(a|\omega_1) &\geq \alpha P(a|\omega_2) + 1 - \alpha \\
\alpha &= (u(b(\omega_2)) - u(a(\omega_2))(u(a(\omega_1)) - u(b(\omega_1)))^{-1}
\end{aligned}$$

위에서 정리한 식을 보면 α가 1보다 큰 경우와 1보다 작은 경우에 따라 부등식들의 왼편 항의 상대적 크기가 달라짐을 알 수 있다. 이러한 점을 고려하여 위의 두 개 부등식을 아래와 같이 묶을 수 있다.

$$P(a|\omega_1) \geq \max\{\alpha P(a|\omega_2), \alpha P(a|\omega_2) + 1 - \alpha\} \tag{8.9}$$

위에서 정리한 조건은 정보제약하에서 형성된 사후적 믿음에 의거하여 계산한 기대효용을 기반으로 최적 행동을 선택한다는 조건을 반영한 것이다. 사후적 믿음하에서의 최적인 행동선택이라면 사후적 믿음을 그대로 둔 채 행동만 전환할 때 원래의 최적 행동에서 얻는 기대효용보다 더 낮은 기대효용을 얻게 된다. 따라서 식 (8.9)에서 정리된 부등식을 행동전환 무이득(no improving action switches) 조건으로 정의한다.

현재 설명하고 있는 정보 구조와 행동선택 간의 관계에 대한 현실적 함의를 구체적으로 이해하기 위해 현재의 모형과 합리적 부주의하에서 기업의 이윤 극대화와 대비하여 설명한다. 정보처리 능력에 대한 제약하에서 기업이 가격을 설정하는 정책은 $f(p|x)$로 표현하였다. 현재 설명하고 있는 프레임워크에 따르면 $f(p|x)$는 확률적 선택 자료에 대응된다. 극대화의 문제를 풀어서 도출한 $f(p|x)$에서는 기업이 어떠한 정보 구조를 선택하여 어떠한 시그널을 생성하여 자신에 필요한 정보를 업데이트하는지에 대한 구체적인 설명이 없었다. 이를 보완하기 위해 기업의 정보 구조를 설명하는 모형으로서 표 8.1에서 요약하고 있는 정보 구조를 해석한다.

실제의 비용을 나타내는 변수인 x는 평균이 0인 정규분포를 따르는 확률변수이다. 기업에 부과된 정보처리 능력에 대한 제약으로 인해서 x의 실현치를 정확하게 볼 수 없다. 두 개의 경우로 나누어서 파악할 수 있다. 첫 번째 상황은 비용이 높은 상황을 의미하고 $\omega_1 = \{x|x \leq 0\}$으로 정의된다. 두 번째 상황은 비용이 낮은 상황을 의미하고 $\omega_2 = \{x|x < 0\}$으로 정의된다. 기업은 기업이 처한 상황을 정확하게 파악하기 위해 시그널을 생성하는 세 개의 서로 다른 부서에서 서로 다른 업무를 통해 시그널을 생성한다. 기업의 행동집합은 가격집합으로 이해할 수 있다. 가격집합에는 높은 가격($=p_H$)과 낮은 가격($=p_L$)으로 구분할 수 있는 두 개의 가격점이 포함되어 있다. 정보비용을 제외한

기업의 이윤은 실제의 비용에 대하여 적정 가격을 책정하면 양의 이윤이 발생하는 것으로 가정한다. 앞에서 이미 소개한 예와 비교가 될 수 있도록 하기 위해 높은 비용의 상황에서 높은 가격을 받으면 10의 이윤이 발생한다고 가정한다. 또한 낮은 비용의 상황에서 낮은 가격을 받으면 10의 이윤이 발생한다고 가정한다. 그러나 높은 비용의 상황에서 낮은 가격을 받으면 수요는 많지만 판매수입이 전체 비용을 충당하는 수준에 머무르는 것으로 가정한다. 낮은 비용의 상황에서 높은 가격을 받으면 경쟁기업의 낮은 가격으로 인해 구매자가 크게 줄어 0의 이윤을 얻게 되는 것으로 가정한다.

기업가는 회계 업무와 마케팅 업무를 통해 가격 결정에 필요한 정보를 얻을 수 있다. 현재 상황에 대하여 완전한 정보를 얻기 위해 예상되는 지출 수준이 높기 때문에 기업이 보유한 자금으로는 가능하지 않은 것으로 가정한다. 완전한 정보를 얻기 위한 비용이 막대하게 높기 때문에 현실적으로 가능하지 않다는 것이 합리적 부주의의 가정이 부과되는 근거이다. 그럼에도 불구하고 기업은 정보수집을 위해 다음과 같이 체계적인 노력을 투입한다.

첫째, 회계 담당 부서는 회계장부에 적혀 있는 항목별 지출액들을 파악하여 지출 상황을 반영하는 α 지수를 생성한다. α 지수의 값이 α 시그널의 실현 값이다. 둘째, 마케팅 부서는 경쟁기업의 가격조사와 수요조사 등을 통해 현재 가격의 적정한 여부에 대한 정보를 요약하여 β 지수를 생성한다. β 지수의 값이 β 시그널의 실현 값이다. 셋째, 기업 내부의 관련 담당자들의 의견을 종합하여 γ 지수를 생성한다. γ 지수의 값이 γ 시그널의 실현 값이다.

세 개의 지수가 모두 완전하다고 가정하여 $\pi(\alpha = \omega_1|\omega_1) = 1$, $\pi(\beta = \omega_1|\omega_1) = 1$, $\pi(\gamma = \omega_1|\omega_1) = 1$의 조건이 만족된다. 각각의

지수가 완전한 지수이면 세 개의 서로 다른 정보수집 채널을 만들 이유가 없다. 하나의 지수라도 완전히 작동한다면 현재의 상황을 그대로 알게 되므로 현재 상황에 적정한 가격을 선택할 수 있다. 따라서 세 개의 서로 다른 채널을 유지할 필요가 없다. 기업이 정보 구조를 선택하면 선택된 정보 구조에 대응하는 시그널에 대한 조건부 확률들이 결정된다. 정보 구조가 달라지면 각각의 시그널에 대한 조건부 확률들의 값은 다르더라도 다음 조건은 만족되어야 한다.

$$\pi(\alpha|\omega_1) + \pi(\beta|\omega_1) + \pi(\gamma|\omega_1) = 1$$

위 식의 함의는 실제의 상황이 ω_1이라는 조건하에서 발생하는 시그널에 대한 조건부 확률들의 합이 1이라는 것이다. 또한 다음 식에서와 같이 실제의 상황이 ω_2라는 조건하에서 발생하는 시그널에 대한 조건부 확률들의 합도 1이 되어야 한다.

$$\pi(\alpha|\omega_2) + \pi(\beta|\omega_2) + \pi(\gamma|\omega_2) = 1$$

기업의 경영자는 각각의 부서에서 제공한 시그널에 기초하여 자신의 정보를 업데이트한다. 경영자의 실제의 상황에 대한 선험적인 정보는 $\mu(\omega_1) = \mu(\omega_2) = 1/2$로 주어진다. 사후적 분포는 베이즈 규칙을 사용하여 업데이트한다. 예를 들어 β 지수를 받으면 다음과 같이 실제의 상황에 대한 사후적 믿음을 형성한다.

$$\beta(\omega_i) = \frac{\mu(\omega_i)\pi(\beta|\omega_i)}{\mu(\omega_1)\pi(\beta|\omega_1) + \mu(\omega_2)\pi(\beta|\omega_2)} \quad \text{for} \quad i = 1, 2$$

기업의 경영자는 다른 시그널에 대해서도 동일한 방식을 적용하여 사후적 믿음을 업데이트하기 때문에 각각의 시그널에 대응하는 사후적 확률이 결정된다. 기업의 경영자는 각각의 사후적 확률이 결정되면 사후적 확률에 의거하여 가격집합에서 가격점을 선택한다. 선택함수는

사후적 확률과 가격선택 간의 관계를 나타낸다. 예를 들어 β의 시그널에 대하여 형성된 선택함수는 $C(p_H|\beta)$와 $C(p_L|\beta)$로 표기한다. 식 (8.1)과 식 (8.2)에서 정리된 방식을 사용하여 높은 비용이 실제로 실현되는 경우 기업이 책정한 가격이 높은 가격일 확률은 다음과 같이 결정됨을 알 수 있다.

$$\begin{aligned} f(p_H|\omega_1) &= C(p_H|\alpha)\pi(\alpha|\omega_1) + C(p_H|\beta)\pi(\beta|\omega_1) \\ &+ C(p_H|\gamma)\pi(\gamma|\omega_1) \end{aligned} \tag{8.10}$$

또한 ω_2가 발생한 상황에서 높은 가격 p_H가 선택되는 조건부 확률은 다음과 같이 표현할 수 있다.

$$\begin{aligned} f(p_H|\omega_2) &= C(p_H|\alpha)\pi(\alpha|\omega_2) + C(p_H|\beta)\pi(\beta|\omega_2) \\ &+ C(p_H|\gamma)\pi(\gamma|\omega_2) \end{aligned} \tag{8.11}$$

또한 낮은 가격이 책정될 확률과 높은 가격이 책정될 확률은 다음과 같이 정의된다.

$$\begin{aligned} f(p_H) &= f(p_H|\omega_1)\mu(\omega_1) + f(p_H|\omega_2)\mu(\omega_2) \\ f(p_L) &= f(p_L|\omega_1)\mu(\omega_1) + f(p_L|\omega_2)\mu(\omega_2) \end{aligned} \tag{8.12}$$

다음에서는 앞에서 설명한 자료를 생성하는 이윤 극대화의 문제를 정리한다. 가격집합을 $P = \{p_H, p_L\}$로 표시하면 기대이윤을 다음과 같이 쓸 수 있다.

$$G(P, \pi) = f(p_H)u(p_H) + f(p_L)u(p_L) \tag{8.13}$$

심스(Sims 2010)와 마테카(Matějka 2016)의 모형에서는 각각의 상황하에서 낮은 가격과 높은 가격을 책정할 확률 혹은 낮은 가격 또는 높은 가격하에서 각각의 상황이 발생할 확률 등이 극대화 문제에 명시적으로 포함된다. 기업이 어떠한 시그널을 형성하는지에 대한 구체적인 설명이 생략되어 있다. 따라서 이 장에서의 극대화 문제에서도 기업이 책정하는 가격과 실제의 상황이 연결될 확률을 극대화 문제를 표현하는 데 사용하기로 한다. 정보비용은 상호정보를 정의한다. 상호정보에 단위당 비용을 나타내는 라그랑주 승수를 θ로 표기한다. 기업의 가격 정책을 도출하기 위해 소요되는 정보비용을 각각의 상황하에서 낮은 가격과 높은 가격을 책정할 확률 혹은 낮은 가격 또는 높은 가격하에서 각각의 상황이 발생할 확률 등으로 표기하면 다음과 같다.

$$\begin{aligned} K(\pi) &= \theta(\textstyle\sum_{i=1}^{2} \mu(\omega_i)(f(p_H|\omega_i)\log \frac{f(p_H|\omega_i)}{f(p_H)} \\ &+ f(p_L|\omega_i)\log \frac{f(p_L|\omega_i)}{f(p_L)})) \end{aligned} \tag{8.14}$$

식 (8.13)과 식 (8.14)의 기대이윤과 정보비용을 합하여 합리적 부주의하에서 정보 구조와 가격을 동시에 선택하는 기업의 목적함수를 정의할 수 있다. 식 (8.14)는 캐플린·딘이 정의한 정보비용함수에 해당하는 것으로 해석할 수 있다. 또한 캐플린·딘이 정의한 최적 정보 구조는 다음의 극대화 문제의 해로 정의된다.

$$\max_{\pi\in\Pi}\{G(P,\pi) - K(\pi)\} \tag{8.15}$$

2 드리프트 확산 모형

서로 다른 회사에서 생산한 동일한 품목이 상점의 진열대에 나란히 진열되어 있어서 두 개의 제품을 비교하여 하나를 구매하는 소비자는 진열대에 다가서자마자 곧바로 하나의 상품을 선택하는 것이 아니라 두 개의 제품을 번갈아서 여러 번 바라보고 난 후 하나의 상품을 선택한다. 어떠한 모형이 소비자의 의사결정 과정을 정확하게 설명하는가를 생각해 볼 수 있다.

래트클리프(Ratcliff 1978)는 기억인출(memory retricval)을 설명하는 이론으로서 드리프트 확산 모형(drift diffusion model)을 제시한다. 전형적인 항목 인식 작업(item recognition task)과 관련된 실험 결과를 설명하기 위한 하나의 모형으로서 래트클리프의 이론을 소개한다. 기억된 일련의 항목들의 모음을 기억된 탐색집합(memory search set)으로 정의한다. 또한 탐색해야 할 항목이 제시된다. 실험 참가자는 기억된 탐색집합에 속해 있는 여러 개의 항목 중에서 탐색 대상인 항목과 동일한 항목을 찾아내는 작업을 한다. 각각의 항목에 대한 개별적 비교는 확산 과정을 따르는 것으로 가정된다. 수평 비교가 탐색집합 안에 속해 있는 항목과 탐색항목이 서로 짝(match)을 맞추는 것으로 끝나거나 아니면 아무것도 짝을 맞추는 것이 없는 것으로 끝나면 결정이 내려진다. 결정이 이루어지면 '예' 또는 '아니오' 등과 같은 반응이 뒤따라 나오게 된다. 비교 과정(comparison process)을 확산 과정으로 기술하는 이점은 정보 축적률의 평균과 분산을 서로 독립적인 파라미터로 다룰 수 있다는 것이다.

비교 과정에서 두 개의 항목을 비교하기 위해 개별 특성의 식별이 필요하다. 항목의 비교는 특성 짝짓기(feature match)를 통해서 수행된다. 하나의 항목은 다수의 특성에 의해서 구별할 수 있는 것으로 가정한다. 따라서 서로 동일한 항목인가의 여부는 특성의 짝짓기로 결정한다. 다수의 특성이 일치한다면 같은 항목으로 간주할 수 있다. 예를 들어 10개의 특성이 비교 리스트에 있다고 하자. 두 개의 항목에 대해서 10개의 특성에 대하여 각각의 특성별로 같은지의 여부를 확인하여 특성이 같으면 특성 짝짓기가 일어나는 것으로 정의하고, 그렇지 않으면 특성 짝짓기가 성립하지 않는 것으로 정의한다. 짝지어진 특성의 수를 기준으로 항목을 비교해야 하므로 다음과 같은 방식으로 진행한다.

임의의 초깃값이 주어지고 주어진 초깃값에 대하여 첫 번째 특성에서 특성 매치가 발생하면 하나를 추가하고 매치가 안되면 하나를 감한다. 첫 번째 특성 매치에서의 수가 두 번째 특성 매치의 초깃값이 된다. 동일한 특성 짝짓기 과정을 계속해 나간다. 짝지어진 특성의 수가 일정한 임계치에 도달하면 항목이 목표하는 항목과 동일한 것으로 간주한다. 이와 반대로 짝지어진 특성의 수가 0이 되면 항목이 다른 것으로 간주한다.

또한 개별 항목을 비교하여 목표하는 항목과 비교 대상인 항목 간의 서로 유사한 정도는 상관성(relatedness)에 의해서 측정할 수 있다. 두 개의 항목에 대한 상관성은 맞아떨어지는 특성의 개수를 특성의 전체 개수로 나눈 비율로 정의된다. 두 개의 항목이 목표하는 항목과의 비교에서 동일한 상관성을 보이더라도 비교하는 과정에 소요된 시간은 다를 수 있다. 이를 설명하기 위해 편의상 항목 A와 항목 B라고 하자. 항목 A의 경우 동일한 특성이 먼저 오고 동일하지 않은 특성이 나중에 위치하도록 구성되어 있다. 반면에 항목 B는 동일하지 않은 특성과 동일한 특성이 엉켜서 나열되어 있다. 이 경우 항목 A를 비교하는 과정에 소요되는 시간이 항목 B를 비교하는 과정에 소요되는 시간보다 짧다. 이 두 차이에 대한 구분이 가능하도록 하나의 항목의 비교 과정을 묘사하는 모형을 제시하고자 한다.

드리프트 확산 모형은 특정한 대안이 선택되는 오즈에 대하여 로지스틱 모형과 동일한 형태의 식을 함의하는 것을 보일 수 있다. 앞에서 설명한 래트클리프의 모형에 의거하여 이를 설명하기 위해 정보의 양에 대한 임계치를 정의한다. 첫째, 확산 과정에 의해서 기술되는 축적된 증거의 양이 a보다 크거나 같으면 항목이 매치된 것으로 간주한다. 둘째, 확산 과정에 의해서 기술되는 축적된 증거의 양이 z보다 작으면 항목이 매치되지 않는 것으로 간주된다. x는 두 항목의 상관성을 의미한다. 드리프트의 분산을 s^2이라고 할 때 하나의 항목이 탐색하는 항목이 될 확률은 다음과 같다.

$$\lambda(x) = \frac{\exp(2ax/s^2) - \exp(2(a-z)x/s^2)}{\exp(2ax/s^2) - 1}$$

위 식에서 $\lambda(x)$는 특정한 항목의 상관성이 x인 경우 매치될 확률을 의미한다. 다음 식이 만족되는 θ가 존재하는 것으로 가정한다.

$$\exp(\frac{x}{\theta}) = \frac{\exp(2ax/s^2) - \exp(2(a-z)x/s^2)}{\exp(2(a-z)x/s^2) - 1}$$

다음 식에서 볼 수 있듯이 위의 조건이 만족된다는 가정하에서 임의의 항목에 대한 매치의 오즈는 상관성의 지수함수가 된다.

$$\frac{\lambda(x)}{1-\lambda(x)} = \exp(\frac{x}{\theta})$$

앞에서 설명한 래트클리프가 제시한 공식이 도출되는 과정을 설명한다. 하나의 항목에 대하여 그것이 목표하는 항목과 같은지를 알기 위해 특성 짝짓기를 하고 있는 것으로 가정한다. 다음 차례의 특성에 대하여 짝짓기가 성공할 확률을 p라고 하고 실패할 확률을 q라고 하자. 특성 짝짓기가 성공하면 축적된 정보의 양은 1만큼 증가하고 성공하지 못하면 1만큼 감소한다. 짝짓기를 시작하는 최초 시점에서의 정보 수준이 z_0이다. 특성 짝짓기를 통해서 축적된 정보의 양이 z에 도달하면 두 개의 항목이 서로 일치하는 것으로 간주한다. 그러나 0이 된다면 서로 다른 항목으로 간주한다. m_z는 z_0에서 출발하여 서로 다른 항목으로 판별될 확률을 나타낸다. z_0에서 출발하였다면 특성 짝짓기 성공 여부에 따라서 z_0+1로 가거나 z_0-1로 가게 된다. 매 회당 특성 짝짓기가 성공할 확률은 p이므로 pm_{z_0+1}은 특성 짝짓기가 성공하고 축적된 정보의 양은 z_0+1로 될 확률이다. 또한 매 회당 특성 짝짓기 실패의 확률이 q이므로 qm_{z_0-1}는 특성 짝짓기가 실패하고 정보의 양이 z_0-1으로 될 확률이다. 따라서 다음의 차분 방정식이 성립해야 한다.

$$m_{z_0} = pm_{z_0+1} + qm_{z_0-1}$$

위 차분 방정식에 대한 경계 조건(bounbdary condition)은 $m_0 = 1$, $m_{\bar{z}} = 1$이다.

다음에서는 $g(1)$을 임의의 점 n에서 $n-1$로 낮아질 확률로 정의하고 이를 계산한다. $g(1)$은 임의보행의 특성으로 인하여 시작하는 위치에 의존하지 않는 상수이다. 또한 $g(n \to 0)$는 임의의 n점에서 0으로 내려갈 확률로 정의하면 다음과 같이 쓸 수 있다.

$$g(n \to 0) = g((n-1) \to 0|n \to (n-1))g(n \to (n-1))$$

임의보행은 마코프 특성을 만족하므로 앞으로 발생할 사건의 확률은 과거의 위치가 아니라 현재의 위치에 의존하므로 $g((n-1) \to 0|n \to (n-1)) = g((n-1) \to 0)$이다. 뿐만 아니라 $g(n \to (n-1)) = g(1)$이 된다. 따라서 $g(n \to 0) = g((n-1) \to 0)\ g(1)$이 된다. 이 식을 반복하여 적용하면 $g(n \to 0)$과 $g(1)$은 다음 관계를 만족해야 한다.

$$g(n \to 0) = g(1)^n$$

앞에서 m_z에 대한 차분 방정식에 $z_0 = 1$을 대입하여 정리하면 다음과 같은 식이 도출된다.

$$m_1 = pm_2 + qm_0 \qquad \to \qquad g(1) = pg(1)^2 + q$$

이 식은 $g(1)$에 대한 이차 방정식이다. 이차 방정식에 대한 근의 공식을 사용하여 풀면 $p = q$인 경우 $g(1) = 1$이고 $p \neq q$인 경우 $g(1) = q/p$이다.

앞에서 도출한 결과를 이용하여 m_{z_0}의 값을 계산한다. 먼저 $g(n \to 0)$의 정의에 의해서 다음 식이 만족되어야 한다.

$$g(z_0 \to 0) = m_{z_0} + (1 - m_{z_0}) g(\bar{z} \to 0) \to g(1)^{z_0} = m_{z_0} + (1 - m_{z_0}) g(1)^{\bar{z}}$$

위 식에 $g(1)$에 대한 해를 대입하여 정리하면 m_{z_0}의 값은 다음과 같이 주어진다.

$$m_{z_0} = \frac{(q/p)^{\bar{z}} - (q/p)^{z_0}}{(q/p)^{\bar{z}} - 1}$$

또한 $p = q$인 경우는 아래와 같이 위의 식에 로피탈의 정리를 적용하여 계산한다.

$$m_{z_0} = \lim_{x \to 1} \frac{x^{\bar{z}} - x^{z_0}}{x^{\bar{z}} - 1} = (\bar{z} - z_0)/\bar{z} = 1 - (z_0/\bar{z})$$

앞에서는 시간 단위당 하나의 변화가 가능한 것으로 제약하였다. 연속시간 모형에서 성립하는 확률적 과정에 대한 결과를 이산시간 모형에서 도출한 결과의 극한으로 계산하기 위해 앞에서 설명한 모형에 다음과 같은 가정을 부과한다. 시간당 이동하는 횟수는 r이고 한 번 이동할 때 이동하는 거리가 δ이다. 또한 다음의 제약이 부과된다. 첫째, $(p - q) r\delta \to x$이다. 둘째, $4pqr\delta^2 \to s^2$ 이다. 또한 래트클리프의 부록에서 가정한 바와 같이 $\bar{z} = a/\delta$와 $z_0 = z/\delta$로 정의한다. 이 식들을 결합하여 정리하면 다음과 같은 식이 도출된다.

$$n = z/\delta \quad \to \quad x/s^2 = \tfrac{4q(1-q/p)}{\delta} \quad \to \quad q/p = 1 - n^{-1} \tfrac{(4q)(zx)}{s^2}$$
$$n = a/\delta \quad \to \quad x/s^2 = \tfrac{4q(1-q/p)}{\delta} \quad \to \quad q/p = 1 - n^{-1} \tfrac{(4q)(ax)}{s^2}$$

또한 임의의 변수 v에 대한 지수함수로 나타내는 $\exp(v)$는 다음과 같이 극한을 사용하여 정의할 수 있다.

$$\exp(v) = \lim_{n \to \infty} (1 - \frac{v}{n})^n$$

m_{z_0}의 식에 대입하여 정리하여 극한값을 취하면 m_{z_0}를 지수함수의 함수로 표시할 수 있다.

$$m_{z_0} = \frac{\exp(-\frac{(4q)(ax)}{s^2}) - \exp(-\frac{(4q)(zx)}{s^2})}{\exp(-\frac{(4q)(zx)}{s^2}) - 1} = \frac{\exp(-\frac{2(ax)}{s^2}) - \exp(-\frac{2(zx)}{s^2})}{\exp(-\frac{2(ax)}{s^2}) - 1}$$

위 식에서 우변의 두 번째 등호는 q와 p의 거리가 매우 작다는 조건에 대한 극한값인 $q = 1/2$을 부과하여 도출하였다. 이 식은 두 개의 항목이 매치되지 않을 확률을 의미한다. 따라서 두 개의 항목이 매치될 확률은 앞에서 이미 설명한 식과 동일하게 된다.

$$\lambda(x) = 1 - \frac{\exp(-\frac{2(ax)}{s^2}) - \exp(-\frac{2(zx)}{s^2})}{\exp(-\frac{2(ax)}{s^2}) - 1} = \frac{\exp(\frac{2ax}{s^2}) - \exp(\frac{2(a-z)x}{s^2})}{\exp(\frac{2ax}{s^2}) - 1}.$$

3 합리적 부주의와 다항로짓 모형

합리적으로 부주의한 의사결정자는 처리해야 할 정보의 양과 내용을 선택한 이후 새롭게 습득한 정보를 바탕으로 자신의 행동을 선택하는 의사결정자를 의미한다. 이러한 의사결정자를 가정하는 합리적 부주의 모형에 의거하여 마테카·매케이(Matějka and McKay 2015)는 유한개의 선택 가능한 대안 중 하나의 대안을 선택하는 의사결정자들이 확률적 선택을 보이는 이산 선택(discrete choice)에 대한 실증분석에 널리 사용되는 다항로짓 모형을 도출한다.

마테카·매케이가 분석한 모형을 단순화하여 소개한다. 의사결정자는 n개의 서로 다른 대안 중의 하나를 선택하는 것으로 가정한다. 임의의 대안에 대하여 i로 표기한다. 동일한 의사결정일지라도 경제 상황에 따라서 결과가 달라질 수 있음을 고려한다. 상황을 나타내는 변수로 s를 사용하고 m개의 다른 상황이 가능한 것으로 가정한다. 의사결정자는 서로 다른 상황은 정확하게 구별할 수 있는 것으로 가정한다. 따라서 의사결정자가 대안 i를 선택할 때 그 결과로 발생하는 이득은 경제상황에 따라 달라질 수 있음을 고려하기 위해 의사결정자의 이득은 $v_i(s)$로 표기한다. 개별 의사결정자들은 각 상황이 발생할 확률에 대한 사전적 믿음이 있다. 특정한 상황이 발생할 사전적인 확률은 $g(s)$로 표기된다.

확률적 선택이라는 것은 의사결정자들이 자신의 선택을 확률분포로 나타내는 것을 의미한다. 예를 들어서 의사결정자들이 자신의 극대화 문제를 풀어서 선택하는 것은 임의의 상황 s가 발생하였다는 조건하에서 임의의 대안 i를 선택할 조건부 확률이다. 임의의 대안에 대한 조건부 선택 확률은 $p_i(s)$로 표기한다. 또한 상황에 관계없이 임의의 대안 i를 선택할 확률로 정의되는 비조건부 선택 확률을 p_i^o로 표기한다. 비조건부 선택 확률은 다음과 같이 각 상황의 발생에 대한 사전적 확률을 가중치로 하여 계산한 조건부 선택 확률의 가중평균으로 정의된다.

$$p_i^o = \sum_{s=1}^{m} p_i(s)g(s)$$

목적함수는 두 부분으로 나뉜다. 첫째, 대안을 선택하여 얻은 이득이 있다. 조건부 선택확률이 결정되면 기대이득은 다음과 같다.

$$\sum_{i=1}^{n}\sum_{s=1}^{m} v_i(s)p_i(s)g(s)$$

둘째, 정보를 처리하기 위해 소요되는 비용이 있다. 정보를 처리하는 비용은 기대이득과 동일한 단위로 측정된다. 이는 상호정보와 엔트로피 한 단위당 비용을 나타내는 파라미터인 λ를 곱해서 결정된다. 의사결정자는 λ의 값은 주어진 것으로 간주하여 최적화 조건을 도출한다.

상호정보를 $I(S,A)$로 표기한다면 의사결정자의 목적함수는 다음과 같이 주어진다.

$$\sum_{i=1}^{n}\sum_{s=1}^{m} v_i(s)p_i(s)g(s) - \lambda I(S,A)$$

상호정보는 다음과 같이 사전적 분포하에서 계산한 상태변수의 엔트로피에서 사후적 분포하에서 계산한 상태변수의 엔트로피를 뺀 차이로 정의된다.

$$I(S,A) = I(S) - I(S|A)$$

위 식에서 $I(S)$는 사전적인 분포하에서의 엔트로피를 의미하고 $I(S)$는 아래와 같이 정의된다.

$$I(S) = -\sum_{s=1}^{m} g(s)\log(g(s))$$

또한 $I(S|A)$는 조건부 엔트로피를 의미한다. A는 대안을 나타내는 변수이다. 현재의 모형에서 조건부 엔트로피는 사후적 믿음을 대안으로 나타내는 변수를 조건으로 한 각 상황의 조건부 분포를 사용하여 계산한다. 그 이유는 다음과 같이 설명할 수 있다. 의사결정자가 시그널을 보고 습득한 정보하에서 대안을 선택한다. 의사결정자의 사후적 믿음은 의사결정자가 선택한 행동에 반영되어 있으므로 각각의 상황에 대한 사후적 확률은 대안을 조건으로 하여 계산한 각각의 상황이 발생할 조건부 확률로 간주할 수 있다. 따라서 조건부 엔트로피는 아래와 같이 정의된다.

$$I(S|A) = -\sum_{i=1}^{n}\sum_{s=1}^{m} f(s,i)\log(f(s|i))$$

위 식에서 $f(s,i)$는 상태변수와 선택 가능한 행동을 의미하는 변수에 대한 결합분포의 확률이다. 또한 $f(s|i)$는 대안 i가 선택되었다는 조건하에서 경제상황이 s가 될 조건부 확률이다.

앞에서 정의한 상호정보는 조건부 선택확률의 함수가 됨을 보인다. 앞에서 설명한 바와 같이 각각의 대안을 조건으로 한 상황에 대한 조건부 확률은 의사결정자가 정보를 처리하여 얻은 시그널을 관측한 이후 형성한 상황 발생에 대한 사후적 믿음으로 해석할 수 있다. 따라서 베이즈 규칙을 사용하여 하나의 대안이 선택되었다는 조건하에서 계산한 각 상황에 대한 조건부 확률을 계산한다. 첫째, $f(s,i) = p_i(s)g(s)$이다. 둘째, $f(s,i) = f(s|i)p_i^o$이다. 두 조건을 결합하면 $f(s|i) = p_i(s)g(s)/p_i^o$이다. 이를 위에서 정의한 조건부 엔트로피의 식에 대입하면 아래와 같다.

$$I(S|A) = -\sum_{i=1}^{n}\sum_{s=1}^{m} p_i(s)g(s)\log(\frac{p_i(s)g(s)}{p_i^o})$$

상호정보의 정의식에 대입하여 정리하면 상호정보는 다음과 같이 정리된다.

$$I(S,A) = -\sum_{i=1}^{n} p_i^o \log(p_i^o) + \sum_{i=1}^{n}\sum_{s=1}^{m} p_i(s)\log(p_i(s))g(s))$$

앞에서 정리한 상호정보의 식은 조건부 선택확률의 함수로 표시되어 있으므로 조건부 선택확률의 변화에 따라 정보처리 비용이 어떻게 변화하는가를 알 수 있다.

의사결정자의 극대화 문제의 제약식에 대하여 설명한다. 제약조건은 일종의 의사결정자의 합리성에 대한 조건으로 해석될 수 있다. 결합밀도함수를 대안에 대하여 적분하여 계산한 한계밀도함수는 사전적 분포의 밀도함수와 같다는 조건이 부과된다. 이러한 조건은 의사결정자의 사후적 믿음이 자신의 사전적 믿음과 부합해야 하는 제약으로서 부과된다. 따라서 다음과 같은 제약식이 의사결정자의 극대화 문제에 부과된다.

$$\sum_{i=1}^{n} f(s,i) = g(s) \quad \rightarrow \quad \sum_{i=1}^{n} p_i(s) = 1$$

지금까지의 설명을 종합하여 정리하면 개인의 극대화 문제를 다음과 같이 쓸 수 있다.

$$\max_{\{\{p_i(s)\}_{i=1}^{n}\}_{s=1}^{m}} (\sum_{i=1}^{n} \sum_{s=1}^{m} v_i(s) p_i(s) g(s) - \lambda I(S,A))$$

위의 최적화 문제에 대한 1계 조건을 계산할 때 다음과 같은 식이 만족되어야 한다. 첫째, 상호정보의 식이다.

$$I(S,A) = -\sum_{i=1}^{n} p_i^o \log(p_i^o) + \sum_{i=1}^{n} \sum_{s=1}^{m} p_i(s) \log(p_i(s)) g(s))$$

위 식에서 사용한 p_i^o는 다음과 같이 정의된다.

$$p_i^o = \sum_{s=1}^{m} p_i(s) g(s)$$

둘째, 의사결정자의 사후적 믿음과 사전적 믿음 간의 관계에 대한 제약이다.

$$\sum_{i=1}^{n} p_i(s) = 1$$

앞에서 설명한 최적화 문제에 대한 라그랑지언은 아래와 같다.

$$\begin{aligned}&\textstyle\sum_{i=1}^{n} \sum_{s=1}^{m} v_i(s) p_i(s) g(s) - \lambda(-\sum_{i=1}^{n} p_i^o \log(p_i^o) \\ &+ \textstyle\sum_{i=1}^{n} \sum_{s=1}^{m} p_i(s) \log(p_i(s)) g(s)) \\ &+ \textstyle\sum_{s=1}^{m} \mu(s) (\sum_{i=1}^{n} p_i(s) - 1)\end{aligned}$$

위 식에서 $\mu(s)$는 상황이 s로 실현되는 경우 적용되는 제약식에 붙여지는 라그랑주 승수를 의미한다.

라그랑지언을 $p_i(s)$에 대하여 미분한 후에 정리하면 $p_i(s)$에 대한 1계 조건은 다음과 같다.

$$v_i(s)g(s) - \lambda g(s)\log(\tfrac{p_i(s)}{p_i^o}) + \mu(s) = 0$$
$$\downarrow$$
$$p_i(s) = p_i^o \exp(\lambda^{-1}(v_i(s) + \mu(s)/g(s)))$$

위 식을 보면 우변의 지수함수 중에서 라그랑주 승수의 영향을 받는 부분은 다른 표현으로 대체할 수 있다. 예를 들면 위에서 정리한 최적 조건을 제약조건에 대입하여 라그랑주 승수에 의존하는 부분에 대한 표현을 정리한다.

$$\sum_{i=1}^{n} p_i(s) = 1 \quad \rightarrow \quad \exp(\mu(s)/g(s))\sum_{i=1}^{n} p_i^o \exp(\lambda^{-1}v_i(s)) = 1$$

위 식을 다시 최적화 조건에 대입하여 라그랑지 승수 부분을 소거하여 정리하면 대안 i를 선택하는 최적 조건부 확률은 다음과 같다.

$$p_i(s) = \frac{p_i^o \exp(\lambda^{-1}v_i(s))}{\sum_{i=1}^{n} p_i^o \exp(\lambda^{-1}v_i(s))}$$

최적 조건부 선택확률의 식에 비조건부 선택확률이 포함되어 있다. 따라서 최적 조건부 선택확률을 계산하기 위해 비조건부 선택확률을 먼저 계산해야 한다.

최적 조건부 선택확률의 식을 비조건부 확률의 정의식에 대입하면 n개의 식을 도출할 수 있다.

$$\sum_{s=1}^{m} \frac{\exp(\lambda^{-1}v_i(s))g(s)}{\sum_{i=1}^{n} p_i^o \exp(\lambda^{-1}v_i(s))} = 1, \quad i = 1, 2, \cdots, n$$

따라서 n개의 비조건부 선택확률에 대한 n개의 균형식이 존재하므로 이를 풀어서 n개의 비조건부 선택확률을 계산할 수 있다.

4 최적 정보 제약 모형

우드퍼드(Woodford 2012a, 2014)는 심스(Sims 2003, 2010)가 분석하고 있는 합리적 부주의 제약을 인정하더라도 사람의 지각 능력에 대한 인지심리학적 증거 또는 신경생물학적 증거에 부합하도록 모형이 수정되는 것이 바람직하다는 견해를 제시한다. 지각은 외부로부터 자극이 발생하면 감각기관을 통해 자극을 뇌로 전달하여 자극에 대한 정보를 수집하고 해석하는 활동으로 정의할 수 있다. 동일한 감각적 자극이 발생하더라도 자극이 발생하는 시간과 공간 또한 주변 여건에 따라서 사람들은 다르게 지각하므로 다른 반응을 보일 수 있다. 시각 지각에서의 착시 현상을 예로 들 수 있다.

휘도(luminance)는 과학백과사전의 정의에 의하면 "일정한 범위를 가진 광원의 광도를 그 광원의 면적으로 나눈 양"으로 정의된다. 또한 "그 자체가 발광하고 있는 광원뿐만 아니라 조명되어 빛나는 이차적인 광원에 대해서도 밝기를 나타내는 양"을 의미한다. 동일한 크기의 휘도를 가진 물체를 보고 느끼는 밝기(brightness)는 주관적인 지각(subjective perception)이다. 우드퍼드(Woodford 2012b)가 강조하고 있는 것은 시각 지각에서 발생하는 오류이다. 동일한 수준의 휘도는 눈동자를 통과해 망막을 통과하는 빛의 양을 같게 하지만 사람이 지각하는 밝기의 크기는 항상 같지 않을 수 있다는 것이다. 관련 분야에서의 실험 결과를 요약하면 다음과 같다.

1. 밝기 차이를 판별하는 능력은 정확하지 않고 확률적이다.
2. 특정한 물체에 대하여 지각되는 밝기는 물체 자체의 휘도에만 의존하는 것이 아니라, 물체 자체의 휘도와 배경의 휘도가 서로

대비되는 정도에 따라서 달라진다.

3. 피실험자의 눈이 이미 적응을 마친 환경에서 빈번하게 발생하는 범위 내의 대비에 대해서는 세세한 판별이 가능하다.

이와 같은 결과가 반영되도록 합리적 부주의 제약이 수정되어야 한다는 우드퍼드의 주장을 소개한다. 합리적 부주의 모형에서와 같이 정보를 처리하는 능력에 대하여 부과된 제약으로 인해 의사결정자들은 선택하는 상황과 관련된 모든 세부적인 내용을 다 알고 있지 않고 축약된 형태로만 알고 있다. 개인이 선택할 때 개인의 주변 상황을 복잡한 실제의 자료로 볼 수 있고 사람들이 지각하고 있는 상황은 실제의 상황에 비해 단순화된 상황이므로 실제의 복잡한 자료를 축약한 것으로 볼 수 있다. 자료를 축약해야 하는 과정에서 지각의 왜곡이 발생하게 되지만 지각의 왜곡을 효율적으로 처리하는 모형을 개발해야 한다. 이러한 모형은 앞에서 설명한 시각 지각에서 발생하는 오류를 설명하는 데 유용하다.

또한 다음과 같은 현상들을 설명하는 데 유용하다는 점을 강조한다. 첫째, 집중 효과이다. 집중의 환상(focusing illusion)은 여러 개의 특성으로 구성된 통합된 선택 기준이 있는 상황에서 일부의 특성에 과도하게 의존하여 자신의 선택을 결정하는 경우를 의미한다. 예를 들어 미국 캘리포니아 거주자의 삶의 질과 중서부 거주자의 삶의 질을 비교하여 어느 곳에서 살 것인지를 묻는 조사에 참가하는 사람들은 두 지역에서의 삶의 질을 평가하는 데 좋은 기후(climate)에 지나치게 높은 가중치를 주고 답변하는 경향이 있다.

둘째, 앵커링 효과(anchoring effect)이다. 이는 의사결정을 내릴 때 최초로 습득한 정보에 상대적으로 지나치게 높게 의존하는 현상을 의미한다. 사람들이 흔히 인식편향(cognitive bias)을 보인다는 것이다. 예를 들어서 여러 상점을 돌아다니면서 쇼핑을 할 때 최초에 들른 상점에서 알게 된 가격을 기준으로 그 이후에 방문하는 상점에서의 가격이 높음 또는 낮음를 판단할 수 있다. 백화점이나 슈퍼마켓에서 가격인하 판매 기간 동안 충동구매를 하는 소비자들을 앵커링 효과에 의거하여 설명하는 사례도 있다. 정규 시즌에 책정된 원래의 가격이 비싼 가격이라는 기억이 머리 속에 고정되어 있다면 세일 기간 동안 인하된 가격을 보고 평소에 구매하기 어려운 제품을 구입할 수 있는 좋은 기회라고 생각할 수 있다.

셋째, 선택집합(choice set)이다. 이는 예컨대 두 개의 대안 중에서 하나를 선택할 확률은 선택의 대상이 아닌 다른 대안에 의해서 영향을 받는 상황을 의미한다. 선택집합 효과는 맥락효과(context effect)로 불린다. 맥락효과의 사례는 다음과 같다. 자동차를 새로 살 계획인 소비자는 매장을 방문하기 이전에 A 브랜드와 B 브랜드를 놓고 고민했다. A 브랜드의 가격은 1,000만 원이고 B 브랜드의 가격은 1,500만 원이다. 다른 요건보다 가격을 가장 중시했던 소비자는 매장 입구에 3,000만 원 상당의 C 브랜드를 보게 된다. 그리고 B 브랜드를 구매한다. 원래 저렴한 브랜드를 선호하여 이를 구매할 계획이었지만 매장 입구에 전시된 고급 브랜드를 목격한 이후 고급 브랜드에 비해 많이 저렴한 B 브랜드를 구매한 것이다.

준거점 의존성 가치평가(reference dependent valuation)는 특정한 대안에 대한 효용이 준거점으로부터 떨어져 있는 거리 또는 준거점과의 차이점 등을 비교하여 결정되는 것을 뜻한다. 의사결정자의 비용편익 분석에서 준거점과의 차이를 의미하므로 상대적인 평가이고 절대적인 평가가 아니다. 제한된 정보처리 능력을 가진 의사결정자들이 효율적으로 지각하는 모형을 사용하여 기준점에 따라서 사람들의 선택이 달라지는 준거점 의존 선택(reference-dependent preference) 현상을 설명할 수 있음을 지적되어 왔다. 카너먼·트버스키(Kahneman and Tversky 1979)가 제시한 준거점 의존 선택의 예는 다음과 같이 요약할 수 있다.

1. 1,000원이 시작할 때 주어지고 다음 두 대안 중 하나를 선택하게 한다. 첫 번째 대안은 500원을 확실하게 받는 것이다. 두 번째 대안은 1/2의 확률로 1,000원을 받거나 1/2의 확률로 0원을 받는 것이다.
2. 2,000원이 시작할 때 주어지고 다음 두 대안 중 하나를 선택하게 한다. 첫 번째 대안은 500원을 되돌려 주는 것이다. 두 번째 대안은 1/2의 확률로 1,000원을 주거나 1/2의 확률로 0원을 받는 것이다.

사람들은 첫 번째 문제에서는 첫 번째 대안을 선택하고 두 번째 문제에서는 두 번째 대안을 선택한다. 첫 번째 문제에서는 확실한 소득을 선호하고 두 번째 문제에서는 위험이 있는 소득을 선호한다. 모든 경우 기대소득이 동일하기 때문에 한 경우에는 확실한 소득을 선호하고 다른 경우에 도박을 선호하는 것을 의미하므로 단순하게 위험기피적인 선호를 가정한 기대효용 가설로 설명하기 어렵다.

이득이 발생하는 경우 불확실한 이득에 비해 확실한 이득을 선택하고 손실이 발생하는 경우 확실한 손실에 비해 불확실한 손실을 선택하는 선호를 가진 사람들을 가정한다면 위의 상황을 설명할 수 있다. 이는 기대소득 또는 기대효용의 형태가 손실이 발생하는 영역과 이득이 발생하는 영역에서 서로 다르다면 설명할 수 있음을 의미한다.

우드퍼드(Woodford 2012b)는 첫 번째 문제를 최종 재산에 대한 선험적 분포의 평균이 1,000원인 경우이고 두 번째 문제를 최종 재산에 대한 선험적 분포의 평균이 2,000원인 경우라고 정의하여 두 개의 문제를 구분한다. 동일한 소득구간이더라도 선험적 분포의 평균이 다르면 기대소득의 형태가 다를 수 있음을 보인다. 예를 들어 선험적 분포의 평균이 1,000원인 경우에는 1,000원과 2,000원 사이의 구간에서 기대효용이 오목함수이고 선험적 분포의 평균이 2,000원인 경우에는 1,000원과 2,000원 사이의 구간에서 기대효용이 볼록함수임을 보인다. 따라서 시작하는 재산의 크기가 다르면 동일한 소득구간이라고 할지라도 위험기피적인 선택을 보일 수도 있고 위험선호적인 선택을 보일 수도 있다.

크라비치·아르멜·랭겔(Krajbich, Armel and Rangel 2010)은 사람들이 선택하는 과정을 설명하는 모형의 실험 자료에 대한 설명력를 분석한다. 이들의 강조점 중의 하나는 사람들이 선택할 때 선택가능한 대안을 서로 비교하는 과정이 중요하다는 것이다. 예를 들어 소비자는 식품점에서 물건을 구입할 때 진열대에 다가가는 즉시 구매할 물건을 선택하는 대신 진열대를 반복적으로 응시하여 진열대에 놓여 있는 상품들을 비교하고 하나의 상품을 선택한다. 이들이 소개한 실험은 다음과 같다. 첫 번째 단계에서 실험 참가자들은 70가지의 음식에 대하여 -10에서 10 사이의 우선 순위를 매긴다. 두 번째 단계에서는 마이너스 점수를 받은 음식은 제하고 두 개의 음식 중에서 하나의 음식을 선택한다. 이와 같은 양자택일을 100회 시행한다. 두 번째 단계에서 선택한 음식 중 무작위로 추출한 하나의 음식을 섭취한다. 양자택일의 단계 이전에 각 음식에 대한 가치를 숫자로 표시하였으므로 각각의 양자택일 과정에서 두 대안의 가치의 차이를 측정할 수 있으며 미리 부여한 가치와 양자택일 단계에서의 선택이 부합하는지도 알 수 있다. 또한 실험참가자들이 하나를 선택할 때까지 충분한 시간을 부여받기 때문에 각각의 양자택일 단계에서 사람들의 반응시간을 측정할 수 있다. 따라서 모형에서 함의되는 하나의 대안을 선택할 확률과 선택에 소요되는 시간이 실험에서 얻은 통계량과 일치하는지를 살펴봄으로써 모형의 현실 설명력을 실증 분석할 수 있다.

우드퍼드(Woodford 2014)는 최적 센서 문제를 제시하여 모형의 해가 위에서 설명한 실험 결과를 잘 설명한다는 점을 강조한다. 개인의 의사결정 과정은 센서(sensor)와 센서의 시그널을 해독하여 결정에 반영하는 부분(decoder)의 분담으로 간주한다. 센서는 정보를 업데이트하는 역할을 한다. 센서를 작동하면 과거에 받은 시그널의 값들과 현재 시점에서의 상황을 나타내는 상태변수의 함수로서 새로운 시그널을 생성한다. 센서를 작동하여 정보의 업데이트가 있더라도 새로운 선택으로 이어지지 않을 가능성을 인정한다. 구체적으로 설명하면 센서가 작동하여 정보의 업데이트가 있더라도 현재 시점에서 선택하지 않고 미루는 상황을 고려한다. 매번 센서를 작동하여 업데이트되는 정보의 크기는 상호정보에 의해서 측정되므로 합리적 부주의 제약은 상호정보의 크기에 대한 제약으로 주어진다. 앞에서 설명한 모형과의 차이점은 하나의 행동이 선택될 때까지 여러 번 센서를 작동할 가능성을 인정한다는 것이다. 그 결과 이러한 모형은 자극이 발생할 때 의사결정자가 즉각적으로 반응하지 않고 일정한 시간이 지나서 반응하는 현상을 설명하는 데 유용하다.

최적 센서의 문제를 기업의 가격설정 모형으로 전환하여 정보처리 능력의 제약으로 인해 가격계획(price plan)을 미리 결정해야 하는 기업의 가격정책에 적용한다. 기업이 가격을 선택하는 과정은 다음과 같다. 첫째, 기업은 두 개의 가격점으로 구성된 가격집합을 선택한다. 둘째, 각각의 시점에서 두 개의 가격이 포함된 가격집합에서 하나의 가격을 선택한다. 개별 기업의 가격집합에 포함된 두 가격 간 차이는 다른 기업들의 가격집합에 포함된 가격들의 평균적인 차이와 비교하여 작을 수도 있고 클 수도 있다.

다음에서 요약하는 기업의 가격선택과 관련된 행동들은 실제로 관측된 사항들은 아니지만 기업 자료의 분석을 통해 요약된 실증적 자료의 특징이라고 가정한다. 첫째, 일정 기간 동안 두 개의 서로 다른 가격을 번갈아 책정하는 기업들을 대상으로 조사하면 가격의 차이가 작은 기업들이 가격을 전환하는 데 소요되는 기간이 더 크다. 동일한 제품시장에서 제품기업의 규모와 생산기술이 유사한 기업들을 대상으로 조사해도 동일한 결과가 도출된다. 둘째, 생산비용 또는 시장수요의 변화가 클수록 새로운 적정 가격과 현재의 가격 간의 차이가 커지므로 기업이 가격결정을 위해 정보를 수집하여 처리하는 횟수가 작다. 셋째, 다른 요인들은 모두 변화하지 않은 상황에서 제품수요만 변화하는 상황을 가정한다. 적정 가격으로 전환하여 양의 이윤을 얻는 기업이 가격을 설정하는 데 소요되는 시간은 적절하게 대응하지 못해 손실을 보는 기업에 비해 상대적으로 더 짧다.

이러한 특성을 설명하는 가격설정 모형을 생각해 보기로 한다. 이를 위해 두 개의 조건이 만족되어야 한다. 첫째, 시장 상황의 변화 또는 생산기술의 변화가 발생할 때 빠른 시간 내에 적절하게 가격을 바꿀 가능성과 그렇지 못할 가능성이 모두 고려되어야 한다. 둘째, 기업의 이윤을 보장하는 가격 대응은 기업의 이윤을 낮추거나 손해가 나도록 하는 가격 대응에 비해 평균적으로 신속하게 이루어진다.

두 개의 대안이 제시되면 이를 보고 피실험자가 어느 하나의 대안을 선택하는 지각 분류 작업(perception classification task)의 실험 결과에 따르면, 적절한 선택(correct choice)을 위해 소요되는 시간은 적절하지 않은 선택(incorrect choice)을 위해 소요되는 시간에 비해 작다. 적절한 선택의 정의는 피실험자가 미리 결정한 선호 순서가 있으며 이를 근거로 하여 더 높은 순위의 대안이 선택되는 것이다. 이와는 반대로 상대적으로 낮은 선호 순서에 있는 대안을 선택하면 적절하지 않은 선택이 된다. 보다 확실하게 적절한 선택이라고 판단된다면 대안을 선택하기 이전의 상황에 대한 정보를 분석하기 위해 시그널을 분석하는 횟수가 상대적으로 더 작아서 반응시간도 짧다. 이러한 실험의 결과를 설명하는 모형을 기업의 가격선택에 적용할 수 있는지를 생각해 볼 수 있다. 이러한 모형의 이점이 있다면 다음과 같이 정리할 수 있다. 첫째, 기업이 가격변화를 위해 정보를 처리하는 기간이 매번 같지 않고 어느 시점에서는 보다 빠르게 반응하거나 상대적으로 느리게 반응하는 경우가 있을 수 있다. 둘째, 현재의 가격이 적정 가격인가를 판단하는 업무를 처리할 때 주변 여건에 따라 동일한 정보처리 방식이더라도 정보를 처리하는 기간이 다를 수 있다.

앞에서 설명한 방식이 적용된 기업의 제품가격 설정 모형을 설명하도록 다음과 같이 가정한다. 제품가격을 전문적으로 관리하는 전담부서가 있으며 제품가격 전담 부서의 역할은 다음과 같다. 첫째, 제품가격 전담 부서는 생산비용 및 시장조사 등을 통하여 현재의 상황을 파악하고 높은 가격 또는 낮은 가격 중 어느 가격이 현재 시점에서 바람직한 가격인가를 결정하여 최고 경영자에게 보고한다. 둘째, 제품가격 전담 부서에서 최고 결정자에게 제시한 가격 및 관련 자료들을 항상 서버에 축적하여 필요할 때 열람할 수 있도록 데이터베이스를 구축한다.

최고경영자는 제품가격 전담 부서가 제시한 제품가격을 받아들여 결재를 하든가 아니면 현재 시점에서 제시한 가격을 거부하고 다시 적절한 가격을 찾아보라고 지시한다. 최고경영자가 현재 시점에서 다른 업무를 살펴보는 것이 더욱 중요하다고 판단하여 현재 시점에서 가격 전담 부서에서 제시한 가격을 인증하는 것이 적절한 시점이 아니라고 판단할 수 있는 것으로 가정한다. 최고경영자는 현재 시점에서 제품가격 전담 부서가 제시한 가격을 결재하지 못한다면 다음의 상황으로 넘어간다. α의 확률로 가격 전담 부서가 다시 분석하여 새로운 가격을 제시할 수 있는 기회가 주어진다. 최고경영자는 자신의 결재를 미루면 α의 확률로 제품가격 전담 부서의 전문가들이 재분석하여 새롭게 제시한 가격을 볼 수 있다. $1-\alpha$의 확률로 강제로 결정이 이루어져야 하는 상황이 발생한다. 이러한 상황이 발생하면 기업은 자신에게 유리한 가격을 책정할 기회는 없어지고, 시장의 평균가격을 받아야 하는 상황으로 이어진다. 강제로 결정해야 하는 상황에서는 이윤이 0이 되는 것으로 가정한다.

최고경영자가 가격변화를 결재하기 이전에 몇 회에 걸쳐서 제품가격 전담 부서가 가격을 제시하는지를 분석한다. 전담 부서가 적정가격을 조사하여 보고할 때마다 전담 부서의 의견을 그대로 받아들일 수 있으나 결정을 미루고 더 많은 증거를 찾으려고 할 수 있다. 지금 사용하고 있는 가격집합을 새로 책정한 이후 현재 시점까지 높은 가격을 적정가격으로 보고한 횟수에서 낮은 가격을 적정가격으로 보고한 횟수를 뺀 차이를 n이라고 가정한다. 현재의 상황이 n이라는 의미이다. 현재 시점에서 높은 가격인가 또는 낮은 가격인가의 여부는 상황변수가 아니다. n번의 차이가 있다는 사실이 현재의 상황을 나타낸다. 현재의 상황하에서 다음 시점에 높은 가격이 적정가격으로 보고될 확률을 $\lambda(n)$으로 표기한다. n번의 차이가 있는 시점에서 최고경영자가 결재하지 않고 재조사를 요청할 때 예상 이윤을 $v(n)$으로 표기한다. 최고경영자가 전담 부서의 권고를 그대로 결재하면 전담 부서의 업무가 종결된다. 전담 부서의 업무가 종결되면 전담 부서의 효용은 0이고, 업무가 종결되지 않으면 효용은 기업의 예상 이윤과 같은 것으로 가정한다.

제품가격을 전담하는 부서는 $\lambda(n)$을 아래에서 요약한 동태적 계획법의 극대화 문제를 풀어서 가격을 결정한다.

$$v(n) = \max_{\lambda(n)}\{\alpha(\lambda(n)v(n+1)+(1-\lambda(n))v(n-1))-\theta k(\lambda(n))\} \quad (8.16)$$

식 (8.16)에는 전담 부서의 최적 가격에 대한 제안을 받은 후에 이를 받아들이지 않고 재조사를 요청하는 경우 $1-\alpha$의 확률로 강제로 결정이 이루어져야 하고 그 상황에서의 이윤은 0이라는 가정이 반영되어 있다.

식의 우변을 설명한다. 재조사하여 다시 높은 가격을 적정 가격으로 보고하는 상황에서의 기업의 예상 이윤이 $\lambda(n)v(n+1)$이다. 재조사하여 낮은 가격을 적정가격으로 보고하는 상황에서의 기업의 예상 이윤이 $(1-\lambda(n))v(n-1)$이다. 또한 기업이 지불하는 정보비용은 두 번째 항에 포함되어 있다. 이 식에서 $k(\lambda(n))$는 상호정보를 의미하고 다음과 같이 정의된다.

$$k(\lambda(n)) = \lambda(n)\log\lambda(n) + (1-\lambda(n))\log(1-\lambda(n)) + \log 2 \quad (8.17)$$

또한 θ는 상호정보 단위당 비용을 의미하고 기업이 극대화 문제를 풀 때 주어진 것으로 간주한다. θ의 크기는 상호정보에 대한 제약의 강도를 반영한다. 예를 들어 θ가 클수록 상호정보의 상한이 작아서 정보처리 능력에 대한 제약이 크다.

식 (8.17)을 실제의 상황과 시그널 간의 상호정보로 해석할 수 있는 이유는 다음과 같다. 시그널을 s로 표시하면 시그널의 분포는 다음과 같다. $\lambda(n)$의 확률로 p_H가 실현되고 $1 - \lambda(n)$의 확률로 p_L이 실현된다. 따라서 시그널의 실현 값을 조건으로 하여 계산되는 조건부 엔트로피는 H_s = -$(\lambda(n)\log\lambda(n) + (1-\lambda(n))\log(1-\lambda(n)))$이다. 또한 관측하지 못하는 실제 상황에 대한 엔트로피는 $H_w = \log 2$이다. 따라서 상호정보를 선험정보하의 엔트로피에서 시그널을 조건으로 하여 정의되는 조건부 엔트로피의 차이로 정의하면 식 (8.17)와 같아진다. 식 (8.16)의 우변을 미분하여 도출한 $\lambda(n)$에 대한 최적조건을 정리하면 다음과 같다.

$$\log\frac{\lambda(n)}{1-\lambda(n)} = \frac{\alpha}{\theta}(v(n+1) - v(n-1)) \tag{8.18}$$

식 (8.18)을 식 (8.16)에 대입하여 정리하면 벨만 방정식은 가치함수의 차분 방정식이 된다.

$$v(n) = \theta\log(0.5\exp((\alpha/\theta)v(n+1)) + 0.5\exp((\alpha/\theta)v(n-1))) \tag{8.19}$$

식 (8.18)의 차분 방정식에 대한 두 개의 경계조건(boundary condition)은 다음과 같다.

$$v(-N) = -w, \qquad v(N) = w \tag{8.20}$$

위 식에서 $v(-N)$은 $n = -N$일 때 예상이윤, $v(N)$은 $n = N$일 때 예상이윤이다.

위의 경계조건의 의미는 다음과 같다. 첫째, 낮은 가격을 책정한 횟수에서 높은 가격을 책정한 횟수를 뺀 차이가 N이 되면 가치함수의 값은 $-w$이다. 둘째, 높은 가격을 책정한 횟수에서 낮은 가격을 책정한 횟수를 뺀 차이가 N이 되면 가치함수의 값이 w이다. 우드퍼드

(Woodford 2014)는 앞에서 정리한 가치함수의 차분 방정식을 풀어서 도출한 $\lambda(n)$은 다음의 특성을 만족한다는 점을 강조한다. 첫째, $\lambda(n)$은 n의 값이 고정된 상태에서 w/θ의 증가함수이다. 둘째, $\lambda(n)$은 다른 변수들이 고정되어 있을 때 n의 감소함수이다.

다음번 보고에서도 높은 가격이 적정가격으로 보고될 확률은 높은 가격을 책정하는 경우의 이윤에서 낮은 가격을 책정하는 경우의 이윤을 뺀 차이뿐만 아니라 가격을 결정하기 이전에 높은 가격을 적정가격으로 보고받은 기록에도 의존한다. 따라서 특정한 가격이 적정가격으로 선택되기 위해 가격선택이 이루지기 이전에 전담 부서로부터 적정가격으로 보고를 받은 기록에도 의존한다. 앞에서 정리한 특성은 제품가격 전담 부서에서 적정 가격으로 제시하는 가격이 높은 가격일 확률은 그 이전에 낮은 가격에 비해 높은 가격이 적정 가격이라고 보고된 횟수가 많을수록 감소한다는 점을 함의한다.

앞에서 설명한 정보처리 과정을 거쳐서 높은 가격이 선택될 확률을 어떻게 계산할 수 있는지를 분석한다. 앞에서 계산한 $\lambda(n)$은 현재까지 높은 가격이 상대적으로 더 많이 추천되는 횟수가 n일 때 최고경영자가 결재하지 않고 결정을 미루는 경우 다음번에도 적정 가격으로 추천될 확률이다. 최고경영자가 높은 가격을 결정할 확률을 대문자로 표기하여 $\Lambda(n)$으로 한다. 보다 구체적으로 정의하면 $\Lambda(n)$은 높은 가격이 적정가격으로 추천된 횟수에서 낮은 가격이 추천된 횟수를 뺀 차이가 n번인 상황에서 최고경영자가 높은 가격을 선택할 확률이다. $\Lambda(n)$에 대한 차분 방정식은 다음과 같이 주어진다.

$$\Lambda(n) = \alpha(\lambda(n)\Lambda(n+1) + (1-\lambda(n))\Lambda(n-1)) \qquad (8.21)$$

경계조건은 $\Lambda(-N) = 0$, $\Lambda(N) = 1$.

우드퍼드는 $\alpha = 1$일 경우 식 (8.21)에 대한 분석적 해(analytic solution)를 도출할 수 있음을 보였다. 다음과 같은 순서를 적용하여 $\Lambda(n)$에 대한 분석적 해의 도출이 가능하다. 첫째, $w > 0$인 경우 $v(n) = \theta(a + \ln(n + b))$을 식 (8.19)에 대입하면 이 가치함수가 차분 방정식을 만족하는 분석적 해라는 사실을 확인할 수 있다. 둘째, 경계조건 $v(N) = w$과 $v(-N) = -w$를 사용하여 a와 b의 값을 결정한다. 셋째, 식 (8.18)을 사용하여 최적화 조건을 만족하는 $\lambda(n)$의 형태를 도출한다. 넷째, 식 (8.21)과 경계조건을 사용하여 차분 방정식을 만족하는 $\Lambda(n)$의 형태를 도출한다.

한편, $\Lambda(n)$에 대한 분석적 해는 n에 의존한다. $\Lambda(0)$는 적정가격을 선택하기 위해 관련 정보를 분석하는 프로세스를 시작하는 시점에서 형성된 선험확률로 간주할 수 있다. 따라서 모형의 분석적 해에서 함의되는 높은 가격이 선택될 선험적 확률을 $\text{Prob}(p_H)(= \Lambda(0))$로 표기하면 다음과 같다.

$$\text{Prob}(p_H) = \frac{\exp(\theta^{-1}(\pi(p_H) - \pi(p_L)))}{1 + \exp(\theta^{-1}(\pi(p_H) - \pi(p_L)))} \tag{8.22}$$

식 (8.22)에서 정리된 해는 우드퍼드(Woodford 2009)의 모형에서 도출한 해저드 함수와 비교할 수 있다. 식 (8.22)과 비교하기 위해 우드퍼드의 모형에서 도출되는 새로운 가격을 선택할 확률을 아래의 식에 다시 쓰기로 한다.

$$\Lambda(x) = \frac{\bar{\Lambda} \exp(\theta^{-1} L(x))}{1 - \bar{\Lambda} + \bar{\Lambda} \exp(\theta^{-1} L(x))}$$

위 식에 $\bar{\Lambda} = 1/2$을 대입한 후 $L(x) = \pi(p_H) - \pi(p_L)$로 정의하면 이 식의 우변과 식 (8.22)의 우변은 서로 같아짐을 확인할 수 있다.

이 절에서 설명한 모형은 우드퍼드의 모형과 비교하여 다음과 같은 차이점이 있다. 기업에서 산출한 시그널을 본 이후 후속되어야 하는 가격에 대한 결정을 미루는 것이 가능하다. 한 번의 가격결정을 위해 시그널을 생성하는 작업이 반복하여 실시될 수 있다. 이전에 생성한 시그널의 기록은 보존되어 기업이 자신이 생성한 과거의 자료를 모두 알고 있는 것으로 가정한다. 시그널과 실제의 상황 간의 상호정보는 시그널을 1회 산출할 때의 정보비용이다.

우드퍼드는 기업이 1회 선택하기 위해 1회의 상호정보에 비례하는 비용을 지불하는 것으로 가정하였다. 그러나 이 절에서 설명한 모형에서는 시그널을 생성하는 작업이 반복하여 실시될 수 있고, 동시에 본 장에서 도출되는 해저드 함수는 결정에 이르기까지 축적된 시그널의 히스토리에 의존한다는 점에서 우드퍼드의 모형과 차이가 있다.

참고문헌

Angeletos, Geroge-Marios, Christian Hellwig, and Alessandro Pavan. 2007. "Dynamic Global Games of Regime Change: Learning, Multiplicity, and the Timing of Attacks." *Econometrica.* Vol. 75. No. 3. pp. 711-756.

Caplin, Andrew. 2016. "Measuring and Modeling Attention." *Annual Review of Economics.* Vol. 8. pp. 379-403.

Caplin, Andrew and Mark Dean. 2015. "Revealed Preference, Rational Inattention, and Costly Information Acquisition." *American Economic Review.* Vol. 115. No. 7. pp. 2183-2203.

Cover, Thomas M. and Joy A. Thomas. 2006. *Elements of Information Theory.* Second Edition. John Wiley and Sons.

Daniel, Kent and Sheridan Titman. 2006. "Market Reaction to Tangible and Intangible Information." *Journal of Finance.* Vol. 106. No. 4. pp. 1605-1643.

Ellsberg, Daniel. 1961. "Risk, Ambiguity and the Savage Axioms." *Quarterly Journal of Economics.* Vol. 75. pp. 643-669.

Epstein, Larry G. and Martin Schneider. 2007. "Learning under Ambiguity." *Review of Economic Studies.* Vol. 74. pp. 1275-1303.

Epstein, Larry G. and Martin Schneider. 2008. "Ambiguity, Information Quality, and Asset Pricing." *Journal of Finance.* Vol. 108. No. 1. pp. 197-228.

Gentzkow, Matthew and Emir Kamentica. 2014. "Costly Persuasion." *American Economic Review.* Vol. 104. No. 5. pp. 457-462.

Gentzkow, Matthew and Emir Kamentica. 2016. "A Rothchild-Stiglitz Approach to Bayesian Persuasion." *American Economic Review.* Vol. 106. No. 5. pp. 597-601.

Gilboa, Itzhak and David Schmeidler. 1989. "Maxmin expected utility with non-unique prior." *Journal of Mathematical Economics.* Vol.18. pp. 141-153.

Gilboa, Itzhak, Andrew Postlewaite and Daivd Schmeidler. 2012. "Rationality of Belief: Why Savage's Axioms Are Neither Necessary Nor Sufficient for Rationality?" *Synthese.* Vol. 187. pp. 11-31.

Goldstein, Itay and Chong Huang. 2016. "Bayesian Persuasion in Coordination Game." *American Economic Review.* Vol. 106. No. 5. pp. 592-596.

Hansen, Lars and Thomas Sargent. 2008. *Robustness.* Princeton University Press.

Illeditsch, Philipp Karl. 2011. "Ambiguous Information, Portfolio Inertia, and Excess Volatility." *Journal of Finance.* Vol. 111. No. 6. pp. 2213-2245.

Kahneman, Daniel, and Amos Tversky. 1979. "Prospect Theory: An Analysis of Decision under Risk." *Econometrica.* Vol. 47. pp.263-291.

Kamentica, Emir and Matthew Gentzkow. 2011. "Bayesian Persuasion." *American Economic Review.* Vol. 101. No. 7. pp. 2590-2615.

Krajbich, Ian, Bastiaan Oud, and Ernst Fehr. 2014. "Benefits of Neuroeconomic Modeling: New Policy Interventions and Predictors of Preference."*American Economic Review.* Vol. 104. No. 5. pp. 501-506.

Krajbich, Ian, Carrie Armel, and Antonio Rangel. 2010. "Visual Fixations and the Computations and Comaprision of Value in Simple Choice." *Nature Neuroscience.* Vol. 13. No. 10. pp. 1292-1298.

Mackowiak, Bartosz and Mirko Widerholt. 2009. "Optimal Sticky Prices under Rational Inattention." *American Economic Review.* Vol 99. No. 3. pp. 769-803.

Matějka, Filip and Alisdair McKay. 2015. "Rational Inattention to Discrete Choices: A New Foundation for the Multinomial Logit Model." *American Economic Review.* Vol. 105. No. 1. pp. 272-298.

Matějka, Filip. 2016. "Rationally Inattentive Seller: Sales and Discrete Pricing." *Review of Economic Studies.* Vol. 83. pp. 1125-1155.

McCloskey, Donald and Arjo Klamer. 1995. "One Quarter of GDP Is Persuasion." *American Economic Review.* Vol. 85. No. 2. pp. 191-195.

Mondria, Jordi. 2010. "Portfolio Choice, Attention Allocation, and Price Comovement." *Journal of Economic Theory.* Vol. 145. pp. 1837-1864.

Morris, Stephen and Hyun Song Shin. 1998. "Unique Equilibrium in a Model of Self-Fulfilling Currency Attacks." *American Economic Review.* Vol. 88. No. 3. pp. 587-597.

Morris, Stephen and Hyun Song Shin. 2002. "Social value of public information" *American Economic Review.* Vol. 92. No. 5. pp. 1521-1534.

Nieuwerburgh, Stijn Van and Laura Veldkamp. 2010. "Information Acquisition and Under-Diversification." *Review of Economic Studies.* Vol. 77. pp. 779-805.

Ratcliff, Roger. 1978. "A Theory of Memory Retrieval." *Psychological Review.* Vol. 85. No. 1. pp. 59-108.

Saak, Alexander. 2016. "Optimal Provision of Information about Consumption Choice in the Presence of Cognitive Constraint." *Economics Letters.* Vol. 145. pp. 25-28.

Sims, Christopher. 2003. "Implications of Rational Inattention." *Journal of Monetary Economics.* Vol. 50. No. 3. pp. 665–690.

Sims, Christopher. 2010. "Rational Inattention and Monetary Economics." in: Benjamin Friedman & Michael Woodford (ed.), *Handbook of Monetary Economics.* Vol 3. pp.155-181. Amsterdam: Elsevier.

Veldkamp, L. Laura. 2011. *Information Choice in Macroeconomics and Finance.* Princeton University Press.

Woodford, Michael. 2009. "Information-Constrained State-Dependent Pricing." *Journal of Monetary Economics.* Vol. 56. pp. 100-124.

Woodford, Michael. 2012a. "Inattentive Valuation and Reference-Dependent Choice." Unpublished Manuscript. Columbia University.

Woodford, Michael. 2012b. "Prospect Theory as Efficient Perceptual Distortion." *American Economic Review.* Vol. 112. No. 3. pp. 41-46.

Woodford, Michael. 2013. "Macroeconomic Analysis without the Rational Expectations Hypothesis." *Annual Reviews of Economics*. Vol. 5. pp. 303-346.

Woodford, Michael. 2014. "Stochastic Choice: An Optimizing Neuroeconomic Model." *American Economic Review*. Vol. 114. No. 5. pp. 495-500.

찾아보기

ㄱ

가격 경직성 168
가격계획 158
가토 미분 158
강건성 6-7
검사의 시그널 47
겐츠코프·카멘티카(Gentzkow and Kamentica) 42, 60
결합밀도함수 193
경계점 축적 168
경험적 도수 173-174
고정길이 코드 129
고정환율제도 18, 27
고정환율제도의 강도 29
골드스타인·후앙(Goldstein and Huang) 33, 35
공분산 행렬 143
균형의 확정성 15
근사모형 6-7
기대 1
기대의 안정성 13
기억인출 185
길보아·슈마이들러(Gilboa and Schmeidler) 67

ㄴ

나쁜 뉴스 94
내부해 147
내적 정합성 1
내트 117, 119, 144

ㄷ

다변수 정규분포 121
단조 베이지언 내시 균형 24
대니얼·티트먼(Daniel and Titman) 91
독점적 경쟁 139
동전 던지기 81
드리프트 확산 모형 185

ㄹ

라그랑주 승수 158, 160, 195
래트클리프(R. Ratcliff) 185
로그 밑 변환 공식 144

ㅁ

마테카(F. Matějka) 140, 154, 161, 183

마테카·매케이(Matějka and McKay) 190
매도 포지션 99-100
매수 포지션 99-100
매칭 퀄리티 52
매코비악·비더홀트(Mackowiak and Widerholt) 139, 141, 144
매클로스키·클라머(McCloskey and Klamer) 41
맥락효과 198
모리스·신(Morris and Shin) 26
모호성 기피 92, 107
모호성 헤지 102
모호한 정보 92
모호한 항아리 68, 73
몬드리아(J. Mondria) 136
무기억 메커니즘 74
무형의 정보 91, 95
미정계수법 112-113
믿음 1
믿음의 계층 30
믿음의 정확도 22

ㅂ

베이즈 규칙 22, 43, 47, 169
베이지언 믿음 9
베이지언 설득 37, 45
베이지언 설득 모형 42
베이지언주의(Bayesianism) 9
베이지언 학습 모형 73, 76
베이지언 합리성 49
벨드캠프(L. L. Veldkamp) 148
복원추출 78
부호화 129
불확정성 15
비교 과정 185
비동전 던지기 79
비동질적인 사적 정보 17
비율왜곡 128
비율왜곡함수 129-130
비트 117, 119, 128

ㅅ

사적 정보 30
사전적 분포 121
사후적 믿음 21-22
사후적 분포 23-121
상대 엔트로피 3-4, 7, 163
상호정보 60, 118, 126, 144, 147, 161
상황 의존적인 확률적 선택 172
샤프 비율 133
선택집합 198
선택함수 171, 175
선험적 믿음의 근방 42
선험 확률 74
손실함수 6
시그널 추출 125
실제의 변동의 법칙 13
실제의 확률분포 2
심스(C. Sims) 153, 183

ㅇ

안젤레토스·헬위그·파반(Angeletos, Hellwig, and Pavan) 18, 26
압축률 129
앵커링 효과 197
엔트로피 117, 126, 150-151

엘스버그(D. Ellsberg) 65
엘스버그의 역설 65, 72
엡슈타인·슈나이더(Epstein and Schneider) 68, 73, 104
왜곡 척도 130
우도 74
우도비율 7
우드퍼드(M. Woodford) 8, 140, 148, 153, 168, 196
위험한 항아리 68
유사 합리적 기대 3
유형의 정보 91
의견 조정 33
의사결정 규칙 53
이변수 정규분포 104
이산 선택 190
이산적 가격설정 모형 140
이진법 119, 126
이진수 119
인식된 변동의 법칙 13
인식편향 198
일레디치(P. K. Illeditsch) 91
일반화된 학습 133
일시적 균형 10

ㅈ

자동제도전환정책 35
자연로그 144
적응적 학습 12
전달된 정규분포 108
전략적 대체성 31
전략적 대체재 32
전략적 보완성 31-32
전략적 보완재 32
전이행렬 128
정규분포 121
정보 구조 169
정보 발송자 42
정보 생성 시스템 45
정보 수신자 42
정보용량 128
정보의 정확성 95
정부의 베이지언 설득 35
조건부 엔트로피 118, 142, 150, 192
좋은 뉴스 94, 107
주관적인 확률분포 2-3
주의순환 무이득 178
주의할당 132, 139
준거점 의존 198-199
지각 분류 작업 203
집중의 환상 197

ㅊ

채널용량 118
최대최소 접근법 6, 8
최대최소의 원칙 71, 97
최악의 상황 7
최적 설득 42

ㅋ

카멘티카·겐츠코프(Kamentica and Gentzkow) 41-42
캐플린·딘(Caplin and Dean) 168, 172
커버·토머스(Cover and Thomas) 120
크라비치·아르멜·랭겔(Krajbich, Armel, and Rangel) 200

ㅌ

탐색집합 185
통신 채널 128
투기적 공격 28
특성 짝짓기 185-188
특화된 학습 133, 135

ㅍ

파라미터 공간 74
파워 제약 125
판사의 사후적 믿음 48
평균제곱오차 130
포트폴리오 관성 102-103

ㅎ

한계밀도함수 193
한센·사전트(Hansen and Sargent) 6-8
합리적 부주의 118
합리적 부주의 모형 124
항목 인식 185
해저드 함수 148, 153, 209
행동전환 무이득 180
헤지펀드 59
헤지펀드의 시그널 61
현시된 사후적 분포 174
현시된 정보 구조 172
확률적 선택 167-168, 191
확률적 효용 168
확률적인 사상함수 169
확률행렬 128, 174
휘도 196